鯛造の足跡

椎名鯛造

はじめに

『鯛造の足跡』お手にとっていただきありがとうございます。

2010年から2018年までの日々を綴ったブログの書籍化。今はブログを閉鎖してしまっているのですが、閉鎖すると決まった時に「書籍化したいなー」とボソッとマネージャーに言ったところ、トランスワールドジャパンさんがご協力してくださり実現致しました。どんな書籍にしますか？の打ち合わせの時に「撮り下ろしで写真を撮りましょう」となり、ボソッと「沖縄行きたい」とわがままを言ったら連れて行ってくれました。（言ってみるものだ…笑）おかげさまで好きが詰まった一冊になりましたよ。

改めて中を覗くと…沢山の方とお仕事させていただき、失敗して、学んで、成長しています。役者として、とても大切な期間を切り抜いた一冊。

舞台の振り返りなども載っていてネタバレなどもありますので過去作品をDVDで見るのを楽しみにしている方は気をつけてくださいね。

楽しいだけじゃなく、辛い時や怪我をしてしまった時もありました。（ブログにはあまり書いていませんが）いつか皆さんの前で「50ページを開いてください、この時実は○○だったんです」的な『裏足跡』イベントやりたいな。笑

色々と書きましたが、皆さんとの繋がりの場所であるブログが書籍化されて本当に嬉しいのです。大切にしていただけると幸いです。まだまだ役者としては旅の途中ですが、これから未来の足跡が力強く残るように今を楽しんで生きます!!　恥ずかしくない足跡をこれからも。

では (^^)／~~~

椎名 鯛造

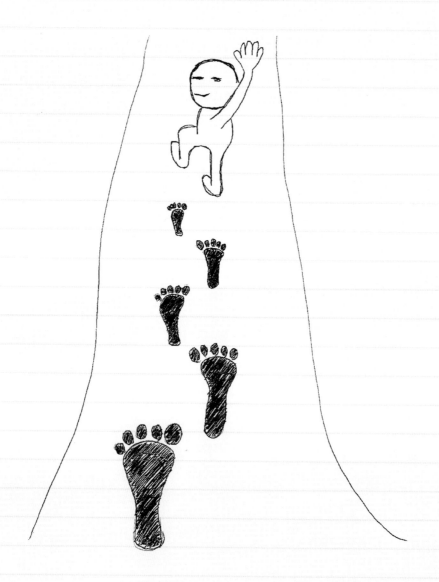

Contents

はじめに……………………………………… 3

2010 年………………………… 16
2011 年………………………… 26
2012 年………………………… 52
2013 年………………………… 78
2014 年………………………… 104

2015 年	130
2016 年	156
2017 年	182
2018 年	220
たいぞーの海釣り日記〜沖縄篇〜	274

※本書は、ブログ『椎名鯛造 OFFICIAL BLOG』（2010年8月27日〜2018年9月30日）の記事を編集し、撮り下ろし写真を加えたものです。
都合上、掲載していないブログ記事もあることをご了承ください。

TAIZO SHIINA   2010.08~12

ヨーロッパへ 1ヶ月行きます
人生でも なかなか出来ない
仕事をしました。
一生忘れないでしょう。

2010.8

28

今日の写メは久々バッシーと。歩きながら撮ったからブレたけど、それもまた味があるってもんよ(笑)

今回の俺の役…。詳しくは言えないんだけど、今まで演じてきたジャンルには確実に無い役。前やったこの役になんとなく方向は似てるよ。とか無い!! だから新鮮で毎日凄く楽しいんです。舞台の内容は軽くはないので神経使いますけどね。。。観に来られる方は楽しみにしてて下さい♪

稽古も残り少なくなってきたので、より細かい所を突き詰めたいと思います。

29

うわ!! 信じられへん(ノдく。)°。

俺のベストポジション奪われた!!

我が物顔で俺のベスポジに腰を据えてるのは兼松若人さん。実はね、舞台『パッチギ!』でも共演したので今回で2度目。『パッチギ!』の時も今回も面倒見てくれる優しい兄貴です。

ただ、この『ベスポジ強奪事件』は悪質極まりないので僕は根に持ちたいと思います。ハイ♡(笑)

30

今日の写メは、これまた『パッチギ!』で共演&お世話になった月ゴローさん。

黙ってると雰囲気メチャクチャ怖いの。でも笑うと可愛い月さん…これがギャップと言うやつですな。女の子はギャップに弱いって良く言うからね…勉強しまぁす(笑)

さぁ明日で8月ラストです!! 皆さん今年の夏、思い出沢山出来ましたか? 僕は『コカンセツ!』に『BOMB!』と充実してます。欲を言えば海や川に行きたかった…かな?

残りの夏、最後まで楽しみましょ♪

31

今年の夏の思い出。線香花火。どこでもできるし、結構好きです。

儚いな…あぁ儚い…(pω・。)
あ、…悲しくなってきた(笑)。

ダメだー!!

さぁ!明日から9月! 『BOMB!』もラストの追い込みです♪ お楽しみにぃ〜(^^)/〜〜〜

◆この月の舞台、お仕事>>> 舞台『コカンセツ!』保田洋介役 他

2010.9

1

今日の写メは佐伯太輔さん!! カリスマなんだよー。カッコイイんだよ。今回絡みが結構あります。ご注目下さい♪
髪の毛切ったら、これでもか!!ってぐらい幼くなってしまった w(ﾟ□ﾟ)w　あらぁ! (;°Д°)
あ! 今日夢を見ました。年齢聞かれて真面目に「19才です!」って答える夢。それで起きたんだけど起きた瞬間「嘘つくなよ」って自分にツッコミ入れました(笑)。
夢の中では 19 才で止まってるらしい(笑)。うらやま。
髪の毛早く伸びます様に(笑)

5

今日の写メはバッシーとザリガニ(笑)。
っぽくない?(笑)　逃げろー!つって。
はい。(-_-)
今日で稽古全て終了でございます。
後は劇場にて…。
いやーついに来ましたね。
楽しみにしてて下さい♪

6

後ちょっと…
何が?って?
胸が床に付くまでもうちょっと。
開脚 180 度まで…は、まだ時間かかるかな?
サボるとすぐ硬くなるからね…。
継続は力なりよ〜。
毎日頑張ろう♪

8

初日無事終わりました♪
開けた開けた＾＾
そんな今日は唐橋さんが観に来てくれました。
で、写メ撮ったんだけど良くわかんないシチュエーションになっちゃった (;^ω^)
ブレてるし(笑)。唐橋さんらしい(笑)。
雨の中ご来場ありがとうございました♪
明日からも頑張るよん!

12

今日はお昼のみ 1 回だけ公演でした。
明るいうちに家に帰って、昼寝しました。そしたら汗だくで起きました。^^;　あっつ。
ええ…?　なんやこれ。喉カラッカラやし。メッチャ寝たな〜と思ったらまさかの 30 分やし。
でもなんか良い感じでした。うん。昼寝良いね♪　あぁ芝生の上で寝たい。
いつも素敵なお花をありがとう。元気とかやる気とか沢山、力貰ってます＾＾
本当にありがとう。

14

今日は毛利さんがお見えになりました。この作品を書いた方です。少年社中の脚本家さんです。演出家さんでもあります。
『最遊記歌劇伝』や『ネバーランド』でもお世話になりました(^^)　また素晴らしい作品を生み出してくれてありがとうございます。

そしてゲリラ雷雨。
…突然やってきました。完全に濡れてしまいました。やられたー (ノД＜。)゜。
皆さんも警戒しましょ。

◆この月の舞台、お仕事>>>　NHKドラマ「『時々おとなも迷々2』1 話　ヤングジジイ」龍一役／舞台『BOMB!』結城洋一役　他

17

今日も本番終了しました♪
ご来場ありがとうございます♪
あと、2日で3公演。
うん。やっぱり早いんだね。
そしてバッシーと写メ撮ろうとしたら金髪の兼松君が乱入してきました。乱入上等!
明日は2回公演! 頑張ります!!!!

18

先週の土曜日(2回公演)より心のコントロールが出来てそこまでドヨーンとはならずに済みました(笑)。よかたよかた。
写メは、スーツ以外にも私服バージョンの衣装があるんですが、その上半身です。後ろの方全く気付かず音楽♪聴いてリズム刻んでました。
パシャリ!
今日は『コカンセツ!』からムー君も見に来てくれました。ダンスを優しく教えてくれた先生でもあるしね(^ ^) ありがとう。

19

本日無事に『BOMB!』千秋楽を迎える事ができました♪
ご来場いただき誠にありがとうございました。
こんな世の中だからこそ、伝えなくてはいけない題材だったと思います。生きる事。生きてるって事。素敵な事なんです。
さて、今日はプゥワァー!っと打ち上がろうと思います。

20

結城洋一。コンピューターエンジニア。仕事のストレスから自殺。
これが今回の舞台『BOMB!』で頂いた役でした。一旦は人生に終止符を打つ決意をしたものの…一心という人物に惹かれ一心という人物に生きる価値を与えてもらった。
結城はきっと現代の日本の若者に沢山居ると思う。心を閉ざしてしまう人。開きたいけど…何か恥ずかしい。そんな若者。生きる事、仲間、愛情…。凄く大切なメッセージが沢山詰まった舞台でした。
沢山の方に劇場に足を運んで頂き嬉しかったです。ありがとうございました。

22

似てね?
『BOMB!』の時頂いたバルーン♪
ありがとうございます。
デジカメ色々と触ってたけど専門的な用語が全然わからなーい。使いこなすには時間がかかりそうです。
ふむ。頑張ろ。

29

実家(岐阜)に帰ってきました♪
こんな所にも行ってきたよ♪ でっかい公園みたいなところなんだけどその奥にふわふわドームって言う、地面がトランポリンみたいになってる所があって、昔からお気に入りの公園なんだ。
「久々に行きたい」っつて行ってきました。
はしゃいだはしゃいだ! 周りに居るちっちゃい子供達よりはしゃいだ(笑)
愛知県の一宮にあるでっかいタワーのふもとにあるので近い方は行ってみる事をオススメします(笑)。確か17時で空気抜かれるけど。
そしたらね、今日起きたら全身痛い…。完璧に筋肉痛…(ー-ー) 今日は大人しくしてよ。

2010.10

3
昨日より、ヨーロッパへ向けての稽古が始まりました。昨日は稽古が終わってから親睦会に行っててブログ書きそびれました(;^ω^)
今回はいつもやる舞台とは違って公演時間は短いけど稽古期間も短いので短期集中で頑張ります!!
そして写メはこのカンパニー。一丸となって暴れてきます^^
よーっし! やったるぅ!!

5
なんか色々とあっぷあっぷしてる毎日です(;^ω^)
岐阜でのんびり過ごしてた先週が懐かしい。
さて、今日の写メはアクションの魔術師花川さん。通称、花ちゃん。
うめぇんだ。アクション。そして、ふてぇんだ腕。色々アドバイスもらってます。
花ちゃんありがとう^^
初対面の顔合わせの日から心の扉全開だった彼は気さくで陽気なお兄ちゃん!
どうやら、ヨーロッパは楽しくなりそうです。笑

6
稽古順調です。多分(笑)
写メはたまちゃん、こと玉城裕規君♪ デジカメで撮ったやつ。ちゃんと見れるかな?
そしてはじめてパソコンからブログを書いてみる。ちゃんとアップされなかったらショックだなm(_ _)m
たまちゃんとは『遙か』や『サムライモード』でも共演してるから最初から仲良しなんだ。たまちゃんはサスケ役。ピッタリ!
よし、明日もがんばるってばよ!!

7
写メは加藤学さん。ヨーロッパに一緒に行くメンバーです♪ とってもお茶目さんです^^
僕より年上ですが、イジってます。
いたずらっ子〜♪笑
共演した事はないんだけど、色んな所で会ってたので初めましてではありませんでした!
ん〜良いメンバーに囲まれてます。デジカメの写真アップにも成功したし。
ってか、…もうすぐなんだなぁ。
一ヶ月大丈夫かな? そんな長期で海外行った事ないし…何が必要になるかな?
そろそろ準備始めなきゃな。

11
今日は良い天気やった! 外が気持ち良かったもんね。毎日気候がこんな感じやったら良いのに…。
夜も寒くないし。ん〜最高やね♪
んで、写メ。またこの3人(笑)。
花ちゃんの手に乗る的な?
ちっちゃい鯛玉。鯛玉。たいたま。笑
ポカポカしてたからかなー…
今、非常に眠たい!!
よし。
明日も稽古頑張ろー^^

14
昨日、ジャパンアニメライブの日本での稽古が終了しました^^
いやードキドキだね! 色々ドキドキです。
1ヶ月も行ったら色んなハプニングとか奇跡的な事とかおきるんだろうな…
あ〜荷造りしなきゃ!
…よーし! まず、鯛造、荷造り頑張ります!!

◆この月の舞台、お仕事>>> 「JAPAN ANIME LIVE」欧州公演『NARUTO—ナルト—』うずまきナルト役 他

18

☆☆椎名鯛造マネージャーより☆☆
現在、鯛造はイタリア・ローマにて毎日元気にリハーサルに臨んでおります！
今週23日から始まるパリ公演を前に、稽古もいよいよ最後の追い込みに入りました！

〈ローマの稽古場より〉
表情からも真剣な雰囲気が伝わります！(えっ?)
楽屋裏も元気いっぱいだってばよ！

24

☆☆鯛造マネージャーより☆☆
鯛造、いよいよパリでの本公演が始まりました！
本日は「鯛造 in Paris」～鯛造のパリレポート～をお伝えします！

無事にパリに到着したー！
早速スーパーでお買い物。結構物価が高めです（汗）。
一か月…長いので無駄遣いしないように気をつけなくちゃ（鯛）

25

☆☆鯛造マネージャーより☆☆
鯛造のヨーロッパ遠征も早10日が経過。いよいよパリでの公演スタート！
と、思っていたら、次は早くも2箇所目の開催地・ベルギーへ移動なんです！

朝食に美味しいパン屋を発見してサスケ役の玉ちゃんとご飯たべたよ。（鯛）

28

日本の皆さん、こんばんは！
初日無事、超大盛況で終わりました!!
日本からの元気玉ありがとうございました!!
そして、演出家である富田さんが今日帰国されるのでキャスト皆でTシャツつくってプレゼントしました♪
Tシャツ着た富田さんとキャストでパシャリ☆（鯛）

29

☆☆鯛造マネージャーより☆☆
パリ公演を終え、今日からベルギーでの公演が始まる鯛造ですが、今日はパリの思い出を振り返ります！

誰もが知ってるエッフェル塔でございます♪
エッフェル塔の下にいた銃を持った怖そうな方…。
なんと!!
・・・陽気に写真撮ってくれました♪笑（鯛）

31

☆☆鯛造マネージャーより☆☆
さあ、お待ちかね！ 今日は、ベルギーでの鯛造の様子をお伝えします！
そしてそして、本ブログでは、ようやくベルギーレポートが始まったところですが、現地の鯛造はなんと！ 早くも三カ国目のドイツへと移動しております！（驚）
長いように感じたヨーロッパ公演も、いつのまにか折り返しまで来ました。残り二週間、ガンバレ鯛造!
こちらはベルギーに移動してブリュッセルの街で見た、しょんべん小僧の像。ベルギーのワッフルは最高に美味しいです♪（鯛）

2010.11

1

☆☆鯛造マネージャーより☆☆
鯛造は、現在ヨーロッパ三カ国目のドイツ・デュッセルドルフへと移動!
そして、今週末からはイタリアへ戻り、本公演、最後の追い込みに入ります! ラスト二週間、がんばってくれってばよ! 写真はまだまだベルギーですよ!

これもブリュッセルの街です。歩いてた時に発見したマンガ屋さん。
立ち寄ってみると…NARUTO コーナーがありました!! すっごい嬉しかった(*^_^*)(鯛)

3

☆☆鯛造マネージャーより☆☆
鯛造が滞在中のヨーロッパでも、もう各地で秋の気配が漂いまくっております! 今日はそんな中から、鯛造が見つけた"小さい秋"をどうぞ! 欧州の歴史を感じる石畳。その上に降り積もった落ち葉が、今年も私達に秋の訪れを報せてくれます。そして、その歴史の静けさを切り裂くように飛び込んでくるカラフルなスニーカー達。"歴史"と"進化"という、相反する二つの世界を大胆に撮影したこの写真。二十世紀初頭のシュールレアリスムを思わせるような、大変趣のある一枚です。

4

☆☆鯛造マネージャーより☆☆
鯛造は現在ドイツ公演を終え、すでにイタリアへと移動しております!
本ブログ上ではまだベルギーで止まっておりましたが、
実は、昨日の落ち葉写真もドイツのものだったりします…。
ともかく、ベルギー公演無事終了! 写真は「ブリュッセルの街角にて」。

9

☆☆鯛造マネージャーより☆☆
いよいよ本日より鯛造の欧州行〜イタリア編が始まります!!
イタリア編初回、今日の一枚は…。
これはもう余計な解説抜きに、鯛造コメントと共にお楽しみください!

イタリアのスーパーでの一枚。
チーズがチーズが…。テレビなどでは見た事ありましたが目の前にすると迫力あります。ちなみに…匂いも迫力あります(笑)(鯛)

10

イタリアのヴェネツィアに行ってきました。
びっくりするくらい水の都でした。道路より水路がメインみたいな、車なんて全くないんですよ。びっくり(・o・)
こんな街が世界にあったなんて…。
その街にある高い塔に登って撮った写真。
すごいんだ景色。ヴェネツィアすげーー!!(鯛)

12
☆☆鯛造マネージャーより☆☆
ヨーロッパ公演もいよいよラスト2・3日! (あいまい…)。
現在、本公演最後の地・イタリアを回っている鯛造ですが、本日は、イタリア北部のグローバル都市・ミラノよりお届けします!

イタリアはミラノのドゥオモって言う建物。大聖堂なんですが、とにかく凄い!!の一言です。(鯛)

◆この月の舞台、お仕事>>> 「JAPAN ANIME LIVE」欧州公演『NARUTO―ナルト―』うずまきナルト役 他

15

帰ってきましたー!
ヨーロッパから帰ってきましたよー!!
部屋に着いてトランク広げたら、部屋が荷物で一杯になって…。なんだかやる事が沢山あるぞ…。大変そうだ…。どこから手付けるか…。
ん〜、まずは溜まってるドラマ見るか(笑)。
とにかく無事に帰ってきたよ報告でしたー!!
写真はローマのトレヴィの泉。ちゃんと後ろ向いてコインなげてきました♪

16

今日はヨーロッパを振り返りたいと思います。早朝出発だった為、前日の夜1人でオールしたんです。だから飛行機の中で、寝る、ちょい起きーの機内食を食べーの寝ーの。また、ちょい起きーの機内食を食べーの寝ーの。を繰り返したら「あっ!!」という間にヨーロッパ!! で着いたらホテルで夜ご飯。寝て起きて食べての繰り返しなので、食べまくった1日なイメージです。
イタリアで4日間くらいリハしました。
そんなこんなで記念すべき1回目の公演をする為にパリへと…。ヨーロッパでの移動はバス移動です。窓から見える景色はジブリの世界。
2日かけてパリに到着!!(続く)

17

パリに着いてまずは街中を走る訳ですが、運転手さんの心遣いで、観光スポットをぐるりと回ってくれたんです。見るもの見るものに「キャッキャッ!」言ってました。
遠くにそびえ立つ凱旋門。圧巻です。
その後もエッフェル塔見たり、オペラ座みたり…。それからホテルにチェックイン! そして遂に初日を迎えるわけです。
会場の熱気が凄くて!! 歓声聞いて嬉しくて泣きそうになりました。
そして、感動一杯のまま、無事に初日が終わりました。

19

パリを出て、次なる公演地であるベルギーに向かいます。本番はまた大盛況でした☆ 嬉しいですね♪ そして次に訪れたのがドイツ!
最後の地は、最初にリハーサルで訪れたイタリア! ここではミラノ公演、フィレンツェ公演、ローマ公演とありました。この時に水の都ヴェネツィアにも観光に行ってきました。
肝心の本番はどこの都市でも大盛況! ヨーロッパの方も温かい方ばかりで。
そして帰りの飛行機。行き同様にオールしてネムネムの状態で飛行機に乗ったのに、なかなか眠れなかった。きっと1ヶ月振りの日本って事で、ほんのちょっとドキドキしてたんだろうな…笑。

24

今日は、早朝から順調に撮影をして…。もうすぐ今日の分は終わりますが、順調に眠たくなってます(笑)。
…後ちょっと頑張りまーす!
詳細は近い内に発表できると思います。きっと。
うん。この現場は、初めての体験が沢山。俺の中には間違いなく無い感覚だからね…^ ^

29

撮影は無事全て終了しましたよ♪ 後は音入れたりなんやかんやで完成するはず。
写メのお方は今回ご一緒にお仕事させていただいた加藤隼平さん。ナイススマイルです!
そして、昨日は久々に龍介君の指導のもとダンスしてきました。なんかホント久々。色々、技とか忘れてたけど(笑)良い汗かきやした(^ ^)したら…やっぱり今日筋肉痛。下半身中心に…。日常生活で使う筋肉なんてしれてるもんね。だから今日はゆっくり湯舟に浸かって上がったら大人しくテレビゲームして過ごします! そして、湿布に包まれて夢を見るんだ(-_-)zzz
良い夢を見れる気がしない…。

2010.12

1

12月です。年の瀬です。
今年終わっちゃいますよ。やり残した事ありませんか？ 僕は色々あります。
どうも、椎名鯛造です。突然ですが、iPhoneデビュー♪ 慣れるまで時間かかりそうです(笑)
そんな事どうでも良いんです!!
昨日超久しぶりに会った人がいるんです!!
拡樹！ 三蔵〜!!
テンション上がったわ〜(=´∀`)人(´∀`=)
後はお馴染みの顔、龍介君です（笑）
楽しかった☆

6

今日は舞台を見に行ったよ(^^)。
ろくでなしブルースを見に行きました。賢章と。
パッチギでお世話になった茅野さん演出なんです。楽しかったなー。
銀河劇場でした。懐かしかったな。
コカンセツ！
DVD届いてないからまだ見れてないなー。
みたいなー。

9

来年の1月頭ごろに配信されるケータイドラマ『ゼウスのイタズラ』録音部分も録り終わり後は完成を待つだけです。写メはそんな声を入れてる時にパシャリとしたものです。どんなんになるかな？ 楽しみです。
そして昨日はジャパンアニメライブの打ち上げなのか…忘年会なのか…に行ってきました。あのメンバーに日本で会うのはなんか不思議な感じがしたけど…笑。大いに盛り上がりましたよ♪一ヶ月ずーっと一緒やった仲間達。全員は集まれんかったけど、なんとも居心地の良い場所でした。

14

今日は龍介くんと翔太と江ノ島へのプチ旅行に行ってきました♪ 何でもシラスが美味しいみたいでさ。時期ではないらしい?けど。
江ノ島に着いて、まずは、海見てテンション上がりまくり。そして3人共お腹ペコペコな事に気付きそのまま近くにあったお店へ。シラス丼を無事食べられました♪(´ε`)
うん、もう目的を果たしてしまった（笑）
その後、量平君とも合流。写メのコンセプトは謎ですが…笑。何か2人はヤンキー風です。
そっからプラプラプラプラして、ライトアップされたキレイなタワーに辿り着きました。
夜ご飯はカレーを食べて、帰宅。あ〜眠たい。
でも、楽しかったなぁ〜 o(≧▽≦)o

16

珍味珍味。お酒飲まないのにツマミ系大好き。
こないだのプチ旅行でも、好きなの発見!!
味覚がおっさん。よく言われます（笑）

良いんだ良いんだ♪

いわしせんべいと貝柱の乾燥したやつ（笑）

19
えー緊急告知でございます!
何ともビックリな…。
BASARA5周年のイベントに舞台版キャストとしての出演が決まりました。
場所は、武道館です。
…。えっ!? 武道館!?
マジすか。武道館…。
えーっと、緊張してきました。正月早々大変な事になりました。
武道館のステージに立てるとは…気合い入れて頑張ります!!
以上! 緊急告知でした o(≧▽≦)o

◆この月の舞台、お仕事＞＞＞　「舞台Kitty-Guys『ニューシネマパラダイちゅ』」ゲスト　他

22

今日はねー、ダイブな仲間とディズニーランドに行ってきました♪　ダイブな仲間とは…映画『DIVE!!』の共演者。ブログに登場する事はほぼないんですが、かなり頻繁に遊んでます\(//∇//)\　写真は賢章と将平。とチュロス笑
ディズニーですよ♪　ひっさびさに行ってきましたが、楽しいですねψ(｀∇´)ψ　はしゃぎました\(//∇//)\　タノシカタよー！　足がイタイよー!!
ピーターパンのアトラクションにも乗ったんだけど舞台『ネバーランド』の事思い出し…ウルウル。。゜(/□*)゜。
んー今日はキラキラした世界観の夢が見れると思います♪　きっと☆

25

メリークリスマス♪

さて、昨日は舞台のゲストへ…。
とにかく自由にやりました。笑　舞台の本番中にあれだけ自由になるのはなかなか無いだろうな(^^;;　良い経験でした o(^▽^)o
写真は学さんと見に来てくれたキタムラさん。
そして、今日は舞台『コカンセツ!』の数名でイベントです。さて、こちらも楽しんできます♪
メリークリスマス☆

26

昨日のイベントは皆さんのおかげですっごく盛り上がったし、楽しかったです♪
お手紙やプレゼントありがとうございます(^^)大切に使わせて頂きます♪(´ε｀)
写真はイベント終了後に皆で撮りました☆
良大は訳ありサンタ（笑）。良大がサンタ衣装を持参してきてジャンケンに負けたらイベントはサンタ衣装ってイベントの冒頭に言い出してガチでジャンケン。言い出しっぺの良大が見事に敗北（笑）。これが訳ありサンタの全貌（笑）
また『コカンセツ!』メンバーで集まれたらいいなー。楽しかったなぁー。

28

昨日はジャパンアニメライブでお世話になったエリサが日本に来るってことでメンバー数人とエリサの友達で飲み会♪　エリサは日本語もイタリア語も話せるからヨーロッパでは非常にお世話になったんです。途中で花ちゃんは寝てしまったけど…笑
写真加工してみた♪(´ε｀)　見せたら玉ちゃんがビックリしてた。iPhone スゴイ iPhone スゴイ!!って連呼してた(^з^)
フッフー (ﾉ∀`)σ
今日は正月武道館に向けてのBASARA稽古♪
久々蘭丸ぅ☆

29

今日も稽古終了♪
終了後に洋二郎さんと圭君、久保田君とパシャり。
BASARAって作品は熱いね。何をどうやるのかは見てのお楽しみ♪
今日は割と早めに稽古が終わったのでゆっくり湯舟にでも浸かりたいと思います♪
でわん(^^)／～～～

31

今年も後数時間…。
今日は部屋を軽く掃除しながら、今年も色々あったなーと振り返ってました。
反省する事も多々あるけど、充実した良い一年でした。来年は今年と同じミスをしないように後悔ないように過ごそう♪
うん。
で、ふと今年の色んな画像で写真作ってみたんだけど…。自分ばっかりで非常に気持ち悪い(--;)　ま、折角作ったから載せてみますが。
うん。沢山良い作品に参加させてもらったな。来年も充実した一年になりますように…
では、また来年！　よいお年を!!　(^^)／～～～

TAIZO SHIINA　　　　　　　　　　　　　　　　　　　　　　　2011.01~12

> 忘れる事のできない
> 東日本大震災のあった年
> エンターテイメントについて
> 考えた1年でした。
> 生きるのに必要なの？ってね

2011.1

1

2011年!! 明けましておめでとうございます!
年越しを龍介君と逆立ちして迎えました。笑

2011年は2010年より確実に飛躍します!
ウサギの様にピョンピョンと。
今日の朝、初日の出を求めて龍介君とチャリンコで良いポイントを探し求めたんですが、なかなか無くて(--;) ま、なんとなく撮れた赤く染まる空とチャリとティーチ。東京はビルばっかりです。

さぁ! 2011年楽しく毎日笑って過ごしたいと思います♪
皆さん、今年もヨロシクお願いします!!

3
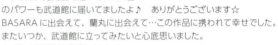
スゴイスゴイ!! 超満員の武道館!!
かなりエネルギーありました。o(≧▽≦)o
観に来て頂いた方、ありがとうございました。元気玉を送ってくれた皆のパワーも武道館に届いてましたよ♪ ありがとうございます☆
BASARAに出会えて、蘭丸に出会えて…この作品に携われて幸せでした。
またいつか、武道館に立ってみたいと心底思いました。
本当にありがとうございました!!
写メは今の待ち受け♪

4

今日は『ゼウスのイタズラ』メンバーでニコニコ動画の生放送でした。
沢山の方に見て頂けたみたいで(^^) ありがとうございます♪
web放送自体はやった事ありますが、目の前にお客さんが0って状態は初めてだったのでとても不思議な感覚でした。
写真は今日の放送メンバーと☆

6

今日は『ゼウスのイタズラ』のイベントでした(´▽`)ノ
忙しい中来て頂いた方、ありがとうございました♪

フリートークもっとしたかったな(笑) いっつもフリーダムになりすぎちゃうんですけどね(笑)
本編も見て下さいね(^^)
よし、打ち上げだ!!

8

今日はねー。プロフィール写真の撮り直しをしてきたよー。変わった写真は…まぁ、何かしらのチラシで見るかもね♪
「大人っぽくなったねー。」とか、「雰囲気良いねぇ♪」とか、大人達に褒めちぎられ無事終了。笑
どーやら…大人っぽくなってきてるそうです。
でもついこの間、コンビニでお酒買うとき身分証明書の提示を求められたけど。泣
どこの現場でも言われる事は顔と肩幅があってないんだって(;´Д`) 逆立ち好きだから仕方ないな…。
でも、今年も自分らしく生きていきたいと思います♪

9

線路は続く~よ~ど~こまでも~(´▽`)ノ
ハイ、と言うことで。実家に帰りまーす。ちょいと遅めの正月の挨拶にね♪

上手い事実家のパピヨン達の写メが撮れればブログにアップしますね♪
新幹線の中でモンハンやってたらアッと言う間に名古屋まで着いたよ。(;゜0゜) ビックリビックリΣ(￣。￣ﾉ)ﾉ

駅弁なんかも食べたりして…。イクラが美味かったo(*゜▽゜*)o
またご報告します♪

◆この月の舞台、お仕事>>> 『戦国BASARA 5周年祭~武道館の宴~』／ケータイドラマ『恋愛♂妄想TV ゼウスのイタズラ』空輝役 他

10

これで380円！ モーニングサービス、名古屋ばっかり有名ですが、岐阜も負けてません♪

コーヒー一杯にどれだけ付けるのか!? 利益はあるのか？ …有難くいただきました(o゜ω゜)ノ

小学生の時おじいちゃんと2人で休みの日の朝、喫茶店に行ってモーニング食べてたなぁ。どっちかってーと連れてかれてたんだけど、今より大人っぽいぞ。あの時の俺…笑
小学生で喫茶店て…。まぁ、コーヒーなんぞ飲みはしませんでしたが(´▽`)ノ

…そんなモーニングな想い出でした。

12

上からモカ、クッキー、ココア。3匹全員の撮影に無事成功♪

クッキーがモデルみたいに写ってる。笑
クッキーはモカの3倍くらい体重があるおデブちゃん。(;'0゜) でも、カワイイんだ。
実家の物置みたいになった自分の部屋で寝て、なんか色々思い出したり考えたりしてました。
うん。色々。

友達と銭湯も行ったし♪
今日は早めに寝ようかな♪

14

今日の朝岐阜から帰ってきました♪　朝方、岐阜チラチラと雪降ってた(^^)
テンション上がるね、寒いけど(--;)
新幹線に乗る頃には天気良くなってて、富士山がとてつもなくキレイに見えました((*´∀`*))

そして今日は、玉ちゃんとテニスの王子様のミュージカルを観に行ってきました(^^)　テニミュテニミュ♪
うん。スゴイ楽しかった♪　この試合どうなるのー!!って話にのめり込んで見てました。
楽しい時間をありがとう♪って事で東京ただいま(o゜ω゜)ノ

18

今日は舞台『灰とダイヤモンド』のパンフレット撮影に行ってきたよ♪

久々に成さんに会えるかな?って思ったけど先に終わってたみたいで会えなかった(--;)
ま、稽古始まれば毎日会う訳なんだけどね。
パンフの撮影は、順調に終わりましたよ♪
あれをグルグル巻かれるとは…。
『あれ』が何かわかんないって？　それはパンフ見てからのお楽しみ♪

この背景では撮影してないけど、良い雰囲気のスタジオでした(^^)
出来上がりが楽しみだね☆

20

今日は舞台を観に行ったよ♪　『SWEETS』って言う舞台。

共演はしてないけど、お友達の福山聖二君と、共演した事あるし『灰とダイヤモンド』でも共演する成さんが出演してます。
内容は衝撃的な内容ではあったんですが、妙にリアル感もあって…。仲間が出ている舞台を見ると凄くやる気が涌く!! うん。『灰とダイヤモンド』良い舞台にしよっ♪

写メは左から成さん、聖二、一番右は灰ダイでご一緒する田中伸彦さん。ってか成さんがとんでもない顔になってます(笑)

29

鍋を作っていて、ふいに鍋を触り完全に火傷しました(;´Д`)
こんばんわ。あ〜痛い…。
さてさて、この前ある会社の新年会に参加してきたんですが、その新年会でプレゼント抽選会があったんです。
だいたいこの類の抽選やらビンゴやらは当たらない私…。
しかし、当たったんです。まぁ珍しい(^^)
マッサージクッション♪
嬉しいね♪　サプライズ(=´∀`)人(´∀`=)
火傷もサプライズ(;´Д`)
皆さんお気を付けて…(--;)

2011.2

1

今日は『灰とダイヤモンド』の顔合わせ&本読みをしてきました♪

始まりましたよ〜 (*^_^*)
短期集中型でガッツリやりたいと思います!
まずはセリフ完全に頭に入れなきゃ。
"疑心暗鬼"な舞台…楽しみにしてて下さい♪
写メは全員集合の図。

2

立って稽古するのは今日が初めて…。こっから本番まで色々変わっていくんだろうけど、面白くなりそうですよ♪ 頼久じゃない成さんともやりとりあるしっ♪ 新鮮!!
皆キャラが濃いなぁ〜。埋もれないようにしなくちゃ (-- ;)

今日の写メのコンセプトは全く謎…。
植ちゃんはきっとアタッシュケース的なのに入れられてる設定なんだ。実際はカメラマンやってもらっただけなんだけどね (笑) ありがと。
明日の稽古はアレやるんで一緒懸命食らいつこうと思います!! アレかぁ〜…。また明日。笑

3

昨日言ってたの、これですよ。これ!
この写メな感じ…。

えっ? あんまり分からない? 決して節分だからって「豆投げないで!」って言ってる訳ではございません。ダンスですよダンス!!
やっぱり難しい…。ホント心が折れそうでした。難易度高すぎ (笑)
でも踊れたら絶対かっこ良い!! きっと踊ってみせます! きっと…。

セリフも覚えなくては…。課題が山積みなんでごわす。うし。がんばろっ。

4

今年は沢山の本を読みたいと思う。
ま、あくまで目標なのでどうなるかはわかりませんが…。それに、台本とのにらめっこが最優先の為なかなか進まない…。
早速進まない… (笑)

何にせよ今年記念すべき一冊目は森絵都さんの『カラフル』。森絵都さんと言ったら、僕の出演作でもある映画『DIVE!!』の原作の著者ですよ。まだあまり進んではいませんが、楽しいです (*^_^*)

皆さん小説などは読まれますか?

7

今日はダンス稽古…。高い高い壁を少し越えられそうな気がしてきたよ (^^)
成さんぐらいでかい壁…。

成さんでかいんだよ。ほんと。ギネス級。
こちら、ドン!!

この写メじゃ、むしろ、俺が小人なだけやな (笑)
アリエッティ鯛造。
久々に加工に力入れてみた (笑)
また面白い構図思いついたらやってみよ♪
(´ε`)

10

この舞台には成さん以外にも背の高い方が居て…林野健志さん通称「たけちゃん」。
でかすぎてもしかしたら成さんとたけちゃん劇場入れないかもしれないよ!? 笑

どんくらいでかいかと言うと…。こちらッ!!
なんか色々想像してみて下さい!?(·_·;?

そして、これはねぇ〜、大変やった (´Д`)
時間かかった割に個人的には前作の方が好きだったり…笑
さてさて今日はダンス稽古。激しいダンスだよ。汗ダックダクでした。

◆この月の舞台、お仕事>>> 舞台「Be With プロデュース『灰とダイヤモンド〜 mission in dark night』」オニキス役 他

15

今日は劇場での稽古でした。
劇場でのもろもろの確認なども順調に終わりまして…。
さー! 明日から本番ですよー!

来ましたねー。

うん。ドキドキだぁ o(≧▽≦)o

楽しみだな♪

劇場でお待ちしてますね♪

18

『灰ダイ』3日目が無事終了しました♪

今日のお昼は風強かったけど良い天気で…。
だけど夜寒すぎ!!

あー寒ッ!! あったかくして寝ましょうね☆
えー、明日は3公演…。がんばろっ!

今日の写メは準備中の楽屋での成さんと植ちゃんと、わたくし。

20

本日、『灰とダイヤモンド』無事に終了しました♪
ご来場誠にありがとうございました。

沢山のお手紙にプレゼントいつもありがとうございます♪
お花もホントありがとう☆ 素敵なお花でした。

では本日は打ち上がりたいと思います!!
ありがとう(^^)/~~~

22

3月8日から始まる舞台『努力しないで出世する方法』。稽古は始まってる訳で…ちょいと参加が遅れてしまった僕は必死です。遅れを取り戻したいと思います!
今回の舞台は完全にダブルキャストなんです。全ての役が2人居る。なかなか無いですよね。ACEチームとDREAMチームに分かれてるんです。
僕はDREAMチーム。頑張るぞー!!
そして写メは『灰とダイヤモンド』のオニキス写真。今回の舞台はサスペンスでしたね。舞台でサスペンス…。疑心暗鬼になる感じ、凄く楽しかったです。キャストもカナリ仲良く楽しくできたのでホントもっと皆と長く居たかったな。

25

春一番!! 風強し!!
そして今日暖かい(*^_^*) 春の訪れを感じますね。そんな今日も稽古です♪

今日の写メは『BOMB!!』で共演させて頂いた高島さん♪

『努力しないで出世する方法』。一つの稽古場に二つの劇団がバッティングするって所から始まる今回の作品。楽しんで頂けると思います♪
さっ、稽古稽古☆

27

本日も稽古でござんした。

今回の舞台は刺激的な事が沢山♪
うん。良い経験してます。

そして、本日の写メは、もっくんコト太田基裕君☆ タメだよタメ。女の子みたいだね。同じドリームチームなのだ♪(´ε`)

うーし、明日もいっちょ頑張ろっ!!

2011.3

1
先日まで読んでた小説『カラフル』は楽しく読み切りました♪
最後にそれまでのなんとなくのモヤモヤが予想通りではあったけど、
解決してスッキリしました。そんな小説でした。
そして、次に読みたい小説があったので、本屋に行ったんですが…。
文庫コーナーのランキング特集に引っかかり、
結果文庫（伊坂幸太郎『フィッシュストーリー』、
米澤穂信『ボトルネック』）を買ってしまいました（笑）　安いしね♪
見てたら読みたくなったので、読みたかった小説はこの2冊が終わったらにします^^;　ミステリーの方から読みだしてます♪
因みに読みたかった小説は『民宿雪国』って本。読んだ事ある方いるかな？

4
少量のお酒は体に良いと言う…。

ならば飲んでみよう。

珍しく家でお酒など飲んでみる事にした。
赤ワイン。
ふむ。

…「良薬は口に苦し」

しばらく家でお酒を飲もうと考える事はないだろう。ぶどうジュースでいいや。
さっ♪　残り稽古も少ないので気合い入れて頑張るかな☆

8
『努力しないで出世する方法』無事終了しました。

沢山の方のご来場ありがとうございました(^^)

お花もいつもいつもありがとうございます♪
そして初日の今日、誠治郎さんが見に来てくれました。「楽しかった」って言われて嬉しかった♪

さ、初日無事終わったんで、皆で乾杯したいと思います。
あ、髪切りました。

10
本日2公演目。無事終了しましたよ♪
ご来場ありがとうございました。

あと2公演を残すだけです。
早いねー(--;)　今回は特に…（笑）

本日はトークショーもあり、…ま、いつも通りフンワリと喋ってきました。

そして写メは皆さんに頂いたお花です♪
劇場入りする時に見て元気もらってます♪

ありがとっ☆

11
皆さん大丈夫ですか？
とても大きい地震でビックリしました。
連絡が取りにくい状態が続いてますが…。
余震も続いているので不安ですね。
被害が拡大しないように願います。

13
色々とありましたが、千秋楽の公演を行う事が出来ました。ご来場頂いた皆さん、ホントにありがとうございました!!

ありきたりな言葉で申し訳ないんですが…。

お手紙&プレゼントもいつもいつもありがとうございます。

では(^^)／~~~

◆この月の舞台、お仕事＞＞＞　舞台「スタンダードソング『努力しないで出世する方法』草次／ユキオ役　他

16

90時間以上経ってから救出されたというニュースもやっていますね。

諦めないで!!

僕らにできる事はすごく少ないけれど、節電したり一人一人できることをしましょう。

そんな中頑張って咲いている桜がありました。『河津桜』と言うらしいですよ♪ ちょっと見づらいかもしれませんが、キレイに咲いてます。自分より我慢してたり、頑張っている人がいるって事忘れないで生活したいと思います。
一人でも多くの方が助かりますように。

19

最近ちょこっとだけ小説を読むようになったんです。

読書初心者の為ブックカバーなんて物は発想としては無かったんですが、先日ファンの方から頂いて使ってみたら、何かフィットしてすごい良い感じでした♪

読書レベルが上がりました♪

そんなお話。

23

岐阜に居ます♪

東京での基本的な交通手段は電車だったりしますが、田舎になると車が必須になってきます。でも僕には車がありません (^_^;) だから借りたり、乗せてもらったりする訳ですが…。
今日は、そんな岐阜に帰ったらいつも運転してくれる優秀なドライバーをご紹介します♪
この方!!
椎名ココア君!!
…犬かぁぁい!!
もっかい! 犬かぁぁい!!
うん。ココア、かわいいぞ☆ o(≧▽≦)o
親バカ…笑

27

あ、もう東京帰ってきました (^-^)/

そしてね、今日は Be With さんの舞台『ロミオとジュリエット』を見に行ってきました。

もうね、この舞台は知り合いばっかり…楽しかったわ♪
今日で千秋楽ですって。皆さん、おつかれさまです☆

写メは素晴らしいジュリエット役だった植ちゃんと。
また皆と共演したいな♪

29

ちょーっとだけ暖かくなってきたね♪

今日の夕焼けはキレイだったよ。完全に逆光の写真（笑）

桜も開花してきたみたいで (^^) 暖かくなってきたので、完全に個人的ですが、ある計画を思考中。

うん。なんでしょう?
当たったらすごいな♪
ヒント
冬には嫌だなぁ〜。
わっかるかな〜?

31

今日は『SHOW YOUR HEART』街頭募金活動に行ってきました。

募金活動に参加して、改めて人間って素晴らしいな!って思いました。困ってる人がいたら手をとり助け合い、人の気持ちになって行動ができる。街は優しさで溢れてる。そう思いました。日本人として日本人を誇りに思います! 一秒でも早い被災地の復興を心から願っています。

そして、今日は沢山の方のご協力ありがとうございました。ファンの方も駆けつけてくれてありがとうございます☆ 僕も皆さんに支えられてるんだなと感じましたよ♪

改めて、助け合う事の素晴らしさを感じました。
日本人、素敵やんッ♪

2011.4

1

最近ハマってるお菓子。流行に遅れてるけど、ブラックサンダー！ 白い方は突然鯛マネから頂いた『白いブラックサンダー』。白か黒どっちゃやねん‼ でも美味しかった♪
あ、前ブログに書いた計画はですね…『バイクを買う！』って計画でした。流石にヒントが少なすぎましたね（。-_-。）そんな中予想ありがとうございました♪
地元に住んでる時はバイク持ってて結構乗ってたりしたんですが、東京来てからは全く乗ってないので乗りたい衝動がわんさか出てきました。わんさか。
ん〜いつ買えるかな？ 春には間に合わないかな？ 買ったら報告しますね♪

4

母親からこんなメールがきました。『掃除をしてるときに発見したよ。』って写メ付きのメールが…。
まず右のやーつ。これはねー、小学生の時の図工の授業で作ったものだと思う。何か動きのある作品を作る。ってなって逆立ちを選択したんですね♪笑 この頃から逆立ちが大好きでした（^^）
そして左のは自分の手ですね…。なんとなく覚えてるなぁ、これも授業で作ったんだけど、この時『結構上手くできてんじゃん♪』って思った気がする。今見ると気持ち悪い以外のなにものでもないね…。

んな感じで懐かしい気分に浸りましたとさ♪
チャンチャン(^^)／〜〜〜

5

あちこちで桜がだんだん開花してきましたね♪
良いよー！ あったかくなるのに賛成です♪
話変わりますが、前の募金活動で人との繋がりって大切だな！素敵だな♪って改めて感じたんです。だから皆との繋がりのこのブログをもっともっと大切にしたいなって思ったんです。
何が出来るかな？って考えたんですけど、大した事思いつかず…。
でも何かしたいので皆さんの質問に答えようかな？って思います♪
名付けて『解鯛新書』…今思いついた割には、くだらなくて良いネーミングだコト（笑）とりあえず明日辺りまで受け付けてみます☆
小さな質問でも何でもドシドシどーぞ☆ 答えられる範囲で答えます♪

6
皆さん沢山質問ありがとうございます♪
早速、スタート‼

Q 鯛造くんはイタズラ大好きですが（サプライズというか；）逆にイタズラされた事はありますか？
A イタズラされたコトでしょ？ イタズラはしょっちゅうするから沢山あるんだけど、される事あんまないんだよな…。サプライズはサムライモードって舞台の時の誕生日を祝ってくれるサプライズがビビった。
Q 鯛造くんなりの体の引き締め方があれば教えてください(＾ω＾)
A チャリ。多用。多分。笑 逆立ち。多用。多分。笑
Q 苦手な物ってありますか？（食べ物などでも構いません）
A パクチー、ジャスミン茶。
Q 鯛くんにとって《ファン》て、どんな存在ですか？
A やる気にさせてくれる大切な存在です。皆が期待してくれてるハズだからガンバんなきゃって。応援してくれてありがとう‼
Q お芝居をしていたりして、壁にぶつかったときや自信をなくしそうになったとき、鯛造くんはどうやって乗り越えますか？？
A 自分がこの人のお芝居好きだなーって思う人にとりあえず相談。相談もできないぐらい考えこんだ事もあったけど、周りの人が救ってくれました。
Q 必ず持ち歩く個人的に欠かせない持ち物はありますか？
A 何だったら手ぶらがいいけど、…鞄の中には大抵折りたたみ傘。快晴の日でも。わざわざ入れたり出したりするのがめんどいだけなんだけど、意外に助けられてるよ。
Q 今1番ハマってる食べ物って何ですかぁ〜!?
A ゼリー。…笑 ゼリーって書いて自分で笑ってしまった。だって最近良く食べるんだもん♪
Q 岐阜へ行ってみたいのですが、オススメスポットを教えてください☆
A 夏は池田山。車でひたすら山路を登って頂上ではビックリする程の夜景がッ‼

と、以上で『解鯛新書』第一回目終了です♪

8

東京の桜は、今とってもキレイです。時計もカレンダーもないのに、ちゃんと春に花咲かせて…自然ってすごいなぁ。って思いました。体内時計…。いや、樹木内時計はんぱねぇ。

んな感じで今日スーパーに行ったんですが、やっと！ 久々に奴に出会いました。なかなか出勤してなかった奴です。それは、納豆‼
いつでもどこでも手に入ったのに、震災後なかなか手に入らない状況が続いて…。納豆に限った事ではないけれど、改めて『あたりまえ』だった事に感謝の気持ちですね。
文章でうまく伝えきれないけど、ありがとう。一日も早く『あたりまえ』な日がきますように。

9

昨日の夜久しぶりに龍介君と翔太とダンスした♪　久しぶりに激しく動いたからちょっと筋肉痛。(^^;;

でも体動かすっていいね♪
なんだかスッキリです☆

写メはその時の。

いやー、スッキリスッキリ♪
では (^^)／～～～

10

今日は花見しました♪

天気も良くて、桜もガッツリ咲いてて♪
とても気持ち良かったですよ☆
ま、相変わらずお酒は全然飲めませんが…
(。-_-。)

イチゴもあって、しかもこれが超甘くて美味しかった♪

桜吹雪の中皆でワイワイ楽しかった (^^)

14

秘蔵写メ。

前、龍介君とダンス練習してた時に撮った写メで何故か目が光る俺（笑）

しかもポーズがポーズだから龍介君操ってるみたいに見えるし (^^)

ふふふー。

そんだけ (^^)／～～～

18

久しぶりにスカイツリーをみたよ♪

高さはもう完成時の634メートルになってるとか!?

すごい高い!

一回ぐらい登ってみないとね。
世界一高い電波塔 (^^)

そして、心配かけました喉はもう大丈夫そうです♪

では (^^)／～～～

25

バイクが欲しい今日この頃。先日、某バイク屋へ見に行ってきました (^^)　欲しいバイクの色とか状態とか指定して、全国のそのチェーン店の在庫を調べてくれたりするんですけどね。

…今、春やん？　皆バイク乗りたいんだね。
乗りたいバイクがなかなか無くて、あっても予算より高かったりで、シュンとしてたんです。今年は諦めるしかないのか…と。でも何かしら乗りたくて乗りたくて。なので可愛らしいミニバイクを買う事にしました☆
どんなバイクなのかってのはまた乗り出したら写メ載せますね。欲しいバイクよりはお手頃だし♪　早く乗りたいなっo(^▽^)o

29

ちょっと前の出来事。

一通のメールが届く。母親からだ、

「買い物してたら 鯛ぞう 見つけたよ。」って。
何のこっちゃ？　俺は売ってませんが？って思って数日後…家に郵便物が届く。

母親からだ。開けてみる。
…あ、鯛ぞうや。笑

まだ食べてないけど、それはそれは、うめぇんだろうな…。
たいぞう。笑

2011.5

2

靴の春夏秋冬。
春、もっぱらスニーカー。ちょっと寒いときなんかはブーツ使いますけどね。夏、俄然サンダル。稽古場にもサンダルで行って「あ、今日靴下忘れた」なんて日もしばしば。秋、ギリギリまでサンダルで生活したいが周りの目もあり、スニーカーと併用。冬、ブーツ。寒い。足冬眠。
そして、今はスニーカーの季節なんですが、使いやすくてシンプルなデザインのオールスターを高校の時から愛用してて、その中でも赤が結構好きなんですが、3年前ぐらい前に買ったやつがボロボロになってしまったので、新たに買おうと思って、やっとこさ買いに行きました(´ ▽ `)ノ
サンダルの季節がくるまで活躍してもらおう♪

3

皆さんの靴話（くつばな）ありがとうございます。

お気に入りがあったりなかったり。

靴の話、しといてなんですが、裸足が一番好きだったりします。笑

あ、写真
加工してみました。
…俺、大きくなったよ。
(^^)／～～～ 笑

6

天気良いね♪
ピクニックに行きたいな o(^▽^)o
芝生の上で寝転ぶんだ。仰向けになって視界には真っ青な空と一筋の雲だけ。
それからキャッチボールするんだ。一汗かいて、ソフトクリーム食べて。
ふー…。
あ。妄想ピクニック終了しました。おつきあいどうもありがとうございます。
さて、昨日は舞台を観に行ってきました。
ヨーロッパの一ヶ月の観こ…あっ、違う違う一ヶ月のお仕事を共にしたミキ姉（ブリーチのルキア役）の出演してる『さよなら また逢う日まで』という舞台を観に行ってきました。

15

今日の稽古は夕方からだったので、昼過ぎまで寝ようと思ったら朝6時に玉ちゃんからの電話で起こされて、そのまま活動開始しました。鯛造です。

布団干して洗濯して、ちょっとドライブして…。

布団があまりにもポカポカしてたから、昼寝してみたら汗ビッショリでした。太陽パワーだね。
そんな訳で今日も一日おつかれさまでした♪

写メは谷口賢志さんと。

18

今日はね、『忍たま』のカツラ合わせに行ってきました♪

カツラ着けた姿はもうちょい焦らすとして（笑）写メのが今回お世話になるカツラです。
ポニーテールがプッルンプッルン揺れておりました (^^)

カツラを被って楽しみが更に増しました!!

皆さんも楽しみに待っててね♪

19

稽古終了です。

たったの一年前なのに…細かい動きとか忘れるもんですね (;￣○￣) 人間の記憶って、いや…俺の記憶って残念だ。。。

でもおかげで凄い新鮮です。笑

今日の写メはこの方。塚本拓弥さん♪ 引き出しの数が半端ないっす!!
今回も素晴らしいお芝居を見せてくれてます。お楽しみにっ♪
あっ、明日辺り解鯛新書アップできるかも…?ですよー。

◆この月の舞台、お仕事＞＞＞ FM世田谷「シアターF」ゲスト 他

20

解鯛新書2。さて、書きました書きました♪
答えました答えました♪

Q　一番びっくりしたファンの方からのプレゼントってありますか？
A　24歳の誕生日の時のハッピーターン24袋!!「多いわっ！ 食えるか!」って思ったけど全部賞味期限内に完食しました。オイシカタよー。

Q　鯛造くんが舞台を稽古してるとき、本番に立ったときいつも必ず思ってることはありますか？
A　必ず思う事は『不安』と『感謝』です。

Q　鯛ちゃんは、どうして舞台とか、お芝居の仕事を選んだのかな？
A　目立ちたいんでしょうね。きっと。恥ずかしがり屋なのに。

Q　バイク乗って行きたいとこはどこですか？
A　田舎だよ。いーなーかー。緑の多いトコー。

Q　好きな色は何ですか？
A　モノトーンが好きですが、周りを見渡せば赤もチョコチョコありますね。きっと好きなんだと思うよ。

Q　今まで何回恋をしたことがありますか？（片想い含めて!)
A　初恋はきっと4才か5才（早っ!!)。何回あるんだろう？ でも初恋が1番、恋してたと思う。10年ぐらい好きだったかな。(実らず）

Q　鯛造クンは産まれた時間を知ってますか？ あと、産まれたのは岐阜市内ですか？
A　時間は確か昼の3時とかじゃなかったかな？ 産まれたのは名古屋市ですよ。俺3才ぐらいまで名古屋市だでねー。

Q　女の子に手作りの料理を作ってもらうとしたら、何を食べたいですか？
A　何でもイイんです。…一つ注文するならパクチーは取り入れないで…ってぐらいかな？

また解鯛新書3でお会いしましょう♪ （あれば…笑）

25

稽古の食事休憩での出来事。
コンビニでお弁当をレジに持っていき、お会計♪
お弁当を温めて…。「チンっ」袋に詰める店員さん。
熱くなったお弁当の上にブラックサンダーを滑りこませようとしてたので、「溶けちゃうからねー。」と店員さんを止めて、手で持っていく事に。
出演者に稽古場に戻るときこの出来事を話したら『『エコの心』だね」と寛大なお言葉。そーか。そーゆー事か。むしろそーゆー事にしておこう。
で、稽古場に着き、お楽しみの食事タイム☆
…箸がネェ!! ストロー付いてんのに箸が無い!!
そっか、これもエコか。…エコって難しいな。
あ、全然関係ないけど髪ちょっと染めたんだ♪
メッシュ入れたりもして(^^)

26

今日は『ニューワールド』の出演者と写メ撮ったよ♪　手前が小田井涼平さんで、奥がNAO-Gさん。小田井さんはとにかくデカイ!!
NAO-Gさんはアクションハンパない!!
パワーアップした『ニューワールド』お楽しみにっ☆

そしてー。告知を一件♪
6月9日「遙かなる時空の中で2」昼の部公演終了後のアフタートークショーに鯛造が登場!
おぉ!! ビックリビックリ!!笑 ノノータートークショーに出るんだって。この日は前作から僕と誠治郎さんが召喚されるみたい\(//∇//)\
たーのーしみー☆　3時間ぐらいぶっ続けで喋っても良いんですか？笑

29

雨嫌ねー。
台風嫌ねー。

今日の写メは洋二郎さんと塚本さん。洋二郎さん良い笑顔♪

夜ご飯を作った。ご飯が炊けるまでサラダを食べた。お腹一杯になってしまった。

よくある。よね？

31

今日で5月も終わりですね。
さて、昨日は『忍たま』のパンフ撮影やらをしてきましたよ♪　6年生大集合でした(^^)

大集合写メ!

初めましての方が多かったので沢山喋って仲良くなりました。

昨日分かった事は、6年生の西日本出身率がハンパなかったコト（笑）

稽古始まったら皆とご飯とか行って、早く仲良くなりたいな♪
伊作君についても、もっともっと勉強しなくちゃ。
と、その前に海賊だな!! 今日も稽古頑張ります!!

2011.6

2

最近のマイブームパン『バタースコッチ』。

セブンイレブンとファミマにはあるの確認してんだけど、どっちも美味しい (^_-)
他のコンビニにもあるのかな？

うん。多分あると思う。

バタースコッチ食べて元気モリモリいこー!!
はて…スコッチってどんな意味だろか…。

んー (^^)／~~~

8

RAGTIME S&D『NEW WORLD』
初日の幕が開いたぜーー!!

やっぱ良い舞台です！ 最高です！

すっげーエネルギー使うけど（笑）超楽しい♪
沢山の方のご来場ありがとうございます (^^)

明日は『遙か2』のトークイベント！ 楽しんで行きたいと思います♪

9

今日は『遙かなる時空の中で2』のゲストトークショーに行ってきたよ！
いやー緊張したなぁ（笑）
『遙か1』からは誠治郎さんと僕だったんですけど…2人で打ち合わせして、頑張りました！ 頑張れてた…かな？笑
しかも『遙か2』の方は初めましての方ばっかりだったし。。。
でも皆良い方で♪楽しかったですよ☆
写メは同じ天の朱雀の苅羽悠さんと。苅羽さんとは9月の『仕込んでいこう！』で共演させてもらうんで、お話できてよかった♪
さ、明日は海賊♪

11

今日も沢山のお客さんが入ってる中、海賊やれて楽しかった♪ ありがとうございます。
明日でコーディとはお別れになっちゃうのか…。
明日も必死に生きよう。
4公演じゃ少ないよ!!!!泣 でも、仕方ないよね。
一秒一秒大切にしよ。
そして、今日は本番の後『忍たま』の稽古へ…。
キャストとも大分仲良くなってきたよ♪
写メはそんな『忍たま』6年生メンバー。あ、アッキーは別の仕事で先に帰っちゃったから全員じゃないけど…。
よし、まずは明日の為に、今日はやや長めに爆睡したいと思います!!

13

昨日は朝までガンガン打ち上げで盛り上がり最高の夜でした♪
皆と色んな話もできたし☆
ニューワールドの振り返りはしばらくお待ち下さい。。。

さて、という訳で『忍たま』の稽古に今日からガッツリ参加でございます。遅れを取り戻す為必死に頑張りたいと思います!!

写メは稽古後に居残り練習中。
皆頑張り屋さんやっ♪

15
『NEW WORLD』の振り返り…。この作品は一年前のアンドレ公演の再演になるんですが、再演が出来てとっても嬉しい作品です。しかもこんなに早く。西田さんの創りあげる世界観がすばらしいから…。あの世界で生きられる事が凄い幸せなんです。うまく言えないけど…。西田さんが僕を思って書いてくれたコーディが大好き!! 冒険心をくすぐられる作品。あのラストの後コーディは何をして過ごしたのか、海賊を続けたのか海賊を辞めたのか…。
やっぱり冒険し続けてるのかな？ ニケより好きな人は現れたのかな？ 強く生きていられてますか？ 色々考えるのも楽しい。なかなかそんな作品に出会えないから。ずっと俺の中で、冒険し続けるコーディは生きてる。
うーん。。。なんだかホントにうまくまとめらんないけど、大好きだ!!って事！ とても楽しい時間を過ごせました。元気でね。コーディ。

◆この月の舞台、お仕事>>> 舞台「AND ENDLESS『NEW WORLD』」コーディ役／舞台『遙かなる時空の中で2』アフタートークショー 他

17

椎名鯛造 25才になりました♪

何年振りだろ？ 誕生日になる日、日付けが変わる前に寝てたのは(^^)
早寝、いいことです。笑

今年の目標は『余裕』を持って生きようと。心に余裕を。

何はともあれ無事に25才の誕生日を迎えられた事に感謝です。

19

稽古終了♪

今日は初めて最初から最後までを通す稽古をしました(^^) 流れが分かったので今日の稽古の収穫はでかいぞ♪

後はキャラを突き詰めてより良い伊作になれるように頑張る!
今日の写メは乱太郎と♪
やぁばい!! 可愛い!!

乱太郎とのやりとりのシーンもあるので
必見です☆

21

先ほど猛烈な睡魔に襲われました。
((＿＿))..zzzZZ

そんな本日も『忍たま』稽古は無事終了です。
さて、『忍たま』は関係ありませんが、この写メをご覧下さい♪
これは先日まで公演をしていたニューワールドのパンフ撮影をした時の使われなかった写真。
良いソリ具合だと思うけどな…笑　ま、流石にパンフレットには使えないか。
そーだと思って写メ撮っといて良かったぜぃ♪
けっこー大変だったんだよ…このポーズ（笑）
THE 悪ふざけ o(≧▽≦)o
そんなお話。

22

今日も稽古終了だよ♪
今日は暑かった!!

そんな今日は6年は組の相方、留三郎役の前内君と洋服のテーマ『夏』で稽古場に来ました♪

それが、こちら!!
うん。夏です(^^)
後ろの文字は…
よぉ分からんのでスルーしときましょ（笑）

ご想像におまかせ♪
さぁ、明日も頑張ろう♪

26

今日の稽古はおやすみでした。

昼間に用事をすまして、夕方から『忍たま』メンバー数人でボーリングへ♪

楽しかった♪ 写メは乱太郎役のたくと☆
ちょっとブレちゃったけど(;￣○￣)

良いリフレッシュが出来ました＼(^o^)／
明日からも頑張れる気がする(^^)

28

お姫様だっこされてみた。
うん。ただそれだけの記事(^^)笑

2011.7

1

無事に! 無事に!!
『ミュージカル忍たま乱太郎』初日の幕が開きました!!!
見にきてくれた皆さんありがとう☆

超満員のGロッソ…感動です。これから観にくる皆も楽しみにしててください♪

よーっし!
明日からも頑張るよー (^^)
ありがとー (o'ω')ノ

伊作より。

2
2日目無事終了です♪

今日も沢山のお客さんに来て頂いて嬉しかったです☆ ありがとうございます!!

今日は『忍たまミュージカル』2代目の伊作(陣内将さん)も観に来てくれて(^^) 乱太郎挟んで写メ撮ってもらったり♪

同じ役をやった人が見てると思うと緊張するね (笑)

明日も2公演!! この調子で頑張りますっ♪

3

今日も無事に終了しました。
昼夜共に、立ち見席も完売!!
本当に嬉しいです♪ ありがとうございます!

そして、今日は…なんと!!
伊作の声をやっている置鮎さんが観にきてくれました♪
図々しく写真撮ってもらったりして(^^) 緊張したアァ…。と言う訳で、
今日もW伊作です☆
明日は夕方の一回だけ♪
今日は泥みたいに眠ってやる((＿＿))..zzzZZ

4
今日も無事に本番終了しました♪

今日で全ての公演の立ち見席も含め完売したみたいで☆ 本当にありがとうございます。

今日の写メはきり丸とツーショット!

きりちゃんはねー、とっても美声なんだよ♪
見所の一つ(^^)

明日は公演おやすみー。特に怪我とかしてないけど、体休めよー♪

今日も一日お疲れ様でした♪

7
今日も無事に終了です☆

毎日足を運んで頂きありがとうございます♪

そして今日の写メは久々知な阿久津!!

歳の差9つ!! 信じられん!!
落ち着きはらってます。阿久津。

身長差は…気にするべからず。笑

9

本日も無事に本番終了です♪
と言う事は…明日千秋楽!! 明日も全身全霊で伊作を演じます☆
今日の写メは鯛焼きを食べる図。鯛が鯛を…。
この類いは小さい頃からネタにされてきたなー。鯛のお刺身なんて食べようもんなら…共食い共食いって言われる言われる(笑)
皆も言ったらいいさっヽ(￣д￣;)ノ
…さて、今日はスパッと寝ようかな♪
明日の為に…。

本日もありがとうございました♪

◆この月の舞台、お仕事>>> ミュージカル『忍たま乱太郎 第2弾 予算会議でモメてます!』善法寺伊作役 他

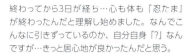

10

無事に無事に!! 千秋楽が迎えられました!!

本当に本当にありがとうございます!!
毎日満席で…感動です♪

今日は盛大に!! 打ち上がるべし!!

13

終わってから3日が経ち…心も体も『忍たま』が終わったんだと理解し始めました。なんでこんなに引きずっているのか、自分自身「?」なんですが…きっと居心地が良かったんだと思う。

今回のミュージカル『忍たま乱太郎』との出会いはオーディション。

イメージ的に小平太だと思ってた。でも実際は伊作君。
僕を知ってる人は、意外だ。と思ったと思いますが…自分でも意外だと思いました。今までは元気が1番!! みたいな役が多かったから。
実際に稽古に入ってからは1年生役の3人のお兄ちゃん的存在になろうと思いました。僕は末っ子なんでお兄ちゃん的要素がないから不安だったけど、そんな心配なかった。だって可愛いんだもん、あの3人。だから自然にお兄ちゃんになれてた…かな?

後は説得力。戦えないんじゃなくて戦わない。だから最後、同じ保健委員の乱太郎にあの背中を見せれて良かった。凄く好きなシーンです。ちょっと不運なトコあるけど、6年間忍者のたまごやってるから強いのは当たり前だもんね?
心優しい伊作が大好きです。
文字で伝えるのは難しいけど、伊作が好きなんです。それが伝わってたら嬉しいな。だから第3弾があったら絶ッッッ対にまた善法寺伊作をやりたい!! ありがとう♪伊作! また会える日まで…。

18

ケータイに入ってる画像見てたらこんなん出てきた♪
伊作が一年生三人にお姫様だっこされるって一設定の写メ(笑)
もはやお姫様だっこでもなんでもないんだけどね…笑 しかも
下の方が写ってないから、お姫様感全然出てないし(-。-;
画像見て足もとが写ってないからもう一回撮って!って言おうとしたけど、
一年生三人の疲労感が半端なかったからやめといた(笑)
ごめんね。無理させて…(T_T) ＼(^-^)
写メ見るとその時の情景を凄い思い出す。

19

今日はね、ちょっと前から計画されてた熱海旅行♪ 楽しみにしてたんだ♪ メンバーは鈴木拡樹、中村龍介、高崎翔太(^^) 楽しくなるんだろーなぁ♪ 車ではなくて、電車でゆっくり話しながら行くんだ♪ 朝集合していざ出発!!
…あんねぇ、知ってると思うけど台風が来てるの…。まぁ、なんとかなるよ(´▽`)ノ
トコトコ電車が走ります。
すると、雨がだんだん強くなります。豪雨で電車がゆっくり走り出します。
うん。熱海に着く前に引き返したよ。(−_−;)
写メはね、悟空「ねぇ、さんぞぉ～これ無理じゃねぇ」、三蔵「帰るか…」って相談中の図。笑
東京へ引き返す事になりました。

26

『忍たま』で皆が寄せ書きしてくれた横断幕を見に行きました。とっても沢山の皆の気持ちが書かれてて感動しました。

写メは皆の気持ちに包まれる俺と南ちゃん。

ありがとう♪

2011.8

2

実家には幼い頃の鯛造少年の足跡が沢山残っている。

写メは当時子供部屋だった部屋の木の柱に描かれていたもの…。
これが一体なんなのか…。
多分当時ドラクエにはまってたからモンスター的なの描いたんだと思うけど…なぜ家に落書きしたのか（汗）いらない紙は無かったのか、この頃の自分に問い詰めたい…。

さて、今回は会えなかった友達も居るけど、そろそろ東京へ帰ります。

4

今日は「仕込んでいこう!」の顔合わせ♪

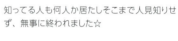

知ってる人も何人か居たしそこまで人見知りせず、無事に終われました☆

本読みもしたんですが、これは面白くなりますよ(^^) うん! 皆キャラ濃いしっ!! 笑

是非見に来て欲しいな(^-^) さぁ、帰ってから台本とハンターハンターの新書とワンピースの新巻読まなきゃ(^^)

忙しや忙しや(´・_・`) 笑

3

お待たせ致しました!! 解鯛新書3、さっそくいってみたいと思います! よーいっ、ドン!!

Q 鯛造くんのこれからの人生の年表のような、人生プランを教えてください m(__)m
A 生涯役者でいたいな。35歳くらいには結婚もしたいし、それぐらいに子供も欲しいな。10年後何してるかなー?

Q 色んな舞台に立ってる鯛ちゃんですが、本番を迎えるまでに、苦労した事はどんな事ですか?
A 苦労した事か…人見知りだから皆と仲良くなる事?笑 忍たまの時も皆と仲良くなれるか心配だったな。結果的にはそんな心配しなくても良かった訳だけど(笑)

Q 鯛造さんの好きな言葉を教えてください!
A 尊敬する役者さんの言葉。『俺らは楽しくなくていいんだよ、お客さんが楽しんでくれれば。』

Q ズバリ、今ハマっていることは何ですか?
A 風呂上がりのスイカバー。

Q 今までで、ファンや共演者の方につけられた印象的なあだ名ありますか?
A 鯛兄ィ。って呼ばれた。自分が末っ子だからお兄ちゃんになったみたいで、ちょーーっとだけ嬉しかった。

Q 台本を一番覚えやすい場所ってありますか?
A まぁ、基本的には部屋の中ですが、意外と電車の中で集中してます。※空いてる電車のみ。

Q おとうさん、おかあさんは何故鯛造って名付けたんかな?
A 親父が刺身(魚)好きで母親のお父さんの名前に『ぞう』って付いてたから。鯛のお造り。鯛造。

で、今回の解鯛は以上です♪ お付き合いありがとうございました。

13

今日のキャストさんは…渡部将之さん、通称マサさん。今回お世話になる円盤ライダーの代表さんであります♪

マサさんが現れた瞬間に舞台上の色が変わる…感じがします。

お酒の弱いマサさん。だからあまり飲まない、でもお酒入ってんじゃないか?ぐらい、いつも陽気なマサさん。

名古屋出身のマサさん。親近感。
面白いお芝居をするので注目ですよ♪
写メの構成は色々想像して下さい(笑)

15

稽古場で逆立ち大会が時折開催されます。ま、俺発信な訳だけど…笑
結構皆上手なんです。でも負けない((*´∀`*)) ふふ♪
今日の東京の降水確率は30%でした。朝家を出るとき布団を干そうか干すまいか…悩んだ挙句。干して出た!
小雨でも降ったらそーっとショックだったんだろうけど、降らなかった☆
めでたしめでたし♪ 今週も頑張りましょ。

◆この月の舞台、お仕事＞＞＞ webTV「エンタの素」出演／「ジャパンフェスタ in 2 バンコク」出演 他

17

今日も『仕込んでいこう!』の稽古稽古♪

さて、さっそく今日のキャストさんは…原将明君。通称ハラマサ (^^)

ウソですけど、写メのように鬱陶しいんです。
ウソですけど、絡みがめんどくさいんです。
ウソですけど、大好きです♪

あ、最後のはウソじゃない。ホント☆

何のポーズでしょう?笑
良く分かりません (´・_・`)

19

昨日は webTV エンタの素でした♪
遅い時間スタートだったし見れなかった人も多かったかな? 見てくれた皆さんありがとう!

写メは昨日のエンタメンバーと☆

番組内で、ゲームをして負けた人がセンブリ茶を飲むというゲームをしたんです。
勝ったんですよ。でも飲んだんですよ。何で?
そしてホント苦い!! 体に良いらしいけど…。
テンションは下がります (´・_・`) ふぃ〜。

今日の東京は雨です。
ちょっと寒いなー。夏、終わんのかな?

23

今日の写メは『仕込んでいこう!』の中で同じ劇団の劇団員と♪ この4人が同じ劇団員として登場します。

毎日稽古だけだと、『仕込んでいこう!』以外のネタがありません(笑) 稽古場で色々面白い事は起きてるんですけどね…。

今日も突然ホワイトボードを使って絵心対決が勃発したり…。突然、筋トレ部が結成されたり。
逆立ち部が俺により結成されたり。色々起きてます。笑
今度面白い事が起きたらシャッターチャンスを逃さずにとらえたいと思います♪ 待っててね☆

29

タイでは日本が人気なんです。
もちろん日本のアニメも人気なんですよ♪
で、そのイベントに参加しに行ったという訳。
まず成田空港からタイに行く訳ですが、今回は完全に1人なのでうまくたどり着けるかドキドキです。1人で海外は初めてなのでね。荷物を預けて、チケット発券して、バンコク行きの飛行機に無事乗れました♪
飛行機の離陸する瞬間が大好きなんです。ゴゴゴォオォー…フワッ。ってね。好き。
5時間半くらいのフライトでタイに着きます。もう少しで着くって時にアナウンスで「現地の天候は、強い風と強い雨です」ってさ。今タイは雨季の様で、しょうがない。
空港着いて荷物受け取って入国審査通過して…ん? どこに行けば?
俺1人知らない土地。誰かに聞こうにもタイ語喋れないし。なんかケータイ使えないしっ!
とりあえず空港の中歩き回りましたよね。したら、『鯛造』ってプレートを持ってる方発見!!
出迎えてくれたのは通訳さんなんだけど、『鯛造』ってプレート見た時に抱きつきたいぐらいの安堵感を得ました(笑) ホント安心した。
そんな感じでタイのホテルに着いたのは大体日付の変わる12時くらいでしたね。
不安100%で始まった今回のタイ渡航。まだまだ予測不可な事が起きるんです。
こんなもの、今考えればただの序章だったのである。続く。
写メはタイの空港のでっかい像。帰りに撮ったんだけどね。

25

突然ですが…。

行ってきます!

タイへ! バンコクへ!
『ジャパンフェスタ in バンコク』

あの…ま、とりあえず無事を祈ってて下さい (^^)

また帰ってきたら報告します。

2011.9

1

さて、タイ渡航記念。いきましょ (^^)

ホテルに着いて現地で仕事してる事務所の人と合流し、屋台的なところで軽くご飯たべてホテルに帰りました。部屋に戻って飲み物を買いにコンビニへ…。そして、この日は取材が3本あったんですが、なんと！ 一本目はまさかの生放送！いや、知りませんでした (-。-;
凄く緊張したぁ (笑)

そして、移動取材移動取材を繰り返し、2日目は終了。ばっちり夜遅くなりました。

そして、3日目はイベント当日です。朝起きてリハーサルをして、本番を迎えるわけですが、俺の番になってものすごい豪雨に!! なんでやねん!!

屋外なのでね。屋根はありますが… (-_-;
雨に負けずにイベント無事終わりましたが、雨の音が凄かった！
そして、打ち上げへ。
いや、もうね、書ききれてないけどなんか色々あったんですね。笑 それも含めて楽しかったんですがね。とにかく早かった。観光したかった！またプライベートでタイに行きたいな。タイの皆も温かかった☆ また、必ず！

写メはイベント本番の衣装。かっこいい衣装を衣装さんに作ってもらいました。これだけにしか使わないのは勿体無い。何処かで着れないかなぁ？

6

『仕込んでいこう！』初日無事幕が開きました♪

沢山の方に御来場いただきましてありがとうございました☆

さて！ 初日乾杯行ってきます!!

8

3日目が無事終了しました♪

明日は一公演！
沢山寝てみよ。うん。そーしよ☆

毎日役者仲間も来てくれて (^^)
今日は東京のお兄ちゃんである誠治郎さんが来てくれて♪
楽しんでくれて嬉しかったな。

よし、明日も頑張ろっ！

9

4日目も無事終了です☆

『仕込んでいこう！』無事に折り返しましたよ♪

あと4公演です。一回一回大切に楽しもう。
写メは髪型似てね!?って図。

ハラマサと俺は分け目が逆なだけ!?（笑）

11

終わったよー♪

『仕込んでいこう！』無事千秋楽が終了しました☆

御来場いただいた皆さん、ありがとうございました☆ お手紙やプレゼントいつもありがとうございます!!

さ、『仕込んでいこう！』のバラしをして、打ち上げ行って盛り上がろう♪っと☆

◆この月の舞台、お仕事>>> 舞台「円盤ライダープロデュース『仕込んでいこう！』」／富田昌則トークイベント「とみたの部屋 vol.2」ゲスト 他

20

ここ最近は夏を取り戻す為に友達と海に行ったりしてました♪　まだ旅行計画があるので、それも楽しみなんだけど(^^)
と何だかんだで今週末に『とみたの部屋』のイベントですね♪　今日打ち合わせをしてきました☆　写メはその時のです。
25日には進藤学さんもゲストで出るみたいで♪　学さん、『灰とダイヤモンド』以来です。今日もちょっと喋ったけど相変わらず面白かった(^^)
イベント内容も凄く面白そうな事富田さん考えてくれてて☆　俺は24、25日の昼夜の全部出ますが全部違う事になりそうです(^-^)
集合写真とかも撮るみたいですよ♪　あと私物プレゼントもあるよ♪　盛り沢山☆

22

車を飛ばして伊豆旅行へ…。

昨日の台風の影響でか、高速が使えない区間があったりで大変でしたが、たどり着きました♪

今回一緒に旅してるのは舞台『パッチギ!』でも映画『DIVE!!』でも共演した賢章と『DIVE!!』で共演した将平。

3人旅行♪　さて、どんな旅になるかなぁ？
それはまた今度…(^^)／～～～

23

山に登った。
リフトだけど（笑）
絶景なり。

23

帰ってきました♪

楽しかったー(^-^)
漁師メシって言うボリューミーな丼も食べて、幸せいっぱいでした☆

そして、明日は『とみたの部屋』のイベントです♪

24

今日は『とみたの部屋』のイベント一日目です♪

本当に自由なイベントなので何が起きるかわかんないので明日もとんでもない事が起きるんだろうなぁ～。

でもとても楽しかったし、貴重な経験ができたので良かったです♪

明日は進藤学さんも加わってのイベントなので更に楽しみです☆　明日も楽しもうっ♪

今日来てくれた皆さんありがとう(^^)

30

今日は『仕込んでいこう!』のメンバーでバーベキュー♪　『仕込んでいこう!』以外にも沢山居たけど、ワイワイ楽しくやってました♪
僕は食べる専門でした。お肉焼いてくれた皆、ありがとう。
ここで、お礼を言っておこう。準備や片付けもありがとう。
お礼を…。
美味しかった。楽しかった。
ちょうど今日は気温が高かった様で、気候にも、ありがとう。
今日も明日も、ありがとう。笑

なんだコレ!?　笑　シラフです。

2011.10

3

こんばんは (o'ω')ノ

久しぶりにびっくりドンキー♪
やっぱ美味しいな☆

視力検査じゃないよ（笑）

11

「たいやきあるよー」って言うから、ビューンと飛んでいきました。

久しぶりに前ちゃんに会った (^^)
久しぶりの『忍たま』は組♪

たい焼き美味しかった☆笑

14

昨日はアクションや殺陣のワークショップに行って来ました。
練習です、練習。
久しぶりに全力でアクロバットが出来て気分爽快でした☆(=´∀`)人(´∀`=)
だが、しかし…。
今日起きてみたら全身が薄っすら筋肉痛。笑
特に首が…。首の筋肉なんて日常生活でそんなに使わないからな。しばらく痛いんだろうな。あぁ。
そして、今日‼ 舞台戦国BASARA3の初日‼
大阪の地で怪我なく無事公演をし、東京に帰ってきて下さい!
心は共に。皆頑張れ‼

8

すっかり秋ですな。いや、バイクで夜走るとメチャクチャ寒いです。
冬も近いなこりゃ。
ってな訳で『〜の秋』。最近は芸術の秋。撮りためてた金曜ロードショー（笑）見たり、友達に貸してもらった舞台のDVD見たりしてます。忘れないようにチョロっと感想書いておこう。
『カイジ』
原作はマンガをちょろっと読んだ事ある程度だけど、とても楽しめました。香川さんと藤原さんの一騎打ち…表情の芝居が凄い‼
『幸せのちから』
ウィル・スミス主演で実の息子のジェイデン君との初共演。実話から来てるんだ。最後の2分間で泣けちゃいます。あるシーンでのウィル・スミスの芝居が…涙スーって、あぁ…。（見てないと訳分からんね。笑）
『紀元前1万年』
マンモスとかともっと戦ったりする映画なのかな?と思ったけど、全然ヒューマンドラマでした。
『アイ・アム・レジェンド』
こちらは昨日の金曜ロードショー（笑）ウィル・スミス主演作品。ウイルス感染で地球がメチャクチャの状態からスタート。少しずつ状況が説明され次第に分かっていく。
愛犬をこうして、あぁするとこの、またしてもウィル・スミスの表情がッ! 素晴らしいです。
そして、舞台。地球ゴージャス『カルテ』
虹色唱歌で共演させてもらった入絵さんも出演されてる作品。テーマは軽くないのに、笑える箇所作ったり、遊び心が流石だなぁと思った。エンターテイメント‼

と、最近色々見ましたが、やっぱり、映画は映画館、舞台は劇場で生の臨場感!が1番だな。何にせよ、『芸術の秋』堪能しよう。皆さんは何の秋?

23

舞台、戦国BASARA3のゲネプロを見に行ってきました。

今日初日です♪ 皆さん怪我の無いように頑張って下さい。

しっかし、前作に出てたのに、今回は客席であの世界観を肌に感じるって…なんだか不思議な感覚。仕方ないけど、寂しいな。あの仲間に入って熱い舞台作りたかった‼
舞台は最高に楽しかった♪ 僕の身体が立ち回りを欲しています。笑

最近写メ撮る機会を逃してる…笑

舞台見てきた♪ 『少年よ大紙を抱け』

ゲンゴロウさんや寿里さんやりょうちんが出演してました。
芝居ありダンスあり歌あり書道あり! なんでもあり!ってか、モニター? LED? 舞台の奥一面がブァー!ってなって、まぁ凄い凄い!! 舞台の可能性が広がりますね。
明日千秋楽ですって! 頑張って下さい♪
あ…劇場が思い出深い新国立劇場の中劇場。舞台『パッチギ!』の場所です。

なんか色々感じた。2年前を思い出した。
あー、芝居したい(´ε｀)

今日は嬉しいお知らせ♪ こちら!!

2012年1月、ミュージカル忍たま乱太郎第三弾「山賊砦に潜入せよ」上演決定!
前回同様、善法寺伊作役で出演します!!
嬉しいなー♪ 楽しい年末&正月になりそうです!
今までの『忍たま』のミュージカルで伊作役は毎回新しい公演毎にキャスト変わっくしまうって言う不運な役!?だったんですけど、今回続投だよ!
よし、伊作に手紙を書こう。

伊作へ。
良かったな! 伊作!
…いや、…伊作的に俺が伊作やる事を伊作は望んでいないかもしれない…しかし、俺のやる伊作は伊作がやりたい! そして伊作をまた演じられるのが俺が演じる伊作的に非常に嬉しい!!

…伊作伊作ばっかりで文章ガタガタだな。笑
とにかく嬉しいんです! 残念ながら今回、続投出来ないキャストもいるけど、気持ちは一つ!
皆、任せろ!!

写メは前回の公演の時の伊作。

2011.11

3

昨日スタンダードソングエンターテイメント通称スタソンの舞台『贋作水滸伝』を観に行ってきました♪ キャストが凄い多い!!(^_^;) しかも知り合いばかりなので探すのも大変でした。人物多いから話わかんなくなるかな?って不安だったけど、分かりやすかったし、最後はホロッと感動出来るようになってます。
昨日初日でした。千秋楽まで怪我がありませんように。皆さん頑張って下さい(^^)

問題はここから起きました。
『コカンセツ!』で共演した番長こと、北代もこの舞台に出てたので、終わった後軽くご飯食べに行こうぜ♪って事になり六本木の劇場近くのお好み焼き屋へ…。
もうちょっとでお好み焼き出来るよっ!って時に番長がちょっと電話してくるねー…と店を出て行き、待つ。待つ。
お好み焼きが出来上がったので食べ出す。番長の分を一切れ残してほぼ完食。待つ。
「友達全然戻ってこないねー。」と話しかけられ、隣のおばぁちゃんと仲良くなる。
もう一つお好み焼きの素を頼んで店員のおっちゃんに美味しく焼く火加減とかをレクチャーしてもらいつつ二枚目を完成させる。おばぁちゃんとおっちゃんと雑談しながら待つ。待つ。
やっと、やっと、番長が帰ってくる。おばぁちゃんと、おっちゃんと「友達帰ってきたねー♪」と共に喜び感動していると…番長が「メッチャ仲良くなってるやん!笑」って。そら仲良くもなるわ!

てな感じで40分くらい六本木のお好み焼き屋で一人お好みをしました。その後は懐かしトークに花咲かせ楽しみましたけどね♪
以上! 昨日の出来事でした(^^)
あ、パーマかけたんだ♪

8

街にイルミネーションが現れました。
なんだか冬の到来を感じますね。

ってか早い!! もう11月!?
後悔のないように今年を楽しまなきゃね♪

笑ってると運が上がる。(^^)
(=´∀`)人(´∀`=)
らしいよ。

11

今日は…2011.11.11
ゾロ目だね。

まさにポッキーの日。
いただきまーす(^^)

16

冬になると秋に色付いた葉っぱ達が枯れてヒラヒラ落ちる。なかなか絵になる情景ですが…。
風が強いとまるで葉っぱカッターの如く襲いかかってくる!!

そしてその葉っぱカッター達は行き場を求めて風の行くまま。
そんな葉っぱ達の集合場所を発見!!

…何かの生き物なんじゃないか?と思える程の塊(^_^;) すぐにでも焼き芋が出来そうです。
そんな秋終盤の一コマ。

18

今日はねー、ミュージカル『忍たま乱太郎』のスチール撮影でした♪ パンフレットとかの写真撮影ね(^^)

久々に皆に会ってテンション上がったわぁ。
o(^▽^)o 早く稽古始まって毎日皆に会えるのが楽しみだなっ☆

第三弾もきっと良い舞台が作れると思う!!
うん! 今日そんな気がしました♪
皆楽しみにしててね(^ з ^)-☆

今日の写メは同じ6年は組の前ちゃんと(^^)

◆この月の舞台、お仕事>>> 舞台「チャーミーゴリラ vol.1『ハイスクール ハイコー!!』」ゲスト 他

21

今日は今度ゲスト出演する舞台の稽古に行ってきたよ♪

写メは作・演出のハラマサ!とパッシー!

すごいわー(^^) 何が凄いって作品を生み出したハラマサが凄いと思う!
しかも面白いし♪ いやー凄い!
『ハイスクールハイコー!!』

僕は27日の13時〜と18時〜の公演に出ます♪ ゲストだけど、観に来てね♪

27

今日は舞台『ハイスクールハイコー!!』のゲストで出演してきました♪

楽しかったなぁ♪ ご来場いただいた皆さんありがとうございました(^^)

写メは今回脚本、演出したハラマサ!
同い年なのにスゲーなぁ。自分が書いた本が舞台になるってどんな感覚なんだろ?
嬉しいのかな? 楽しいのかな?
羨ましいぞ♪ ハラマサ!

2011.12

1

さぁて！ 始まりますよ!!

ミュージカル『忍たま乱太郎』、今日顔合わせでした(^^)
写メは奥から末野さん、アッキー。
利吉さんと小平太君ですね。
楽しみだ!! 非常に楽しみだ!!
皆さんも楽しみにしてて下さいね♪

ちょくちょくブログでも報告しますので、お楽しみに☆

3

先日の忍たまの顔合わせ前に軽くダンスとアクションの基礎練習をした訳ですが、足とか腕とか背中とかいーっぱい筋肉痛…(^_^;)
最近激しい動きしてなかったからね。仕方ない(´･_･`)

痛い痛い。笑

明日はアクションの稽古!
はたして…伊作は戦うのか!?(？_？)

8

今日も稽古稽古☆

稽古場で筋トレを4日連続でやった。これで三日坊主ではなくなったぜ!
上半身が悲鳴を上げてる(笑) 良い感じだ。
さて、今日の写メは山村喜三太役の小宮明日翔君♪ お菓子で餌付けしてね…。
ってオイ!! 違う違う!
いやー可愛い! 小学5年生なんですけどね。
可愛い!! 俺の小学生時代こんなに可愛くなかった!!
子供は可愛いなぁ〜。癒されるなぁー。
(=^ｪ^=)

12

洗濯物が溜まってきた最近(笑)
洗わねば…。
皆さんお元気ですかな？

稽古稽古の毎日で曜日感覚がなくなりました。月曜日なんだね。

稽古場への移動中台本読んで歌の歌詞見てウルウルしました。いい曲満載!! お楽しみに☆
今日の写メは豊さん♪ お茶目ですねー♪
(´▽`) ナイスキャラで今回の忍たまにも不可欠なお方です。

さて、今日もまだまだ稽古頑張ろう♪

13

今日は良い写真が撮れましたよ♪

何の写メなのか分からない人は意味不明なのでしょうが…。

僕ら3人はこの後テンションMAXでした(笑)
これが何なのか分かる人いるかなぁ？

楽しかった♪

16

今日も稽古終了♪

毎日順調に進んでますよ☆ とっても良い作品ができてます!!

今日の写メはアッキー（小平太）。良い意味でかき回してくれてます♪

そーいえばアッキーはサウナに強かった! 俺風呂好きだから長風呂なんだけど、アッキーとは良い相性だな。南ちゃん（仙蔵）が1番サウナ苦手そうだったかな？笑

また風呂行こうね、アッキー♪

◆この月の舞台、お仕事＞＞＞ 円盤ライダー『仕込んでいこう！〜新宿編〜』DVD発売記念イベント 他

18

今日はみっちり稽古したなぁー。
いやー良い睡眠ができそうです (^^)

稽古の休憩時間にJAEさんに見てもらってアクロバットを習っているんですが、楽しくて楽しくて…。o(≧▽≦)o

アッキーも一緒に練習してるんですが、同じ技を練習する時は上手く出来ないもどかしさを共有してます。笑　良き仲間♪　良きライバル♪

電車で寝ちゃいそう…。
頑張って起きてい…れ…るの…か。
応援よろしく…。笑（ﾉД`）／~~~

22

昨日ね、6年全員で焼肉屋＆サウナに行ってきました！ 芝居の話したり、全然関係ない話したり。何時間風呂にいたんやろ？ 2時間ぐらい入ってたかも。
汗かくってイイね♪　風呂大好きだから最高やった！ 更に絆が深まってより良い作品が出来ると思います！

作品の全体像も見えてきたし！　皆の前で演じるのが待ち遠しい!! もう少しお待ち下さい☆
写メは皆で焼肉ー♪な図。

さて、今日は帰ったら昨日録画しておいたミタさんの最終回を見なくちゃ♪　忙しや忙しや(笑)

24

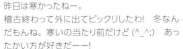

昨日は寒かったねー。
稽古終わって外に出てビックリしたわ！ 冬なんだもんね。寒いの当たり前だけど(^_^;)　あったかい方が好きだー！

さてさて、只今絶賛稽古中の『忍たま』追加公演が決定しました！
お楽しみ会も発表されたし♪
あたくしは…
18日と22日に登場します！ 18日！ は組の会ですよ！

楽しみだなー♪　フッフッフー♪（´θ｀）ﾉ
さて、今日も稽古頑張ろっと☆

25

メリークリスマス☆
そんな今日も絶好調で稽古でしたが…。

稽古も通し稽古と言う最初から最後まで止めないでやってみる稽古の段階に入り、細かい所を直していく作業に入りました。
早い!!　年内にこの段階まで出来るなんて((((;゜Д゜)))))) スゲぇ。

そして昨日の出来事ですが、サンタさんが稽古場に来たよ♪
キサンタ!!　ちょっと大きめの衣装を身に纏い入浴剤のプレゼント♪　可愛かったぁ。この子持って帰ってもいいですか？

26

稽古でぐったり…したフリね。
さぁて!!　告知です！
大好きな劇団アンドエンドレスさんにお声かけてもらいました♪
Office ENDLESS Produce vol.9『RE-INCARNATION』
期間:2012年2月10(金)～2月19日(日)

ピャー!!　誠治郎さんいるよ!!　たまに遊んだりはするけど仕事で一緒になるのは久しぶりだなぁ！　遙か以来!!
いやー楽しみだ！　アンドレ作品も大好きだし♪
見に来てね♪

31

大晦日ですよー♪
新年に向けて準備はいいですかー？

僕は友達とパーリィーしながら過ごしたいと思います!!　その準備もしなきゃ！

皆さんはどう過ごします？ お仕事の方もいるでしょうが…頑張って下さい!!

もうすぐバイバイ2011!! (^^)／~~~

TAIZO SHIINA　　　　　　　　　　　　　　　　　　　　　　　　　　　2012.01~12

エイプリルフールのウソが
つらい…。
忍たまの思い出が強い
そんな一年

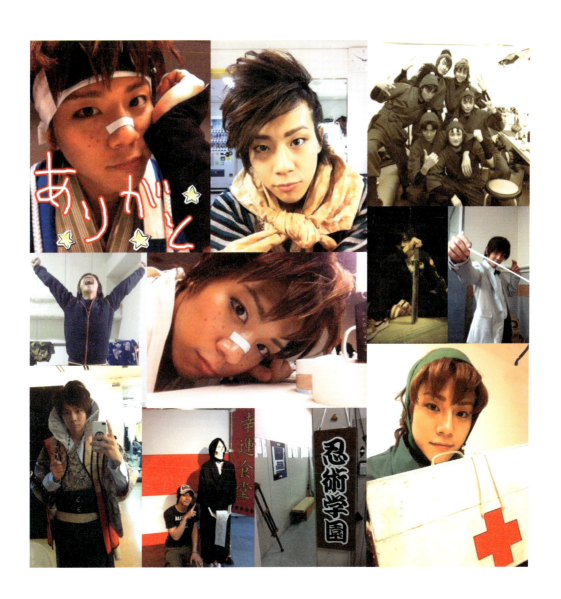

2012.1

4

今日は『忍たま』メンバーでゴーカイジャーショーを見にGロッソへ行ってきました。アクション…流石の一言です。
そして子供達のヒーローを応援する姿に、俺にもこんな時期があったな…と純真無垢な頃を思い出しました。ヒーローはやっぱりカッコイイ!!
さ、仕事始まった人も多いんでないかい?
新年から全力全開で進んでいこう!

11
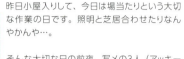
遂に明日本番ですよー!!

昨日小屋入りして、今日は場当たりという大切な作業の日です。照明と芝居合わせたりなんやかんや…。

そんな大切な日の前夜、写メの3人(アッキー&すぐるさん)で東京ドーム天然温泉スパラクーアにお泊りです♪ ラクーアは二度目の利用でしたが、やっぱ最高ですね♪
大好きなサウナが三種類あるし(^^) 風呂広いし♪ 皆さんも利用してみてね(^_-)

さーて、頑張るぞー!

14

今日の写メはnewメンバーの5年生と。

若いなぁー。疲れとか一日寝たらなくなっちゃうんだろうな…笑

ま、そんなに言う程俺疲れてないけどね。でも、高校生だもんな。うらやましい。

右の久々知役の大輝は不思議ちゃん。そして楽屋で話してる時はツッコミ役。左の竹谷役のコージは鬼のような身体能力の持ち主!!

とにかく個性爆発なカンパニーで毎日楽しくやってます♪

16

今日も本番終了でございます!!

昨日の事なんですが、前作までずっと文次郎役をやっていた賢貴君が来てくれたんです。竹谷役の白又も来てくれたけど写メ撮り忘れました(^_^;)

前まで一緒に出ていた仲間に見てもらえるのは嬉しいな。

明日も一公演! 全力で挑みます!!

18

いやー、やりきった!! 笑 何をっ!?って?
アフターお楽しみ会ですよ! 今日の担当は6年は組だったんでね。

前回は漫才をやったんですが、今回は欲張ってコントと漫才をやらせて頂きました♪
僕らが楽しかったんで良しとしよう(笑)
ありがとう前ちゃん!! 相方で良かったよ!!

そんな今日の写メはもちろん前ちゃん♪

20

今日朝家出たら雪降ってたよ! 起きたときにやたら寒いと思ったらそーゆー事か!
納得。布団からなかなか出られない病にかかりました。笑

そして、インフルエンザが流行ってるみたいですね。気をつけよ。

『待ち受けにどうぞ。笑』
"チョビ髭でかっ鼻メガネ"が誰なのか分からない方に軽く説明すると…。アフターお楽しみ会で漫才をやった時に使った小道具で変身してる鯛造君です。笑
これで明日のドドドっ!も頑張れそうだ♪

◆この月の舞台、お仕事>>> ミュージカル『忍たま乱太郎』第3弾 山賊砦に潜入せよ』善法寺伊作役 他

21

明日が楽日ですよ!!
終わってしまうよー(￣◇￣;)

キャストスタッフ皆に毎日会うのが当たり前だったのに、明日が終わったらあまり会わなくなってしまうんだな…。一秒一秒大切に楽しまなきゃな。

今日ね、着替えようかな?って思ってる時にすごい人きたよ!! 雑渡昆奈門さん!!
土井先生になる前の土倉さんなんやけどね(笑)

雑渡さんとの絡み演じてみたいな…。

22

終わったー!!!!

ありがとうございました!!!!!

打ち上げ行ってきます!!

23

今日は RE-INCARNATION の稽古へ。

題材は三国志! 僕の役は許褚。

三国志を少し知ってる方なら「え? 間違いじゃないの?」と思うかもしれませんが、間違ってません。笑 許褚(きょちょ)です。
楽しみに待っててくださいね♪

そして稽古が終わって外に出たら…雪雪雪!!!
降り過ぎ(笑)

明日の朝が恐ろしい。。。

24

今日も稽古稽古!!

殺陣を沢山つけてもらいました(^^)

体動かすって良いね♪(´▽`) 忍たまの疲れでやや体が重たかったけど(笑)
今回も面白い舞台になりますよ! 間違いなく!!

問題は、無知な事。
三国志…ちょっとずつ勉強しなきゃな。

今日の写メは誠治郎さん!!!
誠治郎さん殺陣うまいからなぁ。色々技術盗んでやろっとψ(｀∇´)ψ

25

今回は前回に引き続き伊作を演じさせてもらった訳ですが、より優しく、より強く、より不運な(笑)伊作を演じられるように稽古に励みました。
後輩を想う伊作の気持ち。少しでも伝わっていたら嬉しいです。

そして、今回は色んなトラブルがあったけど、一致団結して皆で乗り越える事が出来ました!
歌の歌詞にもありましたが、『やれば出来るさ、どんな事も』。本当にその通り!
やる前から諦めるのは言語道断、出来ないのであれば違うやりかたを考える。信頼できる仲間に頼る。人間一人じゃないからね。
また会う日まで…伊作、元気でなっ!!

28

『中学生日記』、自分でも見ましたよ。当時の撮影中の事とか思い出して面白懐かしかった。

声が…なんなんだろ? 変わりきってない?感じでしたね? 声変わりし始みたいな。
子供と大人の境目。
何にせよ昔のドラマを再放送して頂いて感謝です。

そんな今日は『忍たま』の写メを。
楽屋に女性が来た!!と思ったら女装した利吉さんでした。たくま君美しすぎる!!

2012.2

2

いやー、今日は殺陣殺陣殺陣の一日でした！
西田さんが殺陣を付けてくれるんですが…毎回その作る早さに驚きます。
頭ん中一体どーなってるんだろーか。ホントに不思議。

今日の写メはケン兄こと杉山健一さん。後ろで心霊写真みたいに写ってんのは誠治郎さんだな(笑)

ケン兄はこのカンパニーで唯一俺の事を「鯛くん」と呼ぶのです。ケン兄以外だと、実家のおじいちゃんとおばあちゃんしか「鯛くん」って呼ばないから。レアな存在です。笑

4

今日は通し稽古でした。
いやー色々見えたね。もう本当収穫ありで。もっともっと良く出来ると思いました！
沢山のドラマがある三国志。何の為に戦うのか。誰の為に戦うのか。何故人が人を殺すのか。殺す方にも人生があり、殺される方にも人生がある。
どちらが悪いとか言えないけど、こういう時代があったのは事実。日々そんな事を考えて芝居をしたり皆の芝居を見たりしてます。
今回の芝居でそういった意味を伝えれたらいいな。感じてもらえたら嬉しいな。
今日の写メは諒太くん。
メッチャ良い笑顔♪(´▽`) カッコイイな。

11

今日は2日目!! 満席の中許褚を演じられて楽しかったです♪
明日は休演日で他にも仕事入ってないので泥のようにメチャクチャ寝てやろうと思うのです。体リセット！
今日はね、『忍たま』から、たくとと津田ちゃんが観にきてくれたよ♪ 『忍たま』の絆ありがたいね☆ 皆最高だよ!!! リフレッシュして、更に高みを目指して明後日また挑みたいと思います♪
まだまだ!! 頑張るぞー o(≧▽≦)o

12

今日はゆったりとした一日を過ごせました♪
洗濯したり、昼間にお風呂入ったり、また洗濯したり。笑
頭の片隅で常に舞台の事は考えてたんですけどね…。
良いリフレッシュが出来ました☆ 明日からまた激しい世界で生きていけそうです！
さて、もう洗濯物もないし（笑）何して過ごそうかなー。
ゆっくりテレビでも見るか…友達と遊ぶか…。
テレビの録画数確認したら大変な事になってた！
最近全然テレビ見てないから毎週お気に入りの番組が次々録画されていく。
さっき見たらMCが冒頭で「あけましておめでとうございまーす」だって(笑)
1ヶ月くらい溜めてしまった模様…。前も1ヶ月ヨーロッパ行った時に大変な事になってた事を思い出したよ。ま、楽しみが増えたので良しとしよう。

16

今日も一日終了です♪
ご来場ありがとうございました。

今日は一公演なんでね、体力が余っています（笑）ただ、明日から怒涛の3日間!! 全て2公演！
怪我には気を付けてやりきりたいと思います！

写メはアップ中の誠治郎さんと。ゆっくり入念にストレッチをするのです。

さて、家でもストレッチ。明日からの怒涛の日々に備えます！

17

今日も沢山の方のご来場ありがとうございました!! 今日も楽しく許褚を演じれましたよ♪
明日、明後日で終わってしまうと考えると寂しいですが…。一瞬一瞬楽しんで後悔ないように暴れたいと思います!!

今日はね、またも『忍たま』から来てくれた人が！相方の前ちゃん!!(前内孝文君)『忍たま』終わってからちょっとしか経ってないのに面会で喋る事がありすぎて近々会う約束をしました(笑)女子会ならぬ、『6は会』を開かねば。

さぁぁぁて!! まずは明日の2公演、中華最大の漢『許褚』行ったります！

◆ この月の舞台、お仕事>>> 舞台「RE-INCARNATION」許褚役 他

20
……寂しいなぁ。終わってしまったんだな。
昨日まで毎日会ってたメンバーに今日から会わないんだ。あの騒がしい楽屋に…。話の内容なんてほぼ無いけど、居心地の良い場所に…もう帰らないんだ。昨日朝まで飲んで疲れ果てて帰路に着き爆睡する予定が…体が興奮してて、いつも起きる時間に起きてしまった。仕方なくゆっくりお風呂に入ったり部屋の片付けしたりしたけど、考えるのは舞台の事ばかり。昼間少し暖かかったからバイクに乗って走ってみたけど考えるのは舞台の事ばかり。
楽しかった。すげー楽しかった！ だから絶対にまたあのメンバーで集結して作品を作りたい！！
上手く今の気持ちを文章に出来ないんだけど…終わった。ってジワジワ実感してきて寂しいんです。こんなに楽しかったのも連日劇場に足を運んで下さった皆さんのお陰なんです。本当にありがとうございます！！
今日はこのくらいで…。これ以上書くと寂しさ倍増しちゃうから（笑）

22

今回は魅力的な人間が沢山いすぎてどーやって感想をまとめればいいのか分からない。ただ人が人を守るって事の難しさとか意味とか、大切さとか色々感じた。
簡単に答えが出ないから今後もずっと考えながら生きていくと思う。この作品に係わってなかったらそんなに考えもしなかったかもしれない…。エンターテイメントなんて生きていくうえで必ずしも必要なものではないかもしれない…。
でも僕らを見て明日も頑張ろう！とか思ってくれる人が居る限り何かを発信し続ける人でありたいと思います！
応援してくれて本当にありがとうございます！！

23

実は許褚君、髪型が何度か変わったのです。その髪型をちょこっと…いや、その髪型をチョコっと…いや、キョチョっと。笑
紹介しましょう！

コレはアクションしやすい！ 全く髪の毛が目にかからないし♪ 視界MAX!! 敵が良く見えるぜ!!
洋二郎さんが「鯛造！ その髪型…好きだぜ！」って言ってくれた髪型。ま、それ以外の人には賛否両論あったけど（笑）
とまぁ、全バージョンではないんですが見れなかった方の為に♪

27

もしも俺が双子だったら。

もう1人の自分と仲良く出来るだろうか…とかそんな事を少し考えてみた。
弟のサバ造です。
つって？

皆は自分が双子だったらどう？
ブログ見てくれてる人の中にも双子ちゃんって居るのかな？

28

少し前にブログのコメントで、見たい写メのリクエストで『忍たま』の尼子騒兵衛先生に直筆で書いて頂いた伊作を見たいと言われてましたね。載せよう載せようと思っていたんです。
遅くなりましたが、どうぞ！
大切に部屋に飾ってあります♪
尼子先生ありがとうございました☆

29

2月29日だよ！ 閏年。4年に一度。
だからなんだ！？って話ですが…。

昨日ガラス製品を家の中で割ってしまい…。怪我しないように…って細心の注意を払いながら…怪我しました（笑）

人差し指に「ザクッ!」っと。
痛かったよー（´Д`）
絆創膏に笑顔を書いてみた。
恥ずかしい。。。後悔なう。笑
でもピース♪ (vˆ＿ˆ)v

2012.3

2

次の舞台の勉強で漫喫にてピースメーカーを読破!

面白いねー。血とかー杯出てたけど面白い♪ 鉄可愛いね(^^) うん、鉄可愛いよ。そして沖田さん、美しい。新八も可愛い顔して強いし♪ 演じるの楽しみだなぁ♪ (´▽`)
そして漫喫に居る時に誠治郎さんから電話がかかってきて…。
誠「何してる?」
鯛「漫喫です。」
誠「一人で漫喫か、寂しい奴め。カカカカカッ!」って…勉強ですぅ!!

5

今日はね、昼間に誠治郎さんとお茶したよ♪ 前遊ぼうって約束したやつね(^^)
その後にヒロ君も合流してカラオケへ♪ 2人共おかしいぐらいに歌が上手いから聞き惚れてました♪ (´▽`) 羨ましいでしょ?笑
いやー楽しかったなぁ♪ 予定あったから途中で帰っちゃったんだけどまだまだワイワイしてたかったなぁ…
また会って遊べばいいか!
にしても誠治郎さんのコーヒー飲む姿…。大人の色気があり…ま、した。笑
多分。笑
また遊びましょ♪

6

今日からピースメーカー稽古が始まりました!! 最初の2時間ぐらいゲームをしました♪ これがかなり効果ありで皆と一気に仲良くなれた気がします。でも、もっともっと仲良くならなきゃ!!
今回俺の役『永倉新八』が良く絡むのは原作でも『3バカトリオ』でお馴染みの、藤堂平助と原田左之助なんです。だから2人の側に常に居た(^^)
結果かなり仲良くなれたよψ(`▽´)ψ 俺が一方的にそう思ってるだけかもしれないけど。笑 いーんだいーんだ♪ 写メとかも撮っちゃったからね☆
うん。良い稽古初日でした!!

11
こんばんは。
3月11日です。
東日本大震災から一年。早いですね。
テレビ越しでしたけど津波の様子とか…本当に衝撃でした。
今生きているとゆう事を感謝して大切に生きていこう。
よし!
明日からも頑張るぞー!!
オー!!

14

さて、今日の写メは伊勢大貴君。
通称『いせだい』。

そんないせだいは市村辰之助役(^^) 主役の市村鉄之助のお兄ちゃん役です。
ノリが良くて突然のフリにもちゃんと相手してくれる良い奴です♪

本番までにもっともっと絡んで仲良くなっちゃいたいと思います♪
(=´∀`)人(´∀`=)

17

本日もピースメーカーの稽古でした(^^)
今日は殺陣稽古♪ 体を動かす事は良い事だ(^^) 最近あんまり動いてないくせに大量に食べてたから良い運動でした。

新撰組の話なので当然刀を使うんですが…不慣れでね…。立ち回りのある舞台は沢山出てきましたが…刀はあまり使ってこなかったので(^^;; 悪戦苦闘Σ(゚д゚lll)
本番までには完璧にしますけどね☆
写メ撮ってたら黒ちゃんに邪魔されてブレた(笑)

和気あいあい(=´∀`)人(´∀`=)

◆この月の舞台、お仕事>>> ニコニコミュージカル情報番組「ニコミュの楽屋 #17 ～走れ!美女毛ジャンクション～」 他

21

さてさて、先日ピスメの親睦会も行われ更に皆と仲良くなりつつありますよ♪
そんな今日はこの方をご紹介‼ ニューワールドで共演した川寄君です。
今回のカンパニーに過去に共演した事のある人が2人しかいないので最初は居てくれてかなり心強い存在でした！ 勿論今も一段と心強い存在です。
川寄君は山南役で登場します。同じ新選組なので絡みもある事でしょう。
見てのお楽しみ☆

24

先日パンフレット撮影した時に衣装付きで撮ったデータをパソコン越しにどーぞ♪ こんな感じになるよ \(// ∇ //)\

キャストやスタッフからは、「変わるねー」とか「新八っつぁんや!」とかなんか色々言われたけど気になったのが、『優しそう』。
『そう』ってΣ(ﾟдﾟlll) まるで普段優しくないみたいじゃないか‼
まぁ、イタズラ好きだし。イジられるよりイジるタイプだから…。優しいって印象は持たれないかもしれないけど(´･_･`)
俺だって…俺だって…。

25

今日はこれからお出掛け♪ さて、これからなんの人達と会うのでしょう？

26

答えは…リーンカーネーションのメンバーでした♪
写メだと佐久間さん、賢志さん、甲斐さんと見切れてプロデューサーの下浦さんしか写ってないけど、実際はメッチャ集まってました‼
ちょっとの時間しか居れなかったけど皆の楽しそうな笑顔も見れたし、俺も楽しかった☆
続いたらいいのになぁ。リンカネ。願ってましょう(^人^)続きますよーに。作品が終わっても集まれる関係って素晴らしいね♪ 一期一会。

27

写メはピスメに登場してくるサイゾー君。タイゾーじゃないよ。サイゾーだよ。可愛いね、タイゾー…あ、ぁ、じゃなくて、サイゾー(^^)笑
さぁ今回は前説を役者がやるみたいだよ♪ 日替わりみたいで、新八っつぁんが任されてるのは20日だってさ♪ 初舞台である『遙かなる時空の中で』でやったような事っぽいのですが…。はたして、あの頃の若き鯛造君を知ってる人はこのブログに何人くらい居るんでしょうか…？
懐かしき『遙か』。今も何も出来てないけど、あの頃は全く何も出来てなかったな。
東京出てきて丸5年。僕は今日も元気でやってます。…ん？ 何の話だ？ コレ。笑

28

今日は一日殺陣を固める日。
芝居も殺陣も日に日に良くなってる‼
もっともっと。うん! 頑張るぞ‼
写メは左がモモちゃん(平助)右が鬼束さん(近藤)。モモちゃんライト当たりすぎて顔ぶっ飛んでるけど(笑)。稽古場で常に一緒に居る仲良しさんです♪
鬼さんはお芝居の引き出しが多いので本番でもきっと色んな事をしてくれるでしょう。
お楽しみにっ♪

29

今日はね、通し稽古をしたのだ‼
流れが分かって、弱いシーンも分かって…うむ。良い稽古でした(^^)
客観的に見たら超楽しかった！
感動するし(/_;) えぇ舞台や。
それにしても今日は雲一つない青空でしたな。見事に逆光な写メ。
でもジリジリ感伝わるやろ(笑)。暖かげな写メやろ♪
よし！ 明日も頑張りましょう‼

2012.4

1

こんばんは(´▽`)ノ
今日は皆さんにお知らせが…。このブログ今日で辞める事になりました。勝手な事情で申し訳ないんですが。今までありがとうございました。
では(^^)／～～～

(((o(*°▽°*)o)))
エイプリルフールだもんね。笑
引っかかった人いる？ いないか…？ 流石に。苦笑
フッフー♪ 引き続きこのブログをよろしくお願いします。

3

エイプリルフール結構引っかかった人居ましたね…(^人^) ごめんなちゃい。
ってか今日風強過ぎ!! 電車止まって帰れなくなっちゃうかと思ったよ(^^;;
動いてるから一安心。(^^)
今日は鈴役の佐野岳君の誕生日!! ドッキリバースデー。
演出家の伊勢さんがキレてるとみせかけて…「ハッピーバースデー to ゆ～」。岳泣いてました(笑) 可愛かったなー♪
20歳なんですって!! 約6年前か…(;￣○￣)
明日も風強いのかなぁ？ 電車が止まらなければいいんですが…。

5
気候が春って感じで良いですねぇ♪ 最高です!! 毎日最高に眠たいですが(笑) 風が気持ち良かですなー。

写メはドライブ中写メ♪
最近1番遊ぶ友達の遣都と(^^)
変顔してんのかな？笑 免許取ったばっかりだから安全運転でねー♪
明日も眠たい一日になるのかしら(笑)
頑張って皆も眠気に勝ちましょう。

あれ？ 皆も眠たいよね？

8
今日も稽古稽古♪ 通し稽古も何度かしてきたのでかなりいい感じに仕上がってきましたよ☆ フフフ♪
今日はキャストさんご紹介♪

市村辰之助役の伊勢大貴君。通称イセダイ。やんちゃな弟(鉄之助)に振り回されるお兄ちゃん。日々頑張ってます。
プライベートなイセダイはイジられる側に徹してイジってくる先輩達に揉みくちゃにされてます(笑) 可愛い奴め。
左のお方は3バカの1人黒ちゃんね。共に頑張ってます(￣^￣)ゞ
今日はちょっと寒かったし、ゆっくり湯船に浸かろう。そうしよう(^з^)

10
今日は衣装付きでの通し稽古。衣装着ると身が引き締まるね(^^) うむ。
あ! 昨日に引き続きお偉いさんから差し入れが…! 今回は…なんと!! ラーメン屋を差し入れ!(◎_◎;)
ん？ 間違ってないよ？ ラーメン屋を差し入れ!!

こちら!! ドン!! (;￣○￣)
すご過ぎるぜ!! 車でラーメン屋さんごと来ちゃったよ♪ テンション上がったなぁ。そして美味しかった☆

12
今日は気持ちの良い一日でしたね♪ 外に出たら桜の花びらがヒラヒラ舞っていてとてもキレイでした。

明日から劇場に入って場当たり、本番と怒涛に駆け抜ける日々になるんだろうな…。10公演しかないから…あっと言う間なのかなぁ…。
あ、今日の写メは『誠』Tシャツ!! 君も新撰組にレッツ入隊!笑 物販コーナーで売ってるよ♪

よし、明日の準備しよっと(^^)

◆この月の舞台、お仕事>>> 舞台『新撰組異聞 PEACE MAKER 再炎』永倉新八役 他

14

今日は場当たり&ゲネプロでした♪ 色んな問題点ありましたが、問題点解消して良い初日が迎えられそうです☆

そして、ゲネに忍たまの相方前ちゃんが来てくれましたよ♪ バナナを持って（笑）メガネもしてるし♪ 分かる人にしか分からないネタなんですがね。笑
ちょっと新八っつぁんの名残りのあるメイク姿でパシャリ。

パーマはかけてないよ。
さぁ!! 明日っから頑張りまっせ!!

15

うっっし!! 初日終了♪
ご来場ありがとうございました!!

やっぱりお客さんの前で演じるのが一番楽しいなっ♪ 今日来ていただいた皆さんも楽しんでいただけたかな??
明日以降に観劇するって方はワクワクして待っててください♪

今日はぐっすり寝れそうな気がする。
新ぱっつぁん! 明日も元気にいこーぜ♪

20

今日も無事に本番終了どすえ (^^) ご来場ありがとうございますどすえ。

あれ? 使い方違う…。慣れない言葉は使うもんじゃないな。笑
さて、残す公演も土日のみとなってまいりました!! ラスト三公演!!
いやぁーーーΣ(°д°lll) 終わりたくなーい!!
始まりがあるものは終わりがある…一秒一秒楽しもう (^^)

今日の写メは女装したハマこと、浜崎雄大さん。
可愛い顔♪（´ε｀）　お気に入りo(≧▽≦)o
よし!! 明日は2公演! 頑張ります♪

26

『新撰組異聞 PEACE MAKER 再炎』振り返リー。
ピースメーカーの中での永倉新八のキャラが藤堂と原田との三ばか…。舞台上に姿を見せればドンチャン騒ぎのハイテンション!! ここまでテンション高い役はなかなか無いので苦労しました (^^;;

テンポ良く息のあった掛け合いを。これが難しい…。三人で沢山セリフ合わせもしたし、日替わりでやったアドリブも沢山考えました。
三ばかが出てるシーンは思わずニコニコして見てしまう…そんなシーンになってれば嬉しいな♪ 作品自体が笑える軽い作品じゃないから尚更ね。
ほんのちょっと前の日本の歴史。人が人を斬る。先人達が残した歴史。これがあってこその今の日本。漫画原作だからそこまで考える事じゃないかもしれないけど、事実池田屋事件は起きてるし、永倉も存在してた。色々考えました。新撰組にも正義があっただろうし、攘夷派にも正義があっただろうし…。劇中で藤堂が言ったセリフ「信じたモンに付いてくだけだぜ。」これが全てなのかもしれないなぁ。

何だか良いセリフが沢山ありました。原田の「ずっとこのままで居てぇんだよ! 変わらず三人でバカやっててぇんだよ!」とか。青臭ぇ友情だよ。
あー続編やりたい（笑） 普段お笑い担当達が見せるちょっとシリアスなシーン、大好きでした。早くDVDで客観的に見たいな。
後、キャスト、スタッフがこの作品を愛してました。主役の聖也も演者の俺たちも、演出家の伊勢さんも、そしてプロデューサーも。沢山の愛情があったのでこんなに良い作品が出来たんですね♪

またあの衣装に身を包んで永倉新八を演じる日が来ますように…☆

29

実家を満喫しております。昨日は友達にお気に入りの銭湯に連れてってもらってゆったりしてました♪ 良い湯だった♪（´ε｀）

そして、俺が卒業した小学校にも散歩、行ってきました。懐かしい遊具があったり、変わってるとこや変わってないとこ、色々でしたが全てが一回り小さく見える。こんなに小さかったかな?って。
鉄棒は本当によく遊んだ。学校終わって夕方家に帰るまでずっと鉄棒で遊んでる事もあったくらい。
そして、写メは小学一年生の時によく使った水道。懐かしくて懐かしくて\(//▽//)\ 一人テンション上がってました♪
充実充実♪（´θ｀）ノ

2012.5

今日は友達とゲーセンの旅へ…♪

パンチングマシーンやったり、皆で協力するゲームやったり、面白い♪

写メは殴るフリしとるだけやけど。
今回の帰省はGWってのもあって結構友達皆と会えるで嬉しいな(^^)
岐阜弁全開ブログでした♪

昨日は友達とボーリングに熱中しとったでブログ更新出来んかったよ(>_<)
今日放送のヴァンガード見てくれたかしら？ 最後にチロっと出演(^^) 舞台も大好きやけど、テレビとかでもっと多くの人にも見てほしいな。
さて、そろそろ東京へ帰る時が近づいてきました。(>_<)
大満足の帰省でした(^^)
写メはコメダ珈琲にて♪

帰ってきましたー♪ 東京 o(^▽^)o
行きも帰りもタイミング良かったのか新幹線そこまで混んでなかったから良かった♪
いやー、帰ってくるだけで疲れるなぁ。笑

朝、喫茶店に寄ってから帰ってきたんですが、やっぱ東海地方のモーニングは頑張るね(^^)
写メでコーヒー一杯分の料金\(//∇//)\
また帰ってくるからね、岐阜!!

今日の東京は変な天気でした。朝起きて晴れてて舞台を見に出掛けて楽屋で挨拶して、外に出たら急に雨が降ってきて…。「なんじゃこりゃー!!」って駅まで全力で走って避難。
電車に乗った時には止んでて、降りる駅に差し掛かったらまた土砂降り。雷も鳴るし、風も強いし、凄かった!!
で、暫くすると雨音に異変が…!! ポツポツからガツガツみたいな。カチカチみたいな。なんと『ヒョウ』降ってきました。
茨城ではもっと大きな雹が降ったみたいですがΣ(°д°lll)竜巻も発生したみたいで。
大丈夫でした？ いやぁ、凄かった。

そーいえば、スーパームーンも見たよ。
写メだと分かりづらいんだけど…(^^;;
いつもより明るく見えました。
大きくも…みえたかな？
皆さんも見ました？
旬なネタじゃなくてすみません。笑
あ、プレステもネットに上手く繋がりました♪
では (^^)／~~~

昨日は舞台『戦国BASARA2』のゲネプロにお邪魔してきました♪
異様な感じで幕が開いてカッコイイオープニングから、ニヤニヤして見てました♪
皆カッコイイ(>_<) どんどん進化してるバサラ!!
体を動かしたくなる舞台です。帰ったら外走ろうと決断しました!ψ(`∇´)ψ
あっ、と言う間に終わってしまい楽屋へ挨拶をしに行こうと思ったんですが、裏が関係者でパンパンだったので軽く挨拶して…挨拶出来てない人もいるけど、外へ出たのです。そして、舞台『リンカネ』メンバーも沢山来てたので、その後軽く飲みに…。
勝手にリンカネの続編やりたいどーのこーの。などと盛り上がり解散。家へ着き、軽く酔ってた私は『外を走ろう』と言う決断を却下する決断へ。笑 酔ったら無理だ。笑 大人しくオンラインでウイイレしてましたとさ。笑

◆この月の舞台、お仕事>>> テレビ東京ドラマ「STAND UP！ヴァンガード」 他

12

今日は昼間忍たまの相棒前ちゃんとお買い物♪
洋服沢山買えて大満足です o(^▽^)o
それから昼ご飯を一緒に食べてお喋り。からの南ちゃん参戦。前もこの流れだったな（笑）
で、3人で舞台『青の祓魔師』を観劇しに行きました (^^)　その途中良い雰囲気の所探しては沢山写メ撮ったりなんかして♪
滑り台にて…「俺がトップだぁ!!」
うん♪今日は沢山笑った☆
そんな一日 (^。^)

14

青エク見に行った時の写メまだまだあるんだ♪
まず1枚目は良い雰囲気の場所探索で見つけた所。前ちゃん顔怖い。笑
2枚目は公園の鉄棒にて、各々自由に…(^^)
以上写メ祭りでーした。

21

皆ー♪　俺元気だよー (^^)
あ、心配してないって？？笑
金環日食、見た人結構いるのかな？　俺は専用のメガネが無いので諦めましたけど…。ちょっと見たかったかな。♪(´ε｀)
そして、最近電池切れで使ってなかった腕時計の電池を入れ替えてウキウキな鯛造でした。
フッフ…♪ (^^)／～～～

25

昨日は舞台のゲネプロにお邪魔してきました♪
観に行った舞台は『体感季節』と言う舞台。
今回のこの舞台の出演者である龍介君に誘われて行ってきたんですが、皆さんにも見て欲しいな。皆がこの作品を見てどう汲み取るか…気になるなぁ。
木村啓介さんも来てたので見終わった後色々『あそこのシーンは…』って話してました。
何にせよ龍介君超久しぶり♪
元気そうで何より。
そして、ダンスしてない龍介君見るのも久々かも。いつか共演できたらいいなー。

27

昨日は舞台『FRAG』と言う舞台を観に行ってきましたよ♪　そして、昨日は小さい子に癒されました。劇場に向かう途中でお祭りやってたのかな？　賑やかでした。
「わっしょい！　わっしょい！」
家族連れとかもいて「楽しそうだなー。」って見てたんです。したら前からくる母親と娘とすれ違ったんです。そしたら3歳くらいの女の子が「バイバーイ」って手振ってきて…。癒されたぁ。
もちろん全力で「バイバーイ」って返してあげました♪　ただそれだけの事なんですが、癒されたんですよ。
さて、舞台の方に話を戻します。今回の主役の末野さん。殺陣キレッキレッでした。流石!!

30

昨日は『忍たま』のパンフやらなんやらに使われる撮影に行ってきましたよ♪　久々に6人集まってガヤガヤと。終始テンション高めで楽しかったのは言うまでもない。笑
ま、終わって家に着く頃にはヘトヘトだったけどね(;´Д｀)
は組の相方、前ちゃんから嬉しいプレゼント♪
ゴン!!　大好きなハンターハンターのキャラクターです☆　ありがと前ちゃん♪
順調に撮影出来たのでどんなパンフが出来るかお楽しみにっ!!

2012.6

5

始まりました♪ 忍たま (^^)
今日は顔合わせをして本読みをしただけですが…もう、馴染みの顔ばかりなので、楽しみで仕方ない!!

楽しい時は楽しんで集中する時は集中して良い再演が出来るようにします!!

8

今日は忍たま稽古休みだったので、舞台を見てきたよ♪ 『鬼切姫』
忍たまから前ちゃんと南ちゃんが出てるからね、観に行かねばでしょ☆ それ以外にも沢山知り合い出てました。
女の子多い舞台なのに殺陣が盛り沢山で迫力満点でした!! 忍たまの2人も忍たまとは全然違うキャラで頑張ってたし♪ 怪我なく千秋楽まで乗り切って忍たまに帰ってきてね (>_<)
一緒に観に行った前山とコージと南ちゃんショット!!

12

今日も稽古稽古♪
打ち合わせしてないけど、前ちゃんと稽古着が一緒だった。笑
ファンの方からの頂きもの♪
ありがたや \(// ∇ //)\

15

今日も稽古でした♪ 順調に進んでいますよ♪
そんな今日の写メは乱太郎役の拓斗とパシャり!!
中学1年生になったんだって♪ いつまでも可愛いなぁ☆
稽古の空き時間に部活の話とか聞いたりして、自分の中学時代と比較してみたり…。ほっこりするわ。笑

こうして癒されつつ毎日過ごしてます♪

16
さて、ちょっとビックリな告知ですよ!! 皆さん準備は良いですか??
…ドン!! ドラマ版戦国BASARAやるんです!!
ヤバイでしょ!! 俺、出るんです!! 勿論蘭丸で!!
今撮影中なんです!!
うわー!! キャストも超!豪華だしっ!!
ご期待下さい!!
あ、もうすぐ俺誕生日だよ。
とてつもなく素敵な一年の幕開けになりそう!!

17

さっき撮影終わって今同じ現場の遣都に誕生日を祝ってもらってます!!
良い誕生日だ!!
明日も撮影早いのでもうお開きですが、これは良い一年になるぞ♪
ハッピーハッピー♪

◆この月の舞台、お仕事>>> 「ミュージカル『忍たま乱太郎』特別上映会〜TOHOシネマズ六本木ヒルズに潜入せよ〜」/「ニコニコ動画スターちゃ

17

皆さん誕生日コメント沢山ありがとうございます!! とっても嬉しいです♪
そして今日は一日とっても充実した一日になりました!!
現場でもケーキ用意してくれてて＼(^o^)
俺なんかの為に…\(//∇//)\ 本当に幸せな26才の誕生日でした☆
そしてロケ先の山梨を後にしました。差し入れにあった、さくらんぼを頂いたらとても美味しくてついつい沢山食べちゃいました♪
(´θ`)ノ
海の無い山梨。海の無い岐阜。
友達友達。笑
皆、本当にありがとう!!!

22

今日は生男chにイセダイと出演させて頂きました。
かなり自由気ままに(自分達は)楽しめました。笑
視聴者を置き去りにしてないか不安でしたが…。
ま、楽しかったので良いでしょう♪

写メは俺たちの仁王立ち!笑
今日はぐっすり寝れそうだ。

23

今日は六本木ヒルズのTOHOシネマズさんにて忍たまの特別上映会でした!! そこで舞台挨拶させて頂きました。
喜ばしい事にこのTOHOシネマズさんで舞台挨拶させて頂くの2回目で。(^^) ありがたや。
巨大スクリーンで見る忍たま。どーでした? 僕たち見てないので…やっぱ迫力満点だったかな? 見たかったー(>_<)
挨拶は…このメンバーで纏まった話なんて出来るはずもなく…笑 終始ガチャガチャ(;´Д`)
そして、気付いたかな? 前ちゃんとお揃いの髪型にセットしてもらいました♪
昨日の伊勢鯛からずっとテンション高い気がする。笑 ええこっちゃ。

26

こんばんは(´▽`)ノ 稽古終了♪
そーいえば忍たまの現場でもバースデーを祝ってもらいましたよ(>_<)
色紙も書いてくれてて♪ ありがたいね(^^)

29

こんばんは(´▽`)ノ 今夜は山梨県です。
忍者のたまごから魔王の子に暫しチェンジ!
泊まるホテルに大浴場があるんですが、ホテル着いてすぐ大浴場に行ってやりました♪
でっかいお風呂サイコー♪
誰も居なかったので独り占め(>_<)
そして、明日は朝から撮影!
早めに寝ようと思います♪

30

山梨から帰ってきました♪
昨日の出来事。大浴場から出て部屋でテレビ見てたら友達でもあり共演者でもある林遣都がホテルに帰ってきたみたいで、「大浴場行こうぜ!」と、電話が。
さっき入ったばっかりだけど、色々話もあったんで二度目の大浴場へ行きました。笑 入った後は明日も早いし…って事で、すぐ解散したんですけどね。
それで今日のシーンを順調にこなして…
なんと!! 蘭丸さんオールアップです。そうです、撮影終了です!
花束貰って東京へ帰ってきたんですが、名残惜しいなぁ。。。また明日からは忍者のたまごだよ。

2012.7

3

劇場に入る前に行ってきました！池袋のアニメイトのイベントフロアで今、忍たまフェアをやっているのでお邪魔してきました♪
アヒルさんボートに乗れたり（風）笑。骨格標本のコーちゃんがいたり。面白いですよ(>_<)
色んな絵とかグッズがあるなかでお気に入りが2点あります。
一つ目は絵なんですが仙蔵と留三郎が囲碁で勝負してるのを後ろから見てる伊作の図。があって、ほんわかしてて良い感じです。
二つ目はグッズで伊作が後輩達に囲まれてる掛け軸。これは素晴らしい！うん、売り切れになるの凄く分かる。
さぁて！今日も一日場当たり頑張ります!!

6

2日目無事終了です♪

いやぁー。お楽しみ会で、ろ組の2人にメチャメチャ悪口言われてたわ。笑 伝説の七松子DX!!
袖から見てて爆笑してたんだけどね。
面白い事考えますなぁ。笑

カーテンコールが終わってバタバタと準備してる小平太アッキーが面白かったわ。
今日の公演見られなかった人にはさっぱり訳わかんないよね…(--;) すまぬ。

明日は2公演です!!
楽しんで伊作君を演じます♪

9

本日も無事終了しました。追加公演にもかかわらず満席だったみたいで♪
そして、本番が終わった後は6年は組のお楽しみ会ー\(//∇//)\ 今回もコントと漫才をやらせていただきました。
お笑い素人が作るコント&漫才だったのでお見苦しい所沢山あったと思いますが観ていただいた方、最後までご声援ありがとうございました。
m(_ _)m

また機会があればやりたいなー。
正直無事終わってスッキリ。笑 緊張しちゃうからね…(--;) 今日はぐっすり寝れそうです♪

10

今日も無事公演終了です♪

忍たま、遂に折り返しましたよ！まだ公演あるので油断せずに、忍術学園の生活を楽しみたいと思います。
写メは楽屋に居たメンバーでパシャリ。
睨んで撮ってみようと。笑 特に意味はないんですけどね。

髪の毛切りたいなー。バッサリいきたいなー。短髪にしたい。
似合うかなぁ？

12

今日も無事に本番終了です♪ 毎日満席で本当に嬉しいです(>_<)

いつも舞台上で皆自由なので、何が飛び出すか毎公演僕自身も楽しんでます☆ 特に小平太さんが自由なんでね。笑 彼と絡む時は何かが起きる(^^) 笑 舞台の醍醐味ですなぁ。
明日から2公演が3日間続きます！ そーしたら忍たま終わってしまいますよ(>_<)

ひとつひとつのシーンを楽しみたいと思います。皆さんも一緒になって楽しみましょう♪
写メは土井先生役の真佐夫と!

13
出演者全員によるお楽しみ会で、一言ずつ挨拶していったんですけど、「袖で待機してる時に6年生5人の背中を見て、なんて頼りになる存在なんだ。って素直に思った時があったんです。」って言ったんですけど、嘘でもお世辞でもなく正直に感じた気持ちです！
これまで稽古や本番を繰り返してきて、プライベートでも遊んで、芝居の事で熱く話し合ったり、時には意見をぶつけたりして得た信頼から産まれた感情だと思います。僕ら個々は役者としてまだまだ未熟かもしれないけど、団結力とかチームワークは、本当に凄い!って感じるんです。
あと4公演、俺は皆の事信頼してるから皆も俺に頼ったりしてくれ!って。それを舞台上で自然に表現して過去最高の忍術学園を作ろう♪って。
悔いの残らないように、残り4公演！
最高の仲間達!! ヨロシクな!!

◆この月の舞台、お仕事>>> ミュージカル『忍たま乱太郎 第3弾 山賊砦に潜入せよ！』再演 善法寺伊作役／MBSドラマ『戦国BASARA-

14

今日も無事公演終了しました♪
ニコニコ動画の生放送があったので普段観に来るのが難しい忍たまっ子達も今日は沢山観れたかな？　1人でも多くの忍たまファンに俺たちが創る忍たまの世界、観てほしいからこういう企画は嬉しいな♪
そして、今日のお昼公演のお楽しみ会…組対抗大運動会!!
我ら、は組…。見事！　優勝しましたぁ!!!
いやー、楽しかったなぁ♪　ガチでバトル!!
大逆転ですよψ(｀∇´)ψ　ちょっと最後の競技が得意分野でズルかったけど。笑　勝ちは勝ち。
良い夢見られそう♪
明日が千秋楽！　最後まで皆で楽しもう♪

20

今日も稽古終了♪　少しずつ少しずつセリフも入ってきていい感じになりつつあります。まぁ、まだまだ全然なんですけどね（ - - ;）
こっからこっから。

にしても出番が多いぜ。笑　そんな気がする。
まだ全体の流れも整理出来てないから通し稽古とかになって、「あれ？　意外と出てないかも」なんて事ざらにあるんだけどね。
そー言えば今日寒くないか？　体調管理ちゃんとしなきゃ。皆もちゃんとするんだよ！
今日の写メは帰り途中にタクマくんとパシャ！
ポールが出しゃばりやがった。笑

24

今日も稽古終了した訳ですけど、稽古後に稽古場でプチ飲み会をしてました♪　いやー笑ったなぁ♪　面白かった!!
今日は末野さんの誕生日って事もあって黒藤が飲む飲む…。お酒強いって羨ましいなぁ。
んな感じでワイワイ楽しい夜でした♪

最後の写メはイセダイ♪
こいつも面白いやつだ(^^)
2回目の共演だね!!　ヨロシク♪(´ε｀)

18

今日は『忍たま』について書いてみようと思います。

書こうとすると稽古や本番で楽しかった思い出を沢山思い出しちゃって辛いんだけど。区切りつけなきゃね。

稽古始まりの頃から思い出してみます。
顔合わせ。あまりにも馴染みの顔ばっかりで凄く安心しました。土井先生役の真佐夫もほぼ初めましてだけどすぐ打ち解けられたし♪　稽古が始まって劇場が変わるのは大きいけど脚本での大幅な変更は特になかったので、「あぁ懐かしいねー。」みたいな感じでとても順調に進んでいきました。
ガッツリ変更されたのはアクションとダンスかな？　まずダンスなんだけど、何故か3弾初演からセンター率高くて…。あまり得意な分野じゃないので必死でした。笑　そして、アクション！　全部変わったね。アクロバットも織り交ぜてやるんだけど初めての技にも挑戦したよ。壁を蹴って宙返りする技。
実はね稽古場では壁が薄くて一回も練習出来なかったんだ。でも立ち回りをつけてくれる今井さんが「鯛造なら大丈夫だ。」って言ってくれて。正直プレッシャーにもなったんだけど、かなり嬉しかったんだ。
怪我無く全部成功して良かった(^^)

そして歌ね。これはダンスより苦手意識が強いんだ。暇さえあれば口ずさんでいました。これもありがたい事にソロパートがあるのでダンス同様、必死！
あ、アフターお楽しみ会でも勝手にプレッシャー感じてたわ。笑　変な汗いっぱいかいたもん。笑　前ちゃんとのコンビプレーで乗り切れたけどね♪

またこの暖かい『忍たま』に帰ってこれる日まで…またね。伊作。

25

今日は皆に昨日の飲み会がいかに楽しいものだったか見てもらいましょう(^^)

はい！　こちら。黒藤に絡まれる俺。顔が必死すぎて面白い。笑

あ、コメントに何件かお酒強いんですか？ってありましたが、メチャクチャ弱いです。突然この世からお酒が無くなったとしても1ヶ月くらいその事実に気付かないかも。ってぐらいお酒は飲みません。家で一人で！ってのはまず無いな。でも父親がお酒好きだから2人だけで飲んでみたいな。今度実家帰ったら誘ってみよう。
さて、お家に帰って復習復習♪

2012.8

3

今日は稽古の後にニコ生に出演してきましたよ♪　メンバーはイセダイと末野さん♪
イセダイは相変わらずキャンキャン煩いけど。笑　楽しかった(^^)　たくま君とは新たにコンビ組んでワイワイしてました。

見てくれた方、ありがとーございました♪　ワイワイ過ぎて聞き取りにくくはなかったですか?笑　いつか出演者俺だけでMCとガッツリ喋ってみたいな(^-^)

今日はファンの方から戴いた『伊勢鯛』Tシャツも着させていただいて…。可愛いデザイン♪
ありがとうございます m(_ _)m

8

初日無事終了しましたよ♪
ご来場いただきありがとうございます!!
楽しかったなぁー。
とても良い初日だったと思います!
このまま怪我しないように皆で千秋楽まで駆け抜けたいと思います!!　シロの生き様劇場まで見にきて下さい。
そして、沢山のお花ありがとうございます!!
凄く凝ってるスタンド花!!　届いてマジマジと見ちゃいました!!
刀が刺さってたり、チョッパーがいたり♪
皆さん本当に本当にありがとう!!
さて、明日も2公演!!
全力で生きたいと思います!!

9

今日も無事公演終了です!!
ご来場ありがとうございました♪

2公演共にトークショー有りで、楽しんでいただけたかな?笑　僕達は楽しかったんですけど。笑

明日は夜のみ1公演なので、体休めて明日全力航海したいと思います!!

よし!　皆でご飯食べに行こっ!!

写メは末野さんこと、ワンちゃんと☆
我が海賊の頭でっせ!!

10

今日も無事公演終了です♪　沢山の方のご来場ありがとうございます!!
今日は夜のみ1公演だったので、昼まで爆睡してやりました♪　沢山寝たぁ(>_<)　明日からの2公演×2日間もこれでバッチリです ψ(｀∇´)ψ
その2日間で『ヌーベルバーグ』は終わってしまうので、一公演一公演悔いの無いようにしなくちゃな。
今日はお花紹介!!　こちらは伊勢鯛へのお花♪
可愛い鯛と伊勢海老が。笑　アップにするとこんな感じ。
皆さんありがとうございます♪　毎日見て元気貰ってます!!　明日も全力航海だぁぁ!!

11
今日も無事公演終了ですぜ!!
ご来場ありがとうございます♪

そして!!　明日、千秋楽を迎えます!
早かったぁ!!
最後まで全力で楽しむのみですけど。あの楽しい空間でのお芝居が終わってしまうと思うと寂しいな。

こちらは洋介バージョンの俺と海賊さん達。なかなかレアなショットです。笑

さぁ!!　魂込めて後2公演!!
やったります!!

12

舞台『ヌーベルバーグ』、無事千秋楽公演終了しました!!　沢山の方のご来場ありがとうございました!!

終わってしまうと早いですね。
寂しいなぁ。

とりあえず今日は打ち上げ楽しみたいと思います!!
皆さん応援ありがとうございました!!

◆この月の舞台、お仕事＞＞＞　舞台「HYBRID PROJECT Vol.8『Nouvell Vague』」シロ・島崎洋介役／ニコニコ生放送公式番組「ニコミュの楽屋

13

今日は朝起きて取材があったので取材を受けに行ってきて、帰りに『ヌーベルバーグ』を公演した劇場の最寄り駅、新宿御苑通り由来、『俺はうんかで本番できるよー。』とか何とか思いながら通り過ぎました。切なかった。
そして家に帰ってきて部屋に入ってあまりの散らかりように嫌気がさしました。笑
舞台の後はいつもこうだ。部屋が散乱してる。まだ半分も片付いてないけど、明日から『SING!』の稽古に参加するから少しは片付けなきゃ、大変な事になる。台本も読まなきゃ、大変な事になる。
『ヌーベルバーグ』の振り返りはまた近いうちに書きたいと思いますのでまた後日。皆さんからのお手紙やプレゼントに背中押してもらいつつ
諸々頑張ってみようかなっ (^^)
あぁ、楽しい思い出。

17

さてさて、今日は改めて『ヌーベルバーグ』の振り返りをしてみたいと思います。
僕の役はシロ（天草四郎）と現代の島崎洋介（シロの生まれ変わり）の2役です。シロは、仲間思いの優しい男。でも芯があってブレないカッコいい奴。
自分に出来る事をして、新しい波を作ろうとする。
新しい波がそこに出来る。って保証なんてないのに、
仲間との別れを決意してまで行動に移せる素敵な男です。
別れを決意して、エモッチャンと2人になっちゃってからのテッポウとのラストシーンは本当に胸が熱くなりました。自分を貫き通す強さ。
人の波、世の中の波に乗ってるだけじゃ新しい波なんて生まれないんだ。
って事を芝居を通してシロから教えられた気がしました。
シロの人生を舞台上で生きれて楽しかった。そう心から思える舞台でした。

20

『SING!』稽古場で日々笑ってます。いやぁ、面白いわ。例えるならギャグ漫画がそのまま出てきたみたいな。バカらしくて面白い。コメディ部分は何も考えずに笑えるけど、最後はメッセージ性のある素敵な作品。
今日は翔太と写メ撮ってみたよ♪ 違う舞台の為今は金髪‼ 髪の毛が傷んでるって嘆いてた。笑 プライベートでは何度も会ってるけど仕事では初共演‼
良い作品作りまっせ♪
ニュースで知ったんですが、銀座が凄い事になってたんですね (;￣○￣) メダリスト達のパレードがあったみたいで‼ 50万人ですって‼ すっげ‼ 日本元気ですなぁ♪

24

今日は舞台『SING!』のCM大会に行ってきました。出番は凄く短いんですけど、リハーサルやら説明やらで朝からバタバタしておりした。
今猛烈に睡魔が襲ってきております。

待ち時間が長かったなぁ。でも良いスポットを発見してそこで時間潰してました。
サンシャインの59階‼ 良い眺めでしたよ♪
昼と夜、2つの景色を楽しめました。

そして、CM大会では指揮者をやりましたが、本番では…。お楽しみにっ♪
いやー、眠い!!!
明日も早いので早めに就寝しまーす。

25

今私は名古屋に居ます。おじいちゃんの13回忌の法事で名古屋に帰ってきたのですが、明日のお昼には東京行きの新幹線に乗らなくては。
法事の時お経を聞きながら、おじいちゃんとの昔話を思い出してた。
おじいちゃん子だったから久々に会うとずっとベッタリくっ付いてお風呂も一緒に入って同じ布団で一緒に寝て…。
大好きなおじいちゃん。漢字は違うけど『ぞう』って字がおじいちゃんにも入ってるんです。
法事の後親戚で集まってご飯食べて、なかなか会えないので昔話などで盛り上がり。良い一日でした。にしても甥っ子可愛い。

26

今日はですね、お昼に地元を離れ東京に帰ってきて『SING!』のパンフレット撮影をしてきましたよ♪

小さい頃の写真が見たいとリクエストがあったので実家にあったアルバム開いて見てみましたよ (^^) 丁度良い頃の写真が出てこなかったけど…完全赤ちゃん。記憶ありません。
そして実家に飾ってある写真。同じく記憶ありません。…と言いたい所があるんですよ。記憶。うっすら。めっちゃうっすら。
足下に落ちてるあの履物も覚えてる。この記憶が想像された記憶じゃなければね。
皆さんの一番古い記憶は??

2012.9

1

先日稽古場で奇跡の出来事がありましたよ♪

龍介君とヤンヤンに遭遇!! 狭いけど広いようなやっぱり狭い東京で偶然友達に会うとテンション上がりますね♪

偶然と言えば今日のお昼ぐらいにあったゲリラ豪雨にもバッチリ外出中で、なす術無しでした。折りたたみ傘も持ってなかったし(--;)

あ、9月になりましたね。
学生さんは夏休みも終わりかな? 大学生はまだあるのかしら?

3

稽古しゅーりょー♪
今日の写メは今回初めての共演の三上俊さん、ミカシュンと(^^)
絡みあるしイイお芝居するのです♪
お楽しみにっ☆で

6

今日は稽古後にアメスタに出演してきました♪ 初アメスタ!!
写メのメンバーでガヤガヤと(^^)
見てくれた方ありがとうございました♪
楽しめました?笑 なんか色々喋ったなぁ。笑

とにかく熱い舞台になってるので見にきて下さい!!

8

昨日も告知&ガヤガヤしてました。舞台『SING!』の面白さが伝わっているか不安ですが、高校生男子の青春が爆発してる舞台です。男子高校生ってバカなんです。劇場で見て笑って、感動してスッキリして下さい!!

さてさて、先日番長(北代君ね)とファミレスで語り合っていたんですが…。番長と喋ってると飽きないんだよなぁ。1分に一回俺がボケるんだけど全部ツッコミを入れてくれる優しい番長。嫌われない程度に番長にちょっかい出そう♪
番長とは2年前の舞台『コカンセツ!』で共演して以来。あの時も今も変わらず面白い番長。好きだぜ! 番長!

11

今日も稽古終了♪ 通し稽古を数回やって、弱い部分とか自分が突き詰めなきゃいけない部分とか色々見えてきました。素敵な舞台を作る為全力投球します!!
何やら噂で一般のチケットが完売したと聞きました。とっても嬉しいです! 期待を裏切らぬ様精進せねばなっ!

しっかし、稽古場で写メを撮るのを忘れてしまう(--;) 番長との写メならあるけど…見たい?笑 もういらない?笑
一応載っけときますか ψ(`∇´)ψ はい。
最近キャストでご飯食べに行っても気付けば番長とばっかり喋ってる…。楽しいからついつい話が弾んでしまうんだな。笑

13

今日は番長以外と写メ撮れたよ♪
翔太とパシャリと。

あれ?…アカン。また後ろにさりげなく奴が入っとるやないか!!

更に後ろに…これは、奨悟だな。奨悟とは『ヌーベルバーグ』でも共演してるんですよ♪

この写り方だと逆に気になっちゃいますなぁ。本編中でも良い感じで絡むのでお楽しみに(^^)

◆この月の舞台、お仕事>>> 舞台「超青春コメディ!『SING!』」大久保俊介役/「生男ch 番外公開放送~ウォルター・ミティにさよなら:再~」

17

いんやー、昨日は稽古後に数人で軽くご飯食べて家に帰ってお風呂に入ったのち少しだけ少ーしだけアプリを起動したらそのまま寝ちまったぜ。笑
昨日は生男チャンネル観てくれて、来てくれてありがとうございました!! 差し入れもありがとーございます♪
久しぶりにあんなに大勢の人の中で話をした気がします。楽しかった♪
ウォルター、楽しみにしてて下さい!!
とりあえず、SING! 今日最終通し稽古かな…。
やったろやったろ!!
超青春合唱コメディ!! お楽しみにっ!!!

20

無事、初日の幕が開きました!!
ご来場いただいた皆さんありがとうございます♪
皆に早く見てもらいたかったから初日の幕が開いて嬉しいです!!

全部で7公演しかないから多分始まった途端終わってしまうんだろうな。皆と過ごせる時間を大切にして、楽しみたいと思います!!
まだ見れてない方はお楽しみにっ♪

今日の写メはどこでしょー?? 笑
ヒントは…簡単だよ♪ 劇場と言えば…。

22

明日、千秋楽ですよ(;´Д`) 早いな早いな。
でも、ホントに素敵な舞台に立たせてもらえて嬉しいなぁ。
最後の最後まで、全力で青春します♪
応援ヨロシクね☆

いつもプレゼントやお手紙ありがとうございます!! 力になります!!
全部全部大切にしますね♪

よーし明日も頑張るぞ♪(´θ`)ノ

24

昨日は散々打ち上がりました。とても楽しい夜でした♪
そして、今日はゆっくりめに起きて洗濯やらなんやらやりつつ、日用品が結構なくなってる事に気付き買い物行ったりしてゆったりと過ごしてました。『SING!』の歌とセリフを脳内再生しつつ。笑
家に帰ってきてしばらくしたらバケツをひっくり返したかの如く豪雨になったのでビックリ!! ギリギリセーフだったよ。
部屋は片付けきれず、まだ散乱してるけど。笑
お手紙も全部読ませていただきました♪ 皆さんありがとうございました(^^) プレゼントも大切にします☆ 写メは舞台からセットも照明も無くなっていき寂しい気持ちになってる時の。

26

さてさて、今日は『SING!』の振り返りです。
内容は超青春合唱コメディ。俺の役は高校3年のサッカー部のエース大久保!! 順風満帆にいってた高校生活。部活でも一番活躍して可愛い後輩の彼女もいて。そんな大久保が怪我をして、グランドで練習するサッカー部を見つめるシーンからこの舞台が始まるのです。舞台のオープニングってすごい大事だと思うから大切に大切に作りました。
後はコメディなので、怒涛の流れになっていくんですけどね。稽古の段階で皆には笑わせてもらいました。笑
でもラストは稽古でも本番でも自然と泣いてしまうような素敵なラスト。仲間の大切さとか、愛とか、いっぱいいっぱい詰まってる素敵な舞台でした。
稽古も本番も楽しくて仕方なかった。大久保という人間に出会えて、演じられて最高に幸せでした。
また会えたらいいな。

28

今日も元気にウォルターの稽古です。2チームあって僕は今年2月もやってるチームに入ってる訳なんですが…。

皆もう出来てる…。当たり前っちゃ当たり前なんですけどね。頑張らねば。

今日の写メの伊達メガネ。
いくらでしょう? レッツシンキーング!!
…正解は…。100円!! 安いっ!
話題は急に変わりますが、最近涼しくなってきましたね。風邪などで体調崩さないように皆さん気を付けましょうね。
分かった人は手ぇあげてー。笑

2012.10

4

さてさて、昨日は3時間に及ぶトークイベント。楽しんでくれたかな?

色んな話とか人狼ゲームとかしてたらあっと言う間でした♪

そして、今日は初めての通し稽古をしましたよ。出番ない時に皆の芝居見て普通に笑ってました(^^)

俺は寿里さんのファン。笑
皆さんお楽しみにっ♪ では(^^)/~~~

7

忍たまに出る事を告知して皆が「ありがとう」って言ってくれてる事が嬉しくて。
普段舞台告知すると「おめでとう」って言われる事が多いのに、「ありがとう」って言われて最初違和感を感じたけど、「お客さん含めてカンパニーなんだ。」って思ったら嬉しくて(^^)
演じる方も観る方も『忍たま』って作品を大事にしてて、世界を愛してて、だからこそ、『忍たま』を愛してる皆に少し認めてもらえた気持ちになって、嬉しかった。
言葉で伝えるのは難しいけど、皆、ありがとうございます。絶対に素敵な作品にしてみせます!!
さて、まずはウォルターですよ♪ 今日は人狼ゲームを沢山しました。笑 その後ダンスして、苦戦して。笑 でも、ダンス見てたマネージャーが「ダンスかっこいいね」って言ってくれたんで、もっと頑張ろうって思いました。
明日も頑張ろっ♪

9

今日も稽古だった訳ですが、今日は稽古場に林のアッキーが遊びに来ました。文字通り人狼ゲームで遊んで帰っていきました。笑

俺のやった役を今年の2月にやっていたので、稽古見られるとやりにくいからいいんだけども。笑
今日の写メはアッキーと♪ 忍たまでまた一緒になるから楽しみだなー。

腹減ったー♪ 飯食べよ♪(´θ`)ノ

14

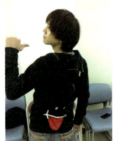

この時期にも花粉症ってあるんだよね? 外に出て鼻水がちょこっとでるこの現象は…花粉症? 風邪? 体は元気なので、これは花粉症…かな。
うーむ。謎。

皆さんお元気ですか?
さてさて、ウォルターの稽古も着々と進んでいき今日は稽古場で最後の通し稽古でした。もう一つのチームの稽古を最近見ていないのでどうなってるか楽しみだなぁ。

今日の写メは背中にっこり写メ。リュックを背負うので隠れちゃうんだけどね。ヽ(;▽;)ノ

17

ウォルターの為に髪型変えるよ♪

さてさて、どーなるかなぁ??
どんな髪型になってるかは劇場でのお楽しみ♪
雨嫌やなぁ。

では(^^)/~~~

19

今日は稽古をした後サンリオピューロランドで遊ばせていただきました♪

パレードとか、ショーとか色々見せてもらったんですが、どれもこれもストーリーが凄く良いんです♪ パレードは本当に必見ですよ!!
お時間の都合つく方は是非見ていただきたい(*´ω`)

そして、明日はOチームの初日です!!(僕はFチーム) 先陣切って皆大暴れして下さい!!

写メはサンリオピューロランドの入口と数人。笑

◆この月の舞台、お仕事>>> 舞台「HYBRID PROJECT Vol.9『ウォルター・ミティにさよなら』(再演)」横山役/「第4回なみらさんプロジェ

21

『ウォルターミティにさようなら（再演）』東京公演初日&千秋楽終了しました‼

楽しかったなぁ‼ ダンスとか覚えたら楽しくて面白かった☆
横浜公演はダンスが変わるので、ピューロ版見た方も見てない方も楽しめると思います♪

今回の髪型を発表しましょう‼ こちら‼
リーゼント‼!
強くなった気持ちになれる (^^)
今日は帽子被らずにこのまま帰ってやろ♪
また横浜で会いましょう♪

24

こんにちは (￣^￣)ゞ
ウォルターの横浜公演順調に仕上げていますっ‼

天気が良くて電車の中とか気持ち良かったなぁ♪
小旅行。笑

さぁて、今日も一日頑張ろう♪
では (^^)／～～～

26

『ウォルターミティにさようなら（再演）』横浜バージョン‼ 無事初日が開きました‼ ご来場ありがとうございます‼ お花も沢山戴きまして、皆さんありがとうございます♪
そしてぇ‼‼‼ 皆様にご報告‼
先日アンケートを取ったイベントの件‼ イベント開催の方向で決まりました (^^)
嬉しいな♪ 皆さんが沢山コメントしてくれたお陰で開催されます！
本当にありがとうございます (>_<)
企画は今練ってる最中ですが、トークはもちろん！握手とか、皆が参加できるゲームとか、楽しいイベントにできたらいいな♪
皆で盛り上がって楽しもうぜぃ‼

27

今日も無事に2公演終えました♪ ご来場ありがとうございます‼ 早いものでFチームは残り4公演になってしまいました。折り返しです。残りの公演も全力で演じます‼
さてさて、今日は写メで皆さんを癒してみせましょう。最近の僕の待ち受けなんですけどね…。
ま、とにかく見ていただきましょう‼
こちら‼
甥っ子が親父と手を繋いで実家の近所の神社を歩いてる。心が洗われる様な気持ちになります。子供って可愛いなぁ \(// ∇ //)\
姉から送られてきた写メ (^^) グッジョブ (>_<) ありがとう。
フフ♪ どうでした？？o(≧▽≦)o

29

今日は初めて『SAMURAI 挽歌2』の稽古へ行きました。

全員は揃ってないけど、居るメンバーで本読みしたり殺陣稽古したり。久々に殺陣稽古したもんだから良い感じに疲れました。笑
そして、拡樹にも久しぶりに会ったりして♪ 楽しくなりそうですψ(｀∇´)ψ

明日からはまたウォルターです‼ ラストスパートやったるぜぃ‼

30

今日は2日空いてからの久々ウォルター本番でした。楽しかったし、やっぱり始まると終わりまであっという間 (^^)

今日はとっくんも見に来てくれて、楽しんでくれたみたい♪ 毎日変わるヘルナイトのメイクが最近の日々の楽しみです。
ヘルナイト寿里さんのただのファンになってしまった。笑

明日寿里さんに一緒に写メ撮って下さいってお願いしてみよ。笑 撮れたら皆に見せてあげるね♪

2012.11

1 ウォルター無事に千秋楽終了です!!

楽しかった!!
沢山の方のご来場ありがとうございました!!
沢山のお手紙やプレゼント、お花ありがとうございます!!

よーっし！打ち上がるぞっ!!
あ、今日の写メは昨日更新しようと思って寝ちゃった為上げられなかったヘルとの写メ♪
とりあえず打ち上げだぁ!!

3
今日は12月の単独イベントのチケットの発売日だったんですが、昼夜共に10分くらいで完売してしまったとか…。\(// ∇ //)\ ピャーー!!
とってもとっても嬉しいです!! 皆、ありがとう!!
この感謝をブログで文字にするのはとても難しい (-- ;) 楽しい時間を皆で共有しましょうね♪
そして、昨日はカンフェティ LIVE に出演してきました! 楽しく『サムライ挽歌2』を宣伝出来たかな？と。笑
今回の舞台の相方は拡樹!! 最遊記歌劇伝で三蔵と悟空の関係でやってきたので息ピッタリです☆ 三蔵、悟空ではない2人のやりとり楽しみにしてて下さい♪
今日の写メはそんな2人の写メです♪

4 今日は舞台『ウォルターミティにさよなら』を振り返ってみたいと思います。
まず、僕が出演したFチームの方は今年の2月に一回本番やってるんです。再演チームに入った訳ですね。だから稽古もサクサクと進んで行ってセリフ覚えたり動き覚えたりダンス覚えたりで、最初はパニクってました (-- ;) でも過去に共演した事ある人も多くいたし、相方は石部さんなので何してても大丈夫って安心感があったのでかなり救われました。
そして、もう一つの大問題は僕の役の前任者が林さん家のアッキーという事。なかなかのプレッシャーでしたよ。アッキーの芝居は自由で豪快で何より彼は魅せ方が上手いし…。真似するつもりはないけど、意識はするよね。
でも、自分なりの横山役を楽しく自由に出来たから悔いはないよ♪
そんな楽しくて自由なFチームだけど、ちゃんと締めるとこは締めてくれる座長の卓磨君が居て、良いメンバーだったと思います。また何処かで再々演などがある事を願って…。さよなら。

6
今日も順調に稽古進みましたよ♪

今日の写メは、ご飯の時におやつで、久々におっとっとを食べた時にレアなおっとっとが出たよ！って拡樹に自慢した図。ま、拡樹は興味を持ってくれてないんだけどね (-- ;)

ちっ！

明日も稽古頑張ろっ♪

10 今日は石部さんと卓磨君のトークイベントにゲストで参加してきました!! 2人の過去も知れたし、楽しくトークできました♪
12月の個人イベントでは皆に俺の事沢山知ってもらおうかなっ♪
聞きたい?? 笑
今日来てくれた皆さん、ありがとうございました！

13
ちょいとお久しぶりー (^^)

元気に日々『サムライ挽歌2』の稽古に励んでます♪
ダンス以外は順調です!! 笑 相変わらずですが、ダンスは苦戦するのよ。

今日は早田剛君と写メ!!
剛とは同い年!! 稽古場で拡樹の次に一緒に居る時間が長いかも。仲良くしてね♪

◆この月の舞台、お仕事>>> 劇場版『戦国BASARA-MOONLIGHT PARTY-Remix』森蘭丸役／舞台「水木英昭プロデュース vol.14『SAMURAI

15

今日の写メはね、稽古場でのリラックスシーン♪ …息抜きしつつね。一休み一休み♪

あ、告知です。
11月16日(金)放送、TBS「A-Studio」(ゲスト：林遣都さん)にインタビュー出演！遣都についてイロイロ語ってやりました。笑

鶴瓶さんがどこまでスタジオで話したか分かりませんが、遣都のあれこれを鶴瓶さんに全て話してやりました。僕もオンエア楽しみにしてる一人です(^^) 皆遣都の事詳しく知ってね♪

17

今日はビジュアルボーイの10周年イベントで、東京タワーでトークショーしてきました♪ 雨が降ってる中来てくれてありがとうございます♪
僕は見事水たまりにハマってしまって気持ちブルーでした。
でも、懐かしのメンバー(丸山敦史君、中村龍介君)に会ってテンション上がりました♪♪♪
サプライズゲストで唐橋さんにも会えたし♪
写メは皆でパシャリと☆
即興芝居とか楽しかったなぁ。もっとやっていたかった(^^)
明日は生男ch!! 明日は『サムライ挽歌2』の舞台の色んな話しますのでお楽しみにっ♪

18

今日は生男chでした♪ ご来場いただいたりネットで見てくれたり、ありがとうございました!!

今日はサムライっぽい髪型にしたよ。
わかりにくいかな??

そして、イベントでは楽しくアレコレ喋りました。
自由な生成が面白かったな。キナリズム。チェケ。
ごめんよ。生成w
見てない方は意味わかんないね。
ごめんなさい。笑

22

最近寒いね(--;) 風邪ひいてませんか??

今日はちょこっと懐かしい写メを。ウォルターの時に居酒屋に行ったんですけどね、その時の靴箱の鍵が…惜しかった!!
6ほ…。

そろそろ前ちゃん(前内君)とミーティングしてあれこれ喋らなくちゃ。作戦会議!!
来年一発目の舞台忍たまも楽しみだなぁ♪
その前に『サムライ挽歌2』順調ですよ～♪
お楽しみにねっ☆

25

昨日『忍たま』のHPで自分の動画がアップされてるのを知り、どんなコメントをしたか忘れていたので、自分で見てみました。
うん。良い感じにふざけてて…(--;) 気になる方は見て下さいな♪
そして、いつも超ふざけてるアッキーは僕が撮影してる日にいなくて、少し楽しみにしてたんです。アップされてたので見てみたら、普通でやんの!! 普通にコメントしてやんの!!
なんてこった(´Д`)
今回はいつもに増して気合いが入ってるのか!?
そうなのか…。
今日の写メは忍たまの動画がふざけていた為、ふざけていない写メ。笑

30

今日突然始まる前に前説(間も無く舞台が始まります。と言うアナウンス)をやってと頼まれ、あたふたしながらアナウンスしました。笑
あれ替わりになるのかな? 詳細は僕にも分かりません。笑 今日一番緊張した瞬間かもしれません。笑
本番は怪我無く無事に終える事が出来ました。
良いスタートです！ こっから名古屋のゴールまで走り抜けますよ～╰(`∇´)╯
お花やお手紙、プレゼントもいつもありがとうございます!! 嬉しいです\(//∇//)\
でっかいお花もロビーに届いてました♪
感謝感謝!!
さて、明日からも頑張るぞ(>_<)

2012.12

2

本日も2公演無事終了です!! ご来場ありがとうございました♪
5公演が終わったんですね…。早い早い。(>_<)
あ、それと個人イベントの追加チケットもすぐに売り切れたみたいです!! 皆さんありがとう!! ☆*:.｡. o(≧▽≦)o .｡.:*☆
すっごい嬉しいです! 一緒の時間を共有して一緒に楽しみましょう\(//∇//)\
今日の写メは今回の舞台でいっつも一緒にいる鈴木拡樹君と☆ 拡樹とは『最遊記歌劇伝』からの共演者でもありライバルでもあるからね。お互いに切磋琢磨しつつ成長していきたいと思います!!

5

今日は本番の前に人狼ゲームのイベントに参加してきました♪ 急なお知らせにも関わらずご来場いただきありがとうございました(^^)

人狼ゲームのイベントは、結局人狼ゲームを皆さんの前で3回披露しました。真剣になっちゃった♪ でもとっても楽しかったです。
信じるか…見破るか…。単純だけど奥の深い推理ゲーム。またあったら是非参加したいな♪

今日は久々にあったハッチとの写メ♪

6

さてさて、今日の写メはこちら。左から生成（きなり）、由次郎、豪さん、剛（ごう）くん、紗久さん。皆が被ってる物と机に並んでるもの。植木豪さんデザインのキャップなんです。
余談ですが、キャップにはちょっとこだわりがあって、デザインとか色とかは気に入ればなんでも被るんですが…。そのこだわりとは、ズバリ!『大きさ。』
耳まで覆い被さる深いキャップと耳まで届かない浅いキャップがあるんですが、耳を出したい派なのでキャップはできるだけ浅いのが好きなんです。
皆さんはこだわる?? 稽古場ではこだわる人少なかったけど…。

8

今日は久々の2公演+DVD撮影の日でした♪ 2公演共怪我なく無事に終わりました☆
ご来場いただいた皆さんありがとうございました♪ 皆さんの笑い声がDVDに入ってるかもね(^^)
さてさて、本日の写メはこちらです!! 一見ただ遊んでるように見えるでしょ? ノンノン♪ 片手にチェキ!!
そうなんです、来る12月15日の個人イベントで、世界に一枚だけのチェキを発売する事になりまして…昨日、その撮影をしてきました! o(^▽^)o
沢山撮ったよ♪ チェキのなかには色んな現場にマネージャーが潜入してきてパシャリなんてのも。何が出るかは運次第♪ お楽しみにっ♪

10

『SAMURAI 挽歌2』、昨日、無事に東京千秋楽を終えました!! 昨日も沢山の方に観に来ていただけました! ありがとうございます!!
東京は全14公演!! 不思議とそんなに本番をやった感覚は無いんですけどね。早かったなぁ。
写メは千秋楽公演終わった後の楽屋で☆
今回も沢山のお手紙、お花、プレゼント、ありがとうございます。
僕ら西の地へ行ってきます!! 大阪名古屋の方、もうすぐ会えますからね♪
さぁて、出発! 進行!!

13

無事に大千秋楽終わったよーー!!!

公演に足を運んでいただいた皆さん本当にありがとうございました!

取り急ぎ報告でした♪

◆この月の舞台、お仕事>>> 舞台「水木英昭プロデュース vol.14『SAMURAI 挽歌Ⅱ』」興吉役／「椎名鯛造個人イベント」／「niconico 舞台情

15

今日は2年振りの個人イベントでした!! 沢山の方に来ていただけて嬉しかったです!!
アットホームな感じで色んなお話できたし♪
楽しかった\(//∇//)\
今日も改めて沢山の人が舞台やイベントを楽しみにしてくれてるのが伝わったので、今やる気満々です(^^) 稽古中の忍たまも全力で頑張れそうです!!
イベントでは生い立ち話したり…。謎に設定作って告白させられたり…(本気で恥ずかしかった。)一年の舞台振り返ったり…。ゲームのコーナーでは画伯が降臨したり。笑 本当に楽しかった!
本当に今日はありがとうございました!!

17

サクサクと忍たま稽古が進んでいき、ダンスとか歌とか皆にかなり遅れをとっていて焦ってます♪。
どーも、鯛造です。

そんな今日は新6年生をご紹介♪ 長次役の修斗君。真面目な良い男!! 休み時間に「ダンス教えて」って言っても嫌な顔せずダンス教えてくれるし。感謝感謝♪

背が高くて手足が長いから殺陣が映えてカッコイイ\(//∇//)\

19

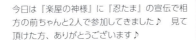

今日は『楽屋の神様』に『忍たま』の宣伝で相方の前ちゃんと2人で参加してきました♪ 見て頂けた方、ありがとうございます♪

凄い短い時間しか無くて言いたい事が言えなかったりもしましたが、後は公演を見て楽しんでいただければっ♪

そんな今日は前ちゃんとのツーショット☆
さてさて、色々覚えなくっちゃ♪
台本さーん、にーらめっこしましょー。あっぷっぷー。

23

今日はタフマニア2012!! と言う事でイベントに参加してきました♪ そして、昼公演では女装して出演しました♪ メイクしてもらって、完成後鏡見た時『誰??』って思ったよ。笑
…見たい?? 鯛子ちゃん。どーん。
鯛子的には Sori 子が一番美しかった。うん。…皆、可愛いよ…。番長…。
そして、二部は今年のタフスタッフ作品ごとに振り返ったり、殺陣したり、ダンスしたり。盛り沢山♪ 昼、夜どっちも楽しかったな(^^) あ、因みに二部は普通の格好して出演しました。
沢山笑ってリフレッシュできたのでまた明日から忍たま稽古頑張れそうです♪

24

メリークリスマス♪
あれ? これは明日言うのかな??
皆さんは楽しいクリスマスイヴをお過ごしですか??

僕は忍たまの稽古後に遣都と焼肉へ…。遣都はイヴに俺と2人で焼肉ってのが悲しいって表現したみたいだよ。笑 楽しいのに…。

なんだかんだ、こんな表現してますが気の合う仲間とのご飯は最高です♪ 肉食べて元気いっぱいになりました(^ω^)

31

昨日はちょっと丁寧に掃除をしました。
どーも(´▽`)ノ 鯛造です。

部屋が汚ないと落ち着かないので割とキレイに保ちたいんですが、ここの所…稽古→本番→稽古→本番が続いてたので、久しぶりにちゃんと掃除できたかな♪
そして忘年会パーティーにお呼ばれして「良いお年を」と去り際に20回ぐらい言い、ほろ酔いで爆睡して、今名古屋行きの新幹線の中です。
あまり長い間実家に滞在できないけど久しぶりにゆっくりできるかな…。
よーし久しぶりの実家! あんまりゆっくりする時間もないんだけど、できる限りくつろいでまた東京に帰りたいと思います。

今年一年応援ありがとうございました。来年も宜しくお願いします。
良いお年をっ☆

TAIZO SHIINA　　　　　　　　　　　　　　　　　　　　2013.01~12

1月2日の記事の甥っ子が可愛いすぎる。この年ぐらいから帰省の目的の半分は甥っ子姪っ子に会うことに。そしてこの年ひっそりと脚本家デビューしてます

2013.1

2

今日は親戚で集まってご飯を食べとったよ♪
久しぶりに集まったでワイワイと話が絶えんくて盛り上がっとったわ。
スーパー可愛い甥っ子も少しやけど喋るようになってきとったでねぇ。『たい』までは発音できとるのに『ぞ』が言えんくて、それがまた可愛かった。\(// ∇ //)\ 手を繋いで歩いとるときも、当たり前やけど上目遣い。。。Σ(・口・;)か、可愛い。
友達にも会えたし、沢山癒されたで東京に帰ります。
忍たまの最終調整をして、いよいよ本番♪ 楽しみやなー (^^)
さよなら岐阜&名古屋!! 方言も。笑

4

今日は新年初の通し稽古をやりましたよ。年末に何度も通し稽古したので皆忘れる事なく良い感じで通せたと思います。早く本番にならないかなー？ 楽しみだなー♪

さてさて、今日は乱太郎君を紹介しましょう。
関根航君。
可愛いなー (^^) 忍たまの顔ですからね。
今回から一年生は皆初めましての子ばっかりです。歌って踊って凄い小学生です。
ε-(´∀`;)

うむ。お楽しみにっ♪

6

今日で稽古場の稽古は終了です♪
後は劇場に入って照明などと合わせたら本番ですぞ \(// ∇ //)\

あ、写メ撮ろうと思ってたのに忘れてしまったよ。笑 残念。
そして、今日髪の毛を切ってきました。全貌はまた今度。
いつもの感じですけどね。大分伸びてたのでバッサリです (^^) サッパリサッパリ。
しかし外に出ると耳が寒い (-_-) 今まで守ってくれてたのね。
今までありがとう。これからは、さらけ出して頑張るよ!笑

8

今日は一日場当たりでした♪
順調に終わって準備万端ですよ☆

今日は楽屋の同室を紹介♪
4人部屋になってます。メンバーは前ちゃんとアッキーとかずき (^^)
芝居の話したりゲームの話したり…ワイワイワイワイ \(// ∇ //)\

よし! 明日初日!! 楽しみだっ!!

12

今日も本番楽しく終える事ができました♪ ご来場ありがとうございます!!
そして今日の昼公演で僕の忍たま歴が通算50ステージになったみたいです☆
いやはや 50 ステージ。皆さんありがとうございます。怪我無く楽しく演じられて幸せです。スタッフキャスト、ファンの皆さんに感謝感謝です!!
これからも、ずぅーーっと伊作君が演じられるように日々成長するので、宜しければ皆さん応援して下さい (^^)
2弾再演から一緒に参加したアッキーも今日50公演を迎えました♪ 信頼出来る仲間と最高の作品が作れて幸せです。
これからもドンドン突き進むからねー!!!

14

今日は成人式!! 新成人の皆さんおめでとー♪
僕が成人式の時も雪降ってて寒かったなー。で、風邪引いて。笑 懐かしい。皆さんは気を付けて!!
そして、今日で忍たまも折り返しです!!
毎日満員…/_; 本当に感謝です!!
そして、そんな今日は6年は組のアフターお楽しみ会!! やってやりましたよ! コント!
いやー楽しかった☆ 皆さんも楽しんで頂けていたら幸いです。。。そして、今日はこの子達が見に来てくれたんです!
たくと、みのる、あすか!! 乱太郎としんべえと喜三太!!
皆大きくなってた。たくとなんて身長一緒だったからね。ビックリビックリΣ(・口・;)

◆この月の舞台、お仕事>>> 「ミュージカル『忍たま乱太郎 第4弾 最恐計画を暴き出せ!!』」善法寺伊作役／「ミュージカル『忍たま乱太郎』ファン感謝祭」

15

今日は忍たまの感謝祭という事で、公演中のサンシャイン劇場でトークや、ゲームなどをしました!!
楽しく皆さんと時間を共有できて幸せでした♪
ゲームは昼夜共に2位だったので凄く悔しかったんですが、楽しかったのでオッケーです^^
明日から『忍たま第四弾』後半戦、頑張れる気がします♪
今日も雪が残っていて大変だったと思いますが、沢山のお客さんに来ていただいて幸せでした(^^)
写メは終了後に6年4年でパシャリ。
お昼は普通な髪型で。で、夜はオールバック!!
一緒に写ってくれたのは前ちゃん。2人でやんちゃな髪型。笑

17

今日も無事に本番終了♪しましたよ♪
今日のゲストは利吉さんなんですが今日は利子ちゃんで出演してくれました。
相変わらずの美しさで(^^) 一緒にパシャリ。

さーて! 忍たまラストスパートですよ!!
明日から2公演が3日連続!! やってやる!!
楽しもう♪

19

早いもので、明日で忍たま千秋楽です。怪我無く無事に明日を迎えられる喜びと、終わってしまう悲しみが入り混じっていますが…最後まで気を抜かずやりきりたいと思います!!

今日の写メは6年生集合♪ ファンの方からお揃いのジャージ頂きました(^^) ありがとうございます。何故、皆ちょっと恐い風なのか分かりませんが。笑

さーて、ちょいちょい日常生活に不運が訪れてますが、負けずにあと一日!! 頑張ります!!

22

今日もフロッグの稽古へ…。今日は今回の僕の役を発表したいと思います!
今回は藤堂平助!! 新撰組の作品のピースメーカーでは永倉新八役を演じましたが、今回は平助!
同じ三馬鹿の一人なんですけどね。とてもドラマのある人物です。楽しみにしてて下さい♪
そして、今日の写メはその三馬鹿での写メ♪
右が新八役の花田俊介君。そして、真ん中が原田左之助役の北代高士君。(通称、番長) 番長の指かじってやった。笑
みんな同い年! これ程やりやすい事は無いね♪
僕が後合流になってしまったので色々と教えてもらってます。感謝感謝!!

28

今日は忍たまについて振り返りたいと思います。

稽古に合流して他の人のシーンを見て、最初に思ったのが「こりゃ面白い!!」って感想でした。あと歌とダンスがカッコイイ!!
難易度も高くて…必死でしたが…。

あと歌の歌詞が凄く良くて…千秋楽はオープニングから、うるっときてました。『いつか別れの時がきて、ひとりぼっちになっても…』。寂しすぎるでしょ。でも確実に別れはくるもんね。その後『忘れはしないよ。』(/ _ ;) 良い詩です。

そして、限られた時間の中で沢山稽古して、本番へ。
見に来てくれる皆さんも緊張するでしょうが、僕らもめちゃくちゃ緊張します。同じくらい『メチャクチャ面白い作品出来たから楽しんでね!』って気持ちもあるんで、情緒不安定です。笑

でもオープニング最初の曲が始まった時に客席から聞こえる手拍子に「あぁ! 皆味方だぁぁぁ!! ファミリーだぁぁぁ!!」って思えて、それまでの不安が和らいで『楽しんでね!』って気持ちで一杯になりました。
毎回キャストにも恵まれて良い人ばっかりなんです。一緒に悩んだり頑張ったり乗り越えたり。共に過ごせた大切な時間が一杯! そして、怪我しないようにフォローしてくれる JAE の皆さん。演出の星さん! スタッフさん、みんなみんな本当にありがとうございました。
最後にこんなに素敵な人達と出会わせてくれた善法寺伊作。本当に本当にありがとうございました。

それを応援してくれた皆さんもありがとうございました。皆の心の中に僕の伊作がずっと残りますように。

2013.2

1

『FROG』初日!!
無事に終える事ができました♪

沢山の方のご来場ありがとうございました!
とりあえずのご報告♪

3

今日も無事に2公演終わりました♪
ご来場ありがとうございます!!

そして早くも明日は千秋楽です。
最後の一瞬まで平助の人生を全うしてあげたいと思います♪
今日は新八と左之とトリオでパシャり☆
明日ラスト頑張るぜ!!

7

今日は舞台『FROG』を振り返りたいと思います。
今回の役は新撰組の藤堂平助! 芯があって、仲間思いな漢気溢れるお方でした。
そして、今回は稽古に参加するのが大分遅れてしまい共演者、スタッフの皆さんにはご迷惑おかけしました。でもこの舞台には知ってる人や過去に共演した事ある人が沢山居てくれたから、すぐに馴染めたので助かりました。
稽古中も色んな事を試したし、本番でも微妙に毎回感情が違ってて演じていてとても楽しかったです。平助の最後のシーンでは仲間を思ったり、みとせを思ったり、伊東さんを思ったり…。色んな感情が、皆の思いがぶつかる、とても繊細で悲しくも美しい沢山の愛が溢れた素敵なシーンになったと思います。
それにしても今回の舞台は、あっと言う間に始まってあっと言う間に幕を閉じた舞台でした。短い稽古期間と短い本番でしたが、凄く濃密でした。
稽古場ではもちろん、家でもずっと新撰組の事を、平助の事を考えていました。平助として生きられた数日間とても充実していました。

10

最近は時間に余裕のある生活をしています (^-^)
やっとハンターハンターの映画みたり、ゆっくりお風呂入ったり、舞台観たり、友達とご飯食べに行ったり、TV見たり。やりたい事沢山あったので、少しずつやってます。
しばらくしたら次の作品に入るのでそれまでは羽伸ばしたいと思います♪
ハンターハンターの映画ずっと楽しみにしていたので映画館で見れて良かったー\(// ∇ //)\
ゴンとキルアの友情が眩しかったなー。後、ノブナガが原作以上に活躍してた。笑 ウヴォー恐い。でもかっこいい。
うんうん。楽しめました。
もっともっと楽しむぞーー♪

13

今日はこんな所に行ってきました。
何故でしょう? 答えはまた今度♪

あ、髪切りました。さっぱりー\(// ∇ //)\
パーマは完全に取れてしまったね`д´;
ウォルターの時かけたパーマなのでかなりもってくれましたね☆

今日は雲が無く、とっても良い天気だったんですが、外は風が強くて冷たかったなぁ。
今日はサウナにでも行ってこようかな♪
ワクワク(((o(*゜▽゜*)o)))

14

こんばんは(´▽`)ノ
ハッピーバレンタイン♪
僕にも素敵な事が起きました。
朝ゆっくりと出掛ける準備をしてた時…
ピーンポーン。「宅配便でーす。」
「おっ? 何も買ってないが…なんだろ。」と出てみると小さな小包み一つ。
差出人は…!?? 母親!!
なんだなんだと開けてみたら、バレンタインのチョコレート!!
東京に出て初めてだったからビックリした。朝からほっこり嬉しい気持ちになれました♪
オカン、ありがとう。

◆この月の舞台、お仕事>>> 舞台「D'TOT 5th act『FROG―新撰組寄留記―』」藤堂平助役／「鯛造祭 vol.2 ～バレンタインの陣～」 他

15

明日は単独イベントだよー♪
どんなイベントになるか楽しみだなぁ((*´∀`*))
そうそう、先日の写メは明日の単独イベントの物販のチェキ撮影をしてきたのです。浅草で沢山撮ったよー♪ 昨日事務所に行った時に撮ったチェキを見たけど、一枚一枚違ってなんだか面白かったψ(｀∇´)ψ
チェキくじ是非是非。当たりにはサインとメッセージ書いたよ。この写メはサインだけなんだけど、サインが気に入ったからこれにはあえて何も書かなかった(^^) 浅草チェキ以外も色々あるからお楽しみにっ♪
明日皆さんに会えるのを楽しみにしてます♪

16

今日は単独イベント当日でした!! 本当に沢山のファンの方に来ていただいて嬉しすぎました!!
今日という時間を皆で共有できて幸せです。
(/_;) みんなみんなありがとー!! 今回残念ながらお仕事や抽選ハズレちゃった方は、また次回イベントあったら是非来て下さい♪
今日は楽しかったです!! 本当に皆ありがとうございます♪
今日の写メはサプライズゲストで来てくれた卓磨君と☆ 卓磨君も出演してくれてありがとう。
お手紙やプレゼントもありがとうございます。大切にしますね\(//∇//)\
ありがとうがいっぱいだぁ!!
また絶対会いましょう♪

18

今回はチェキを撮りに浅草行ったり卓磨君と2人で撮ったりしたんですが、中にホワイトボードを使って文字を書いたものもあるんですが、文字だけでは飽きてきて途中から絵を描きだしたんですよ。棒人間に毛が生えた程度の絵なんだけどね…。

描いてて楽しくなったし、思ってたより上手く描けてて順調だったんだけど、ある絵でマネージャーが爆笑してて…。

それがこの絵なんですけどね。笑 注目すべきは後ろの人。前に出てる手と足が同じ。笑 しかも顔が負けてもいーや。みたいな顔してるし。うん。絵、上手くなろー。

19

昨日の絵に評価くれてありがとうございます。上手くならないで下さい。ってコメントに愛しさと切なさと心強さを感じました。

あ、心強さは感じてないかも。ウソついた。笑
でも、肯定派が多かったので他に描いた絵も紹介したいと思います♪

昨日の絵の後に描いた絵なので、学習して、やっと人間として歩けるようになった彼。転んでる真ん中の絵が自分的にはお気に入り♪
暇な時間できたら懲りずにまた絵描いてみます。
上手くなったらごめんなさい。笑

25

昨日は、舞台を観に行ってきました!
出演者の方々怪我無く9公演お疲れ様でした。とっても面白かったです!
主演は龍介君!! とにかくかっこ良い。嫉妬。板の上に立ってるだけでカッコ良かった! アクションしたら更にカッコ良くなって、ダンスしたら神になってた。何かに特化してる人のソレを見るって、気持ちいいね。
そして、たまたま観劇が一緒になった誠治郎さん。最後に3人で☆
2人は福岡出身。会話が博多弁になってたから「博多弁で喋っとーと?笑」って割り込んだら誠治郎さんに怒られた。笑
あー楽しかった♪

28

今日は天気が良かったですね♪
コタツ布団を干してあげました。外でパンパンと払うと思ってたよりほこりっぽいものですね…。

TVの前にフィギュア置いてるんですけど、そこもすぐほこりっぽくなるし…。
空気清浄機とか置けば変わるのかな?
コタツさいこー\(//∇//)\

2013.3

3

僕のお風呂好きは知る人は知ってると思うのですが、風呂友もいるんです。
近所に住んでる山崎将平君!
将平とは映画『DIVE!!』からの付き合いで普段仲良くしてるんです。4歳年下なんだけど、いつも遊んでる時お互いその事を忘れるぐらい仲良し。(主にあっちが。笑)
気を遣われないのが凄く嬉しいんですけどね♪
とにかく仲の良い友達です。
今日はそんな将平との『銭湯上がりの一杯』写メ☆ 永遠の宝者。

5

口がぁ。裂けたぁ!
って言っても自分の口じゃなくて^ ^
裂けたのはパンツ。ニッコリ笑ってベロが出るから可愛くて買ったんだけど…。

そーか。年相応の服を身につけろという事なのか。笑
バイバイ。パンツ君。

11

昨日はこんな方とご飯を食べてました(^^)¥
前ちゃーん☆ そしてひょんな事から森本亮治君も合流しました。
そして、今日3月11日。東日本大震災から2年が経ちました。早いですね。
あの時の事を忘れてはいけないけど、振り返ってばかりもいられない。爪痕はまだまだ深刻に残っていますが一人一人にできる事をやって、とりあえず毎日を笑って楽しくすごしましょう。
一度しかない人生笑って楽しんじゃお! 人生楽ありゃ苦もあるさ。今が『苦』しいならこのあと『楽』しい事が絶対まってるから!
明日も笑って楽しもうぜ♪

13
いやいやいや今日風強すぎじゃない?
そして帰りにスーパーへ寄ったのさ。そしたら入口付近から甘い香り…。
その正体は、いちご。メチャクチャ良い匂い!!
強風の中頑張った自分へのご褒美をあげようと、ありきたりな理由をつけ1番高い苺を買って帰路へ。
家に着いて荷物を置いてもそこからすっごいいい匂い\(// ∇ //)\ なんなんこのイチゴのポテンシャル!! 食べるのメッチャ楽しみなんですけど!
ちょっと待って! 今食べるから…。こやつどんなもんじゃい。ん!! …ん!!! んまい!!!!!
メチャクチャ美味い!
あー今日も一日良い日だった♪

16

今日東京で桜の開花が確認された。とニュースを見ました。観測史上同率1位なんだって。昨日公園にてお仕事だったんですが、梅(多分)が咲いてました。梅(だよね?)もとてもキレイ。もう少し近付いて梅の花(え? 違う? あれ? 自信なくなってきた。)見たかったな。…笑
何にせよ青空がとてもキレイでした。春になるんだな!! 桜の花びら達よ。一秒でも長く皆に癒しを提供して下さい。
出会いの季節。皆さんに素敵な出会いが訪れますよーに。

18

今日はドラマ『ファイヤーレオン』の制作発表でした!!
僕はこの物語の主人公「剛藤タケル役」を演じさせていただく事になりました。もう撮影は始まっていて毎日刺激的な日々を過ごしています。
タケルと共に役者「椎名鯛造」も成長できたらなぁ。と思っています。
皆さん是非応援して下さい。

◆ この月の舞台、お仕事>>> ドラマ『ファイヤーレオン』制作発表会 他

19

今日も元気にファイヤーレオンの撮影に行ってきました♪ 今日は天候に恵まれました☆

さてさて、今日の写メは昨日の記者発表の時の写メです！ 第2話にゲストレスラーで出演してくれる後藤洋央紀選手!! デカイっ!! コブシの大きさも俺の2倍ぐらいあるんですけど!!

今日は昨日の話を…。
記者の方がたくさんいらしてくれていて、実は…メチャクチャ緊張しました。((((;゜Д゜))))))) おまけにニコニコ動画で生中継されてるときたら…。
笑 無事に終われたのでホッとしましたけどね。
早く第1話皆に見てもらいたいなー♪

21

今日は一日室内の撮影でした。途中外が全く見えない状況で撮影してて、ケータイも持って無かったし、部屋の時計は撮影用だから適当なのでアテにならないし…。今が何時なのかさっぱり分からなくなりました。
そして、帰りにワゴン販売する干し芋屋さんを発見。干し芋たまに食べるのが好きなので買って帰ってさっき食後に食しました♪
うん、美味しかった☆
ジジくさい?? 笑
梅昆布茶とかあったらもっと幸せだったな。もっとジジくさい?? 笑
日本サイコー♪(´θ`)ノ
よし、お風呂入って寝ようかね。

23

寝ても寝ても眠くなる春の陽気。
皆さんいかがお過ごし?

何気無いカレンダー見てたらある事に気がついた。
2週間後に『ファイヤーレオン』第1話放送…。
あ、何か無駄に緊張してきた。ドキドキ。。。期待と不安が交互にやってくる感じ。でも楽しみだし、撮影は楽しんでるからきっと良いものが出来てるハズ。
明日は一日休みだから天気良かったら近くの公園にでも散歩に行って日向ぼっこでもしながら台本読もうかな♪ よし、そーしよ(・ω・)ノ
撮影現場は桜がキレイでした。

26

皆さん既にご存知の方もいるかもしれませんが、今回の忍たま第4弾再演に僕は出演しません。
凄く出たい!! マネージャーからスケジュールの都合で「再演は出れない」って聞いた瞬間からこの気持ちは揺るぎないものです。
きっとそれだけ自分が苦しんだり、楽しんだり成長できた場所だったんだと思う。板の上で演じてる時や楽屋で騒いでる時は気付かないものなんですね。かけがえのない時間。
きっとこれからドンドン大きくなる忍たまの世界で沢山の人が産み出す善法寺伊作があると思う。きっとそれぞれが輝いていて素敵な伊作が産まれると思うんだ。僕はそれを楽しみにしようと思います。
でもこれからもっともっと沢山の人に夢や希望を与えられる役者になる為の前進の一歩だと思ってくれれば嬉しいな♪
よし…前を向こう！ 楽しもう!! また皆の前で伊作を演じられる日を願って。

29

今週も早くも週末ですぞ♪
あと、1週間と1日でファイヤーレオン放送初日だよー \(//∇//)\ 早く見て欲しい…。

今日はレアな写メを撮れたので皆さんにも見てもらいましょう♪ 変身後のファイヤーレオンとツーショット!!!
撮影が一緒になる事が実はあんまり無いんですよ…。
だからずっと撮りたいなー。って思っててやっと念願叶った☆
突っ込み所満載(?)な超面白いドラマ!!
後ちょっとで見れるからお楽しみにっ!!

30

今日はアフレコの日ー!! 戦っているファイヤーレオンに声をあてるのです。「エイッ!」とや「ヤァ!」とかね。
これが難しい…。動画ばっかりみてたらセリフグチャグチャになるし、台本見るとシーンと合わないし…。
でもね、アフレコ超楽しい!! 数多くの声優さんとお仕事ご一緒してきましたが、改めて尊敬…!! 自分の芝居の間じゃなくてもキッチリやっちゃうんだもんなぁ。凄い職業だ。声優さん。
いつかアニメの声優の仕事もしてみたいなぁ。
そんな不慣れn…もとい、のアフレコにもご注目ですよ!

2013.4

1

皆さん今日はエイプリルフールでしたねー♪
何か嘘つきました？ それとも嘘つかれました？
先日役者仲間でもある山崎将平と遊んでたんですが、その時忍たま第3弾再演のDVDを見てたんです。と言うのも将平とは忍たま繋がりなんですよ^^
将平のお気に入りキャストは小平太アッキー！
出てくる度に笑いながら見てたよ。笑
「この人好きだー」って。うん。
え？ あれ？ 俺は？ あ、お気に入りではない？
ま、楽しんでいただけて何よりですが。笑
ファイヤーレオンの第1話も一緒に見ようかな。
一人だと緊張しちゃうし。笑

3

さてさて、ジワジワとファイヤーレオンの放送日が近付いてきて、ドキドキして落ち着かないんじゃないですか？ あと3日で本当に放送されるの？とかちょっと半信半疑なんじゃないですか？ …ま、全部僕の気持ちなんですけど。笑
そんな落ち着かない今日は撮影現場でも見ていただきましょうか。今日の写メはサンドバッグに蹴りをいれるタケル君。ん—まだまだ腰が入ってなくて弱っちいですね。
これから強くなりたいと思います！

あと3日。\(// ∇ //)\ ウキャーー!!

7

昨日はドラマ見ていただけました？
2話以降もっと面白い要素出てきますんで軽く構えて見て下さいね。笑
ツッコミながら楽しく見ていただければ幸いです(^^)
何にせよ1話目が無事放送されたので一安心です \(// ∇ //)\
引き続き撮影頑張るんで応援お願いします♪
では(^^)／〜〜〜

11

皆さんからのメッセージ集が事務所に届きました♪ 皆の気持ちがとても嬉しいです
\(// ∇ //)\

ありがとうございます!!
裏面には可愛いライオン♪
頑張るぜー!!

13

さてさて、本日は土曜日!! そう！ ファイヤーレオンの日ですよ！
一話の感想で、「ユルイ」とか「チープ」とか「どっから突っ込めば…」などまぁ、色んな感想を耳にしましたが。笑 あの『ユルさ』クセになるでしょ？
今週も気を楽にして、見ましょうね♪笑
いや、見て頂けたら幸いです。(ノД`)
ゆるいゆるい言ってますが現場はキチッ！と緊張感のある中でやってますからね。ただ出来上がってくると不思議とあの感じに。笑
そして、今日の2話では新日本プロレスの後藤洋央紀選手がゲストで登場してくれます♪ 登場シーンから超カッコイイですよ！ 必見です!!

15

昨日は前ちゃんとたくま君とパズドラ会を開催してました♪（パズドラっていうのはケータイゲームの事です…あ、ご存知？） 本当はもっとメンバーいるんだけど、昨日は集まり悪かったなぁ
´д`;
まぁ、また近いうちに集まる事でしょう♪
凄い集中してゲームしたから帰る頃は、『どっ』と疲れちゃいました。笑
よーーし！ 今週も1週間頑張りましょー♪

◆この月の舞台、お仕事＞＞＞ TOKYO MX ドラマ『ファイヤーレオン』主演 剛藤タケル役 他

17

赤コーナー!!! リングですよリング♪

実はリングでの撮影ってタケルにとってはレアなので思わず嬉しくて撮ってしまいました (^^)

スタッフさんは後ろで一生懸命仕事してるのに、まさかのダブルピース！笑

ごめんなさい。スタッフさん♪

20

今日は第3話の放送ですねー♪
一週間ってこんなに早かったっけ？笑
もう3話も放送するのか…。早い早い。

ここで、3話の見所を少々…。
3話には新日本プロレスの内藤哲也さんがゲスト出演して下さっています!! クスッ。と笑えるシーンもあるかもね♪ そして、今週はちょーっとだけ生身で戦うかもよ…? かもよ?
真相は今日のオンエアで!!
あーーアクションしたーい!!

写メはリングに上がった時の別バージョン♪

24

今日はレアな人達と会った話をしましょうか♪ こんな人達と会ってました♪

『最遊記歌劇伝』で共演した三蔵な拡樹と悟浄な敦史!! 敦史に至ってはアップすぎて誰だか分からないけどね。笑 敦史は今キョウリュウジャーのゴールドとなって毎週日曜日戦っていますよ♪ 是非チェック!!
拡樹はサムライ挽歌2で共演したから割と最近まで会ってたからそんなに久々でもないけど、3人揃って会うのは本当久々!!
尽きない話で盛り上がってたと思ったら敦史が途中で寝やがった!笑
そんな所も変わらない。

27

今日は舞台を観に行ってきました♪
『プレゼント5』。

いやー、キラキラアイドルでした！ 客席と演者が一体になる舞台ってあまりないんですがこの舞台は見事に融合してました♪ やっぱ舞台の空気感は最高ですね!
もっともっと舞台鑑賞が身近なエンターテイメントになればいいのにな…。沢山の人に舞台の楽しみを知ってほしいな。
そして、この舞台には知り合いが沢山出演してました！ 自分のケータイでは玉ちゃんとしか写メ撮れなかったけど ^^; とても素敵な舞台が見れました♪ 皆頑張れっっ!!

28

きっかけは敦史の一本の電話から。
『2、3日うちに泊まってくれ』と。
この一言で、「きっとロケで家を空けるからその間愛犬（マック）の面倒見てくれないか？」って事だろうなと 0.2 秒くらいで予測して、「いいよ」と即答。
マック君は高齢なのでゆったり歩くのです。散歩はリードなしでもちゃんと俺の後ろをテクテク歩いて付いてきてくれる。（超可愛い）
とにかく可愛い。自分の撮影終わったらすぐに帰ってあげなきゃって思うよね。
「敦史、いつでも留守番するから地方ロケ行く時は任せて!!」
とても癒されましたとさ♪

30

今日は遂に親知らず抜歯してきましたよ!!
まずは1本目!! 麻酔して口がボヤぁーってなってガリガリやって何かをグーっと歯に押し付けて「いつ抜くんだろ？ いつ抜くんだろ？」って思ってたら「歯はもう抜けましたからね…」って。
あっさり。
イメージでは何かで挟んで引っこ抜くのかな？って思ってたから拍子ぬけ。意外と簡単で良かった♪
あと3本…。またタイミングみて抜歯しよーっと。抜いた後の歯を写メ撮ろうとしたけどちょっとグロかったので止めました。笑
あ、誰か欲しかった?? なんちって。笑

2013.5

2

昨日は舞台『今日からマ王!』を観劇しに行ってきました ^_^
写メはとても良いキャラでお客さんを魅了してた寿里さんと、たまたま一緒になったアイル君とたくま君。寿里さんとの最初の共演は『遙かなる時空の中で』だったんですけど、寿里さん友雅っていう一切ギャグのない大人の男性役だったんだけど、今となっては…笑 特にヘルナイトとか友雅の面影ゼロ。笑
寿里さん大好きです。また共演したいなぁ。
さてさて、また明日から祝日。夜ちょっと冷えるから体調管理しっかりしつつ休日楽しみましょっ♪
旅行行きたーい!

4

最近急に部屋の電気の色を変えたくなってちょっと暖かみのある色に変えてみたんだ。写メじゃ分かりにくいし、術的なもの使ってる感じに見えちゃうけど。笑
明かりが変わると気分も変わるね。

2日目くらいでもう慣れて、新鮮さ無くなったけど。最初の「おぉー変わった」感は良い感じでした ^ ^

さぁて、今日はファイヤーレオン第5話。

7

最近ね、時間があれば半分自炊してます。
半分ってのはご飯は炊くよ。惣菜はスーパーで。みたいな。
で、汁モノは今まで即席の味噌汁使ってたんだけど、だんだん具材がもっと欲しいなぁ…って思いだして、もやしとか、レタス(オススメ!!)を鍋で茹でて入れてたんだけど、ある時「これもう味噌汁普通に作った方が良くね??」って思って普通に作りだしたんです。
玉ねぎすごい!! もうね、すぐに涙がチョロチョロ。目が痛くて開けてられない…´д`;
気付いたら大号泣。笑
とにかく凄い泣いて作った味噌汁はとっても美味しかったです。

11

昨日は撮影終わりに知り合いのLIVEにお邪魔してきました。ミュージシャンの知り合いはあまりいないので音楽LIVEに行く事ってあんまり無いんですよ。
凄いなぁ。音楽の力って。楽器とか言葉とかで感動して鳥肌がたったり、単純に「すげぇ」って思わしてくれるんだもんな。エンターテイメントは人間を豊かにしてくれるものだと再認識しました。
何組か出演してたLIVEで、知り合いが終わった後の人達にも魅了されまくってました。今日初めて聞いた曲で全く知らない人達だったのに、楽しかった。熱かった!!
そんな昨日でした。

13

昨日は少年社中の舞台を観に行ってきました。『ラジオスターの悲劇』。今までに見た事のない形の舞台。朗読と芝居、そして、語り部の主役が日替わり。
え? 主役が日替わり?? そうなんです。この舞台主役が日替わり。どうなるんだろうって不安と期待で見てたんですが、すっごい面白かったです! 見に行って良かった♪
終演後久しぶりに龍介君にも会えたし、その後ちょろっと飲みに行って少年社中の主宰の毛利さんとも沢山話せたし♪ 井俣さんと龍介君との3ショットも撮れた。
名作『ネバーランド』のピーターパン(井俣さん)と影(俺)。懐かしいなぁ。

19

昨日は映画を見に行きました。
映画は『スピニングカイト』という作品。若者がそれぞれのターニングポイントで人生が変わっていく…。それぞれの苦悩とかが描かれていて考えさせられる作品でした。
何故急にこの映画の話をしたのかと言うと…。
この映画の出演者の中に醍醐直弘って出演者がいるんですけど、'はとこ'なんですよ。親戚(^^) 同じ年齢で名古屋出身の役者です。小さい頃からよく遊んでたなぁ。
毎年夏には海に行ったり。親戚なので当然家族ぐるみでの付き合い。名古屋時代には中学生日記でお互いレギュラーだったし、キッズウォー3では共演(絡みは無かったかな?)したり。
同じくらいのタイミングで東京に出て来てそれぞれ頑張ってるんです。
また何かの作品で共演してみたいなぁ。
今日はそんな親戚と映画のお話でした♪

22

今日はゲームセンターでの撮影だったんですけど、自分のシーンを撮り終えて暇になったからゲーセン内をフラフラ。(((o(*゜▽゜*)o)))
やりたいゲーム発見‼ それが今日の写メのパンチングマシーン‼ ま、大した点数は出なかったけど。笑
朝一番の状態だったので、当然一位になれたのでTAIって登録しておいた♪ きっともうランキング外になってるんだろうけど。笑
ゲーセンはウキウキするなー。UFOキャッチャーとかやりたくなっちゃうもんね^^
頑張って取って家に帰れて「あれ？ あんまりいらない。」みたいな事あるよねー。取れた時とかが楽しいからそれでいいのか♪

26

昨日のファイヤーレオン第9話の撮影の時の写メ。桜がキレイに咲いてる時期…カメラのスタンバイとかを待っている時に撮られた一枚。
完全に1人でお花見してる様にしか見えない。
笑
隣空いてるよ？
誰か来る？笑

28

下の方の地域から段々と梅雨入りが発表されてますねー。
関東地方も明日梅雨入りするかも？
撮影に大きな影響出なきゃいいんだけどなー…。

明日雨かなー？？
嫌だーー(ノД`)

29

関東地方梅雨入りしちゃいましたねー´д`;
今日はロケだったんだけど、雨降ったり止んだり…。
何とか撮影できたので「ホッ」としました。

控え室に飴やら色々置いてあったんだけど、この中だったら皆は何がいい？？ そして僕は何を選んだでしょう？？

因みに右下のはラムネね。絵がヒントになってるとかそんな高度な事はしてない（出来ない）ので勘で当ててみてね♪

30

今日は友達の舞台を観に行ってきました♪ カフェの中で繰り広げられるお芝居でちょっとお客さん参加型の変わったお芝居でした！ 面白かった(^^)
遣都と一緒に観に行ったんですけど、たまたま服が似た感じになるっていう…面白い奇跡。笑
さてさて、昨日の問題。イチゴの飴な意見が多い気がしましたが…。
答えは…‼ ラムネ‼‼
久しぶりにラムネを食べると、あいつの美味しさにビックリする。口の中でフワッととろけて無くなっちゃうんだよ？？ 甘くてちょっとすっぱい…。
ほら、だんだんラムネが食べたくなってきたでしょ？？

31

今日、外を歩いてたら可愛い可愛い園児達が散歩してたんです。
可愛いなぁ。と思ってみていたら…。
「おじさん、おじさーん。」って。
おじさん…。
いや、ま、甥っ子いるし間違いじゃないけど、ショックは隠しきれなかったよね。。。
おじさんか…。
では(^^)／~~~

2013.6

3

今日は今度の誕生日イベントの準備をしてました♪　今日は小道具でバラを用意してみました。

家の近くの花屋さんで買ったんですけど…
鯛「バラが欲しいんですけど。」
店員「あ、目の前です。」
鯛「あ…\(//∇//)\」
店員さんが包装してくれるのをしばし待つ。出来上がったらしく、渡される…。
え？　あ、袋とかないんだ。と思いつつ、THEプレゼント用バラを受け取る。
地元の駅から事務所までバラを片手にガタンゴトン…なかなかいないよ？
こんなロマンチック風な人。笑

6

今日は撮影が割と早めに終わったのでプールに行って泳いでました。
今年何度目かのプールだったんですけど、この前、久々に行った時に全然泳げなくなってて（スタミナ的に）やっぱり舞台って体力使ってて知らない間に鍛えられてたんだなぁ。って感じたんです。
で、秋にはアンドレの舞台が待ってるでしょ？アクションバリバリの舞台だから体力つけなくちゃ!!って事でコソコソ泳いだり走りこんだりしてたんですけど、ここへ来て何とか通常くらいのスタミナまで回復してるのを感じました♪
目標だった1キロ泳いでもまだ少し余力があったから♪
夏バテとか絶対にしないくらい体力付けてやろ!!

9

ファイヤーレオンの現場にあるシーンで使われたカツラがありました。

そんなのあったら…。
被りたくなっちゃいますよね？笑
あたし、キレイ？笑
（昭和の歌手イメージw）

14

いやー明日遂にイベントですね♪
ゲストで来てくれる番長とさっき電話してたけど、あの話しよーとかこの話しよーって話で盛り上がってました♪
きっと楽しいイベントになると思いますよ^^

今日はファイヤーレオンの現場にいる犬を紹介!!　のんちゃん♪
どこのお話に出てくるのかはお楽しみで♪
一緒に撮ろうと頑張ってみたけど…無理。
元気一杯で撮れない。笑

15

イベント終わりましたー!!
皆に久しぶりに会えて良かったよーーー!!
すっごい楽しかった！
素敵な仲間やファンの皆に囲まれて僕は幸せです!!　MCの朝妻さんも自由気ままな僕らを纏め、上手く進行してくれた事に感謝です！
もっともっと高みを目指すのでこれからも応援お願いします♪

そして、今日はファイヤーレオンの第11話放送!!
今週のタケルの特訓シーンは見所ですぞ♪
皆に祝って貰えて幸せだったぜーーーーーー!!!!!

17

27歳になりました!!
イベントの時に貰った皆さんからのお手紙を読んでて溢れる想いはただただ『ありがとう』です。
僕の原動力は確実に皆さん！　自分の事のように嬉しいし、何度も言うけど応援してくれる皆は僕の誇り！　皆を裏切らないように素敵なお芝居をいつまでも魅せ続けられる人間でありたい。
27年経って少しは自分の事を分かってきた。
椎名鯛造は、コツコツやって、自信を付けて一歩一歩しか進めない。自信のない事はやりたくない。でも、やらなきゃいけないから努力する。
慎重。長所でもあり短所でもあるね。
だから27歳の抱負は一日一日の積み重ねを大切にする!って事かな。

◆この月の舞台、お仕事＞＞＞　「鯛造祭 vol.3 ～誕生日の陣 2013～」／「TUFF STUFF presents『第10回なみらさんプロジェクト東日本大震災

17

誕生日当日、幸せな事にドラマの撮影でした！
やりたい事を仕事に出来ている幸せを噛み締めながら一日過ごせました！お芝居は中々一筋縄ではいかないけど、そこが楽しい。どんな現場でも毎日挑戦！失敗して悔しかったり上手く出来て喜んだり。とても楽しいです！
そして、それを見て楽しんでくれる人がいる。
ドラマ『ファイヤーレオン』の皆さんにもお祝いしていただきました!!
ケーキにお花まで用意してくれて同じ6月生まれの浦さんと一緒にお祝いされました♪
素敵な現場!!
みんなみんな、ありがとうございます!!
最高な27歳のスタートになりました!!

23

昨日の『ファイヤーレオン』の放送で第1シーズンは放送終了です。また10月から第2シーズンが始まるので楽しみにしてて下さい！
予告で一瞬だけ新たな登場人物も出したなータケ…ﾘ…??
ハハッ☆お楽しみに♪

今日の写メは昨日のオンエアで出演してくれた東北合神ミライガーと!!
東北を元気に！子供達に元気をっ!
素敵なヒーロー☆
よし！ちょっとランニングしてきまーす!!

24

今日は舞台『忍たま乱太郎第4弾再演』を観に行ってきました!!
超面白い!! 超楽しんだ!! 最初の歌の歌詞で泣きそうになったのは内緒だけど。笑
皆輝いてたなぁ。楽しそうだったなぁ。
忍たまをこんなに客観的に見たのは初めてだったので不思議な感覚だったけど…楽しかった。
伊作役の安達君とも初めましてで仲良く喋りました♪ イメージ通りいつもニコニコしてる優しそうな人だった☆ 今日は伊作の声優さん置鮎さんもまたまた来てて3人で写メ撮らせていただきました♪
よーし、皆から元気貰ったし明日から頑張ろう!!

26

今日の写メは内藤さん!!『ファイヤーレオン』に出演してくれたプロレスラーのお一人です！とってもお茶目なお芝居をされるので現場では笑い声が絶えません。笑

実は最初出演された時、内藤さんは右ヒザ手術後のリハビリ期間中だったんです。でも先週の土曜日に復帰戦をされたみたいで(≧∇≦)
復帰おめでとうございます!!

大切な時期にファイヤーレオンに出演していただいた事も感謝です！
一度リングサイドで応援してみたいな。

29

僕は夏好きですよ♪ 海よりプールor川が好き。岐阜県に海無いしね^^;
ただ、たまに海に行くとテンションが異常に上がるけどね^ ^ 「海だぁぁあぁぁぁぁぁぁー!!」ってなる。笑
花火大会は…人混みが苦手だからあんまり行かない。屋台は好きだけどねー♪
夏好きよ☆
さてさて、今日はLIVEを見に行ってきました♪
Ash!! 熱いライブだった!!
写メはAshの二人とたまたま一緒になった、舞台『遙か』などで共演した小野さんと^_^
さぁて！明日はなみらさんイベント！
明日は夏っぽい格好しようかな??ψ(｀∇´)ψ

30

今日は、なみらさんイベントでした♪
沢山の方のご来場ありがとうございます(^^)

写メじゃ全身見えないけど、甚平着ましたよ☆
涼しい格好なハズなのに前半汗だく。笑
「あついあつい…」って言ってたらエアコン強くしてくれたのでそこからは快適でした♪

画伯も降臨させたし、楽しいイベントでした!!
ありがとうございました♪

2013.7

3

見て見てー!!
忍たまの第4弾のCDゲットー!!
聞くと思い出が蘇る…。名曲ばっかりだね☆
「いつか別れの時が来てーひとりぼっちにーなっても忘れはしないよ」
ここの歌詞、心に刺さります (°_°)
7日の千秋楽まで、皆頑張れ!!
俺も頑張ってるぞ!!

4

昨日の撮影中に嬉しい事が起きたんだ。
小さい子供達と親御さんがいる場所で撮影していたんだけどその中の一人のママさんが、「この子毎週放送見ててタケル君に憧れてるんですよー。」って。
凄く嬉しかった。頭を撫でてもその子は恥ずかしかったのか、うつむいたまま目を合わせてくれなかったけど。笑
少しでも『ファイヤーレオン』を見てる子供の心に何か残せる作品にしたいな。強くある心。諦めない心。正しくある心。それを提供する側なんだ…と改めて思いました。よーし! 頑張るぞ!!
そーだ! 7月20日のたくま君のバースデーイベントにゲストで出演する事になりました♪

5

今日は歯医者へ…。
二本目の親知らずを抜いてやりました♪
一本目を抜いた時も鯛造画伯が絵を描きましたが今回も絵を描きました (^^)　ご覧あれ。
本物の親知らず使ってやりました。笑
抜き終わった後に持って帰っていいですか?って聞いたら、お医者さんが「あw 持ってく?」って綺麗にして渡してくれました ^o^
絵はイメージなんで今回も全然痛くなかったんですけどね☆
後、二本。年内に抜き終わるかなぁ?　抜き終えたいな。

6

今日で関東は梅雨あけだって!
こっからの本格的な夏になるし、水分補給して対策しましょうね!
そして、今日の写メはファイヤーレオンの比山役の寿大さんと!　この日は私服がお揃いみたいになっててちょっと面白かった。笑
役者として相談事をしたリアドバイスもらったりと、とてもお世話になってます!　相談する相手って大切だよね (^^)
同じ業種じゃないと分かってもらえない事って多いし…。これからもお世話になりまーす!!
明日も暑いかなぁ?

10

皆に見てもらいたいものがあるんだ!!
ドーン!!
初めてね、初めて親子丼を作ったんだ!!
まぁ簡単料理なんだけどさ、今までの人生で『みりん』って調味料を避けて通ってたんだけど使ってみたいなー。と思って『みりん』を買ったのが発端なんです♪　全部目分量&味見無しで作ったから、ちょーっとだけ薄味だったけど。笑
初めての挑戦だから問題なしっ☆
みりんで素材が生きる料理ってどんなのがある?
皆知ってる料理教えて!!　今度挑戦するる。

14

こんばんは (´▽`)ノ

今日は撮影お休み♪
久々に遭都とご飯。
色んな話で盛り上がってます♪
なんでも話せる仲間はいいな \(// ▽//)\

17

今日はリンカネの顔合わせ＆本読み!!
本読みでこんなにワクワクして笑ったのは初めてかもしれない＾＾
あぁ!! こんなだったなぁって思い出してニヤニヤしてました♪
観にこられる方は楽しんで下さい!!
熱い作品にしますから!!

20

今日は木野卓磨バースデーイベント『末っ子祭り』でした!! 僕はMC＋ゲストで出演しましたが、お越しいただいた皆さんありがとうございました!! 慣れないMCでてんやわんやでした。笑

今日は祭りだし2人して浴衣参加! 2部ではタオルを巻いて更に『祭り』感出しちゃったりなんかして♪ 楽しかったなぁ～。
舞台で芝居してる姿を沢山の人に見てもらえるのも有難いけど、素の部分を知ってもらえるのも嬉しいです!
ぷち打ち上げしてきまーす!

22

今日もリンカネの稽古へ行ってきましたよ♪
昨日久しぶりに殺陣をやったから普段使わない筋肉達が軽く筋肉痛になってます。笑
早く動きに慣れなくちゃ。＾＾

今日の写メは先日のたくま君のイベントの時に描いた芸術的な絵。
別に言われなくても分かると思うけど、ウルトラマンね。笑
左がたくま画伯で右が俺。
どっちもどっちね。笑
ギリギリこの対決は勝ったよ（≧∇≦）

25

ぴゃーーー!! 今日は長い一日だった´д`;
撮影後に初めて火男の火の稽古に参戦。
殺陣を付けてもらって通し稽古見学して…。
あー覚える事、やる事がすんげぇある。
火男の火、面白いですよ。ゲストで出ることによって良いスパイスになれればな。いや、ならなきゃな。頑張るから!!

今日はもう一人のゲストまこっちゃんも稽古に来てました♪ 一緒にパシャリ☆
皆、元気ちょうだい。(´д`;)／～～～

26

今日でタケルの撮影が全て終わりました!!!
ファイヤーレオン自体の撮影はもう少しあるんですがタケルはオールアップ!! これが最後のシーンだよ?ってなった時にいつもと違う感情が湧いてきて監督の「オッケー!」を聞いた時に感情が爆発した。半年間色々あったな。
とか思ったらね…。
後はもう視聴者の皆と共に楽しむだけ。10月からの放送を共に楽しみにしてましょう♪
タケルの成長を皆で見ましょうね。
大きい花も貰って、皆に胴上げもされて
皆で作ったファイヤーレオン!
熱かったぜーー!!!

30

夏は外を歩くだけで真っ黒になってしまうくらい日焼け体質なんですが…。キャップ被ったり、日焼け止め塗ったりするんだけど、今年は麦わら帽子被ろうと思い買ってみました♪
今日一日被ってみたけど、やっぱりキャップの方が楽だね…。笑
ま、たまに気が向いたら麦わらハットを被りますかね。
似合う?

2013.8

皆に見てもらおうと思ってまだ紹介してなかった宝物があった!!

こちら、誕生日イベントの時に番長がサプライズでプレゼントしてくれた物！ 学校の後輩らしくてお願いして書いてもらったみたい♪
毎週ハンターハンターのアニメを見ているので、すっごい嬉しい (^^)
大分遅くなってしまったけど、自慢の一品でした ^_^

後数日で火男の火のゲストの日だ。
緊張するなぁ。ドキドキ。

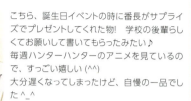

今日は火男の火の場当たりへ…。
無事に終えました (^^)

ゲスト出演って緊張するものなんですが、この役はとてつもなく緊張するぞ…。観にきていただければ何故か分かると思いますが。
同じ境遇の植野堀のまこっちゃんと「だよねー。」って会うたび会話してます。笑
そんな今日はまこっちゃんとパシャリ☆

今日は舞台『火男の火』。僕にとっては初日でした。とりあえず怪我なく終わったのでホッとしています。

そして、僕は明日が千秋楽!笑 早いです。笑
ゲストなので出番も少ないし、明日で終わっちゃうけど、影虎という一人の人生背負って生きたいと思います。

どんな生き方でもそれぞれのルールがあり、愛があり、そこには社会がある。そんな舞台。
頑張ります!!

今日は一日リンカネの稽古でした!
誠治郎さんとの一対一をバチバチやりあってすっごい疲れたけど、超楽しい!!

本番までにもっともっと精度上げて皆に楽しんでもらえるように頑張ります♪
いやー! 動いた動いた!!
明日も頑張るぞー ^ ^

昨日は舞台『火男の火』の打ち上げに参加してきました♪

短い間しか関われなかったけど、折角一緒の板を踏んだ仲間達なので打ち上げに参加出来て良かったです。

写メは打ち上げ会場にて唐橋さんと。
何故このポーズなのかは謎…笑
リンカネ稽古も順調だし！ このまま夏を突き進むぞーー!!!

今日は劇場に入っての場当たり作業!!
再演なんですけど、セットとか全然違うし、カッコ良くなってるので期待してて下さい♪
順調に今日の場当たりも終わったので明日一日かけて完璧にしたいと思います!!

最後に皆でパシャリ☆
ワクワクするー!! 早く皆に観てもらいたい!!
明日も頑張る!!

◆この月の舞台、お仕事>>> 舞台『RE-INCARNATION (再演)』許褚役／舞台「不消者 第19回公演『火男の火』」ゲスト 他

「今日も本番無事に終」ぜり♪
殺陣楽しすぎ‼ 毎回同じ事をやるんだけど、毎回全部同じ事はできなくて、毎回相手の反応があってそれに対応して…。
言葉で言うのは難しいなぁ…。台詞はないけど、目で会話して呼吸を合わせて動く。
殺陣で会話をする。
もっともっと更なる高みへ‼
今日は惇兄とパシャリ☆
かっこいいわぁー。
男も惚れる男‼
性格も良いしずるいわ \(// ∇ //)\

「千秋楽♪公演‼ 聞いてきましたよ♪
そして無事に終わりました☆ ご来場ありがとうございます！ 連日満席！ 嬉しい限り‼
そして、今日の写メはアンサンブルの皆とパシャリ☆ 実はメインの人よりも運動量もあるし、覚える事沢山あるのに誰も文句言わずに完璧にこなしてくれる！ 超頼もしい仲間‼
皆で創る舞台。素敵‼
もちろん観劇に来てくれるお客様あってです。
期待に応えられるように全身全霊、今持っている全ての力を出します‼
楽しんでくれれば幸いです♪
明日も2公演‼ 楽しんじゃお♪

『リンカネ』千秋楽無事に終了しました‼
楽しかったぁ‼
ご来場いただいた皆さんありがとうございました‼
お手紙やプレゼントも沢山ありがとうございます♪

今日の写メは魏の強い武将‼
今日はとりあえず打ち上がりたいと思います♪

夜が涼しい。気付いたら8月末なんだね…。
日々バタバタしてると時間が経つの早いなぁ。
まだこれからバタバタするから気付いたら9月中旬かな？
夏らしい事皆はしました??

今日の写メはリンカネの集合写真‼
皆良い顔♪

今日は元気にリバース稽古へ‼
殺陣つけてもらって殺陣稽古！
沢山汗かいたわー (^_^)
新たな殺陣もお楽しみにっ☆

今日の写メはそんな稽古場でパシャリ‼
明日も頑張ろう‼

今日も稽古へ‼
台本がちょこちょこと出来上がり読む度に笑ってます！ これまた面白い作品が出来ますぜ♪
新しいキャストの方も魅力的な方ばかりなので芝居を見ていて楽しい‼ 本番まであまり時間はありませんが期待を裏切らない様に頑張るのでご期待をっ☆

今日はそんな魅力溢れる新キャストの中からご紹介♪ 川隅美慎君‼
美慎とは初共演だけど、色んな所で会ってて面識はあったので人見知りせずにすみました。
多分これからもっともっと仲良くなると思います \(// ∇ //)\

2013.9

1

今日は何だ!?　昨日より暑かったんだけども(°_°)　稽古場のイスに座ってるだけで汗が出てきたよ。9月になったし、段々涼しくなってくるでしょう。
ソフトクリームが冷たくてとても美味でございました。そんな一日。

写メは一緒にソフトクリームを食べたソフト仲間。笑
誠治郎さんと美慎♪
明日も頑張ろう!!

5

今日も元気に稽古稽古☆
写メは休憩中の一コマ。
どんだけカルピス好きやねん!笑

一応言っときますけど、全部俺のって訳じゃないですからね。笑

にしても、笑いあり、殺陣ありのこのお芝居楽しめると思いますよ♪

6

今日は米倉さんとの写メ♪

米倉さん、俺、健兄（杉山健一さん）、壁たん（一内侑さん）。
最近ね、髪の毛がグングン伸びてきて、稽古中は大体この感じ。

切りたいなー。
本番終わってからかなー。
明日も頑張ろー!!

8

稽古も佳境。
稽古場の駐車場に可愛い応援団が。
ネコ達。
とても可愛い。
癒しです。

何撮ってんだ。
にゃ？(((o(*°▽°*)o)))

12

初日!!!
なんとか…
無事終了しました(((o(*°▽°*)o)))
いやー、久々の感覚。

楽しかった。
心が震えた。
好きだなー、この瞬間。
明日から怒涛の日々。
楽しむぜぃ!!

14

今日も2公演無事終了でっす♪
毎日満員!!　ご来場本当にありがとうございます!!　今日はね、ちゃんと衣装で写メ撮れた(^^)
リンカネとちょこっとだけマフラーのような部分が変わったんですよ。
黄色が入って明るくなった☆
しっかし、舞台って色んな事が起こるなー。
((*´∀`*))楽しい。
明日も全力で生きる!!

…あ、台風来てるって？　大丈夫かな??
公演に支障ありませんよーに m(__)m

15

明日で…明日でリンカネリバース終わってしまうよ!!
7月17日にリンカネの顔合わせをして、そこから2ヶ月…。暑い中稽古に励み本番（リンカネ再演）を経て、新たに強力なキャストが追加されてのリンカネリバース。
最高に楽しくて刺激的な日々でした。
この作品に携われた事、皆に出会えた事を感謝して、明日の千秋楽に臨みます!!

今日の写メはいっつもお世話になりっぱなしの誠治郎さんと。初舞台から僕を見てくれてて教えてくれて、感謝でいっぱい。
素敵な先輩達に囲まれて幸せです。
明日、頑張ります!!

16

リンカネリバース無事に千秋楽終えました!!! 沢山の方のご来場誠にありがとうございました!!

楽しかった楽しかったー!!!
今日はとことん打ち上がりたいと思います!!
写メは最強の魏メンバー達と!
本当にありがとうございました!!

17

昨日は、…いや、違うな…。昨日の夜から今日の朝まで盛大に打ち上げをしました!!

終わったという実感はまだないんですが、今日の朝の帰り道やたらと風が冷たくて本当に『俺らの夏』が終わったんだ。と感じました。
暑い中稽古に励み、大量に汗をかき、クーラーが故障して、更に異常に汗をかき、アンサンブルの皆の運動量が尋常ではないので心から心配したり。皆でBBQやったり。
それで酔い潰れたり。笑
新作の台本が中々上がらなかったり。笑

それはそれは色々ありました。。。
でも苦労した思い出より笑ってた思い出ばっかり思い出す。

米倉さん中心にキャストは最高で最強の布陣。
センス抜群のスタッフさん。
心から楽しみに待っていてくれたファンの皆。
そして、作・演出の西田さん!! 西田さんの人徳があるからこそ皆付いてくるんだと思います。
幸せな日々だった。
また必ずあの世界で暴れてやる。
それまで待っててくれ、相棒。

19

今日はリンカネリバースの秘蔵写メを…。
ゆーや君に劇中のアドリブシーンで頭に被せた被り物。笑
一幕と二幕の休憩中に僕が作ったんですよ♪
制作時間5分。笑
完成したのを西田さんに見せたら笑ってくれた。
王さんが笑ってくれた♪
幸せ。

また会おう。
ロボット君。笑

28

今日は忍たま乱太郎CD&DVD発売記念イベントでした!! 3回とも超満員でテンション上がりっぱなしでした!
本当にご来場ありがとうございました!
忍たまの色んな話が出来たし、仲間にも久々に会えたし♪
この機会を作ってくれたスタッフさんに感謝!!
また皆でワイワイお話したいな(^^)
すっごい楽しかったです\(//∇//)\
写メは今日のメンバーでパシャ☆

2013.10

1

今日から舞台『ウォルターミティにさようなら』の稽古が始まりました!
顔合わせ&本読みが無事終わりその後ヤスカがどうしても人狼ゲームがやりたいと言うので親睦会を含めて、人狼ゲーム。
久しぶりにやったけど、やっぱり楽しいね^o^
肝心の舞台、どんな感じに仕上がるかな?
楽しみ\(// ∇ //)\

4

今日はウォルター稽古!!
芝居思い出したり、ダンスしたり…。
いやー思い出すなぁ。
ジェットコースターコメディ!!
でね、今日は番長との写メが一杯撮れた♪
大漁だーい\(// ∇ //)\
なんか面白くなくね?つってー枚目で二人とも蝉になる。蝉の気持ち…笑
変顔がたまたま似た(°_°)
んー。
今後もっと面白い構図の写メ撮っていこう♪
番長だけじゃなく、初めましての共演者とも撮りたいな。また紹介しますね♪

9
風喜君!!
独特の雰囲気を持っているので彼にしか出来ない役になると思います。なんでうつむき気味で写メを撮ったかと言うと、「人狼の時の顔して」って言ったらこうなりました。笑
当然彼も人狼ゲームに参加するんですが、嘘をつかなきゃいけないゲームなので風喜は嘘をつく時、何も喋れなくなり黙り込んでしまうです。そして引きつる。僕は見逃しません、その表情。笑
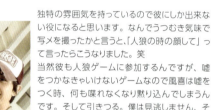
稽古前のゲームを通して皆と仲良くなれているので良い感じ(^.^)

12
最近毎日じゃないけど、朝ご飯にリンゴを食べる。色んなリンゴを食べたけど普通の赤いのが美味しい気がする。
すこぶる健康体だけどリンゴパワーで健康維持してくれるかな?風邪にも滅多にかからないけど、今年も風邪知らずで過ごせるかな?
リンゴさんよろしく。

さてさて、今日はファイヤーレオンの日ですよー^ ^ お時間ある方は是非!!
台本を全部実家に置いてきたからどんな内容だったか…細かい所までは覚えてないなぁ。皆と一緒に楽しみます。笑

14
今日は稽古終わりに数人でラーメンを食べに!!
つけめん TETU!! 好きな魚介系だったので美味しくいただきました♪

皆はつけめん派? ラーメン派? 油そば派??
俺は…僅差で1位がラーメンかな。2位がつけめん。油そばはあんまり食べた事ないから激ウマ店にまだ当たってないのかな?
いつかとびきり美味しい油そば食べたいな。
今日は結構早くから稽古してたのでバテバテ(°_°)
ゆっくり寝よーっと。

15
今日からウォルターの稽古に翔太が参戦!!
昨日まで舞台ラズベリーボーイの本番やってたのに、全く疲れをみせずにやり切ってました。

翔太は、タクマ君と同じ山崎役でラブストーリーチームの主役ですよ♪
ピュアっピュアな山崎にご期待下さい♪

さて、明日はアメスタ!! タクマ君と!
どんな放送になるかな?
ゲスト以外でアメスタは初めてだから是非アメスタデビューを見守ってね♪

◆この月の舞台、お仕事>>> TOKYO MX ドラマ『ファイヤーレオン 第2シーズン』主演 剛藤タケル役／舞台「HYBRID PRJECT Vol.11 『ウォ

アメスタ終わったー♪
ゲストじゃないアメスタは初めてだったけど楽しかったなー(^^)
機会があればまたやりたいなー♪

今日の写メは一緒に出たタクマ君とツーショット☆
視聴してくれた皆さんありがとうございました♪

昨日のファイヤーレオンの放送ギリギリ家に間に合いました♪　なんとかオンタイムで観る事が出来ましたよ♪

昨日の放送はKUSHIDA選手が登場してくれました♪
撮影は…いつだったかな??　まだ暑かったなぁ。

今日の写メはKUSHIDAさんとパシャリ☆
来週も大活躍です!!
お楽しみにっ♪

今日で稽古は終了〜!!
最後は衣装通し…。
始まる時と終わった時の衣装の色が違うくらい汗かいててビックリ。うん、確かに去年もビチャビチャだったな…´д`;

今日の写メは今回の相方の水野さんと!!
後は劇場で!!
頑張るぞー!!

今日は稽古オフ!!
そして、美容院へ…パーマをかけに…。
髪の毛が超健康になってたみたいでパーマがかかりにくくて美容師さん大苦戦。。。そーいえば今年髪の毛いじってなかったからな…。

アフターはまだお楽しみにっ♪

明日は場当たり!!　頑張るぞい!!

今日は劇場で場当たり。衣装着て髪型作って。
朝、楽屋に着いて皆に「えっ?　パーマかけたの?」って聞かれるくらい一日で落ちてる。

あれぇ?　おかしいな…笑
超健康体な髪の毛が真っ直ぐに戻ろうとしてるみたい。笑

でも頑張ってかっこいい髪型作ろう´д`;
お楽しみにっ♪

舞台『ウォルター・ミティにさよなら』無事初日開きましたー!!
ご来場ありがとうございました!!
楽しかった♪

今回の髪型はこんな感じになりました♪
昼と夜公演の間に前髪がチョロっと垂れてきたので夜は生かしてやった。笑
明日も割と自由に楽しもっと♪

2013.11

写メは本番前の円陣の真ん中から。
俺どれかな？って思ったけど髪型で、すぐ分かった。笑　もこっとしてる。笑
右の真ん中辺りね^^

あとね、ファンからのお手紙やブログのコメントで知ったんですけど、どーやら今日は僕が産まれて10000日目らしいですよ!!

そんな今日舞台の本番に立ち、主役の連続ドラマが放送されるなんて僕は幸せです。
教えてくれた方、ありがとうございます。
親に感謝。ありがとう。

今日はMチームの公演!!
いやー、人が変わると芝居が変わる。とても面白かったです♪　笑った笑った\(// ∇ //)\
公演前にババっと写メ撮ったよ♪

ヘルナイト役のイトきゅん。もう誰かわかんないよ。ハロウィン終わったよ？笑
ナイスな味です。濃いめのスパイス！
うん。やっぱり楽しいな。一緒の舞台に立てて幸せです。
明日でウォルターも千秋楽!!
楽しみたいと思います♪

今日は次の舞台『12月のシュビドゥバ』の顔合わせに行ってきました。ほとんどの方が初めましてなんですが、皆優しくて話しかけてくれるし、とても良い人ばかりです。
群像劇なので一人一人しっかり出てくるんですが、今回主演をいただいたので頑張らねば…と意気込んでおります。
コメディなのでまたまた笑える作品ですよ♪
ちょっと本読みもしましたがテンポの良い笑いなのでかなり面白い事になりそうです。

そして、今日は作、演出『こちうさ』の白柳力さんと卓磨君と☆
新たな刺激。とても楽しみだ!!

僕にとって2度目のウォルター。しかも今回はダブルチームで僕はどちらにも出演。刑事チームの前回の相方石部さんも今回はいないし…。どーなるのかな？って不安でしたが、結果はどちらも楽しかったです。
あとは今回から追加されたダンス!!　最近段々とダンスが好きになってきたかな♪
苦手なのは変わらないけど、しっかり踊ると楽しい☆　全力でダンシングしました^^
各々キャラが濃いので稽古場や本番で沢山笑いました。笑　スーパーマンタ。笑　衝撃(°_°)
翔太ともまた共演出来て楽しかった。
またジェットコースターコメディやりたいな。ご来場いただいた皆さんありがとうございました♪

9

今度の12月14日のクリスマスイベントでちょっとしたお芝居を卓磨君とやります。
初めて脚本書いて演出したります。ウォルターの稽古の時、時間見つけてカタカタ書いてました。
翔太にこーなって、こーなるの。
って全体の話したら「どぅふふふ、おもしれー」って本当かどうかわかんないけど笑ってくれたので頑張りたいと思います。
あっと言う間に終わるお芝居もやるのでイベントお時間ある方は是非っ♪
そして！　今日はファイヤーレオン!!

今日の写メはドラマ『ファイヤーレオン』からクローンタケル。
自分と同じ人間が2人いたら…。ドッペルゲンガー？　パラレルワールド？
そんな世界観は大好物です。
ファイヤーレオンではクローンタケル。
次回遂に決着するのかな？　どーなのかな？
お楽しみに。

久しぶりに家で味噌汁を作った。
とても美味しくて幸せ。
よしっ!!　台本覚えるぞーーー!!

◆ この月の舞台、お仕事＞＞＞　『寺山武志のＳＡＹ！ＹＥＳ!!』公開放送ゲスト　他

12

今日は次の舞台『12月のシュビドゥバ』から共演者のご紹介♪

にっしーさん!!（西岡大輔さん）
今回の舞台で一番絡みが多い方です。
う～ん、面白い!!
とても楽しい方です!!
学ぶ事がとても多い^_^
会話劇。
きっと楽しい作品になるよ(^-^)
本番ギリギリまで、あがいて少しでも良い作品にするぞー!!

17

今日はお昼にニコ牛の放送でした♪
観覧に来てくいたいたい皆さん、ネットで見てくれた皆さん、ありがとうございます。
そして、テラ(寺川武志さん)お邪魔しました♪
とても楽しませていただきました!
ネット放送が終わった後にも少しスタジオで♪話しさせていただいたんですが、その時大喜利をやったんですよ。お題はいくつかあったんですが、折角なんで僕の力作を紹介しますね。
『こんな石焼き芋屋は嫌だ』ってお題に対し、
ドン!! ちょっと臭う。
一生懸命、牛のイラストを模写したの。
頑張ったから載せとくね。笑
うっし(牛)!! 明日も頑張ろう!!

19

今日の東京の空はとてもとてもキレイでした。
空気が乾燥してみたいだから、凄く澄み渡って青い空が眩しかった☆
そんな今日は雑誌『キャストサイズ』の取材を受けてきました。
更に2人で取材を受けたのですが、そのお相手が相方の前ちゃん(前内孝文)!! 話が終わらない!!
笑 何だったら昨日の夜2時間くらい電話してたのに、話が終わらない。お互い時間が出来たらご飯でも行って喋らなきゃ。

そんな訳でかっこいい写真も撮っていただけたと思うので発売を楽しみに待ってて下さいね♪
良い一日でした♪

21

今日も一日稽古♪ 稽古場の地べたに座るとお尻から冷えるから寒いね。と女々しい事を言ってみます。笑

今回の舞台はアクションが無いのでじっとしてると体冷えちゃう^^; 帰ったら湯船に浸かろう。
昨日のブログのコメントで『演技することの何がお好きですか?』ってコメントがあったんですが、やっぱりお客さんに届けたい事が届いた時、嬉しいし、芝居楽しいな♪好きだな♪って思います。
例えば笑ってくれたり、感動してくれたりとか。
だからそれが直で伝わる舞台は面白いです。

27

空気乾燥してるけど、風邪とか引いてないですかー??

通し稽古何度かして段々と正解が見えてきた今日この頃。
あー時間経つのが早ーい。
楽しみつつ頑張るぞー!!

30

今日は髪を切ってきたよ♪ 伸びてたからかなりサッパリと^_^ 耳周りが寒く感じるぜ。
うむ。軽くて良い感じだ!

インフルエンザの予防接種も受けてきた。予防接種はしたけど、風邪とかノロとかは関係ないから油断せずに生活しなきゃな。
いよいよ舞台本番間近。
楽しみだ☆

2013.12

2

先日のファイヤーレオン見ていただけました？ゲストプロレスラーでオカダ・カズチカ選手が出演してくれました！体大きかったなー。俺の方が年上という事実を受け入れられないまま撮影終了してしまいましたが。笑

参加して下さってるレスラーの方全員そうですが、体の厚さが凄い！！憧れるなー。日々の努力あってですもんね。尊敬。

さて、明日から劇場に入って舞台本番をむかえる為の場当たりという作業です。舞台『12月のシュビドゥバ』本番まで後ちょっと、集中！

5

今日も無事に本番終了しました!!　今日もまた沢山の方のご来場ありがとうございました!!　今回のお芝居は一部ダブルキャストなのである意味今日も初日でした。

やっぱり本番は楽しいな♪　今日来てくれた友達も楽しんでくれてたし♪

差し入れでゴマ団子貰った。笑　美味しいよねー(^^)大好き。でもカロリーの爆弾だから調子乗って食べ過ぎないようにしなくちゃ。笑
さーて、明日も頑張るぞ!!
良い夢をっ!!!

8

無事、千秋楽を終えました!!
ご来場いただいた皆さん、応援してくれた皆さんありがとうございました!!　お花やお手紙、プレゼントいつもいつもありがとうございます♪　元気貰ってます!!

この舞台の振り返りはまた落ち着いて書くとして…とりあえず今日は打ち上げだぁーー!!写メも何枚か撮ったからちょっとずつ紹介していくね♪

終わってしまって寂しいけど、とても清々しい気持ちです!!
ありがとうございます♪

10
今日はイベントのプチお芝居の稽古を卓磨君と2人でやってました。
んー折角だから面白くしたいな。
舞台が終わって脱力感が半端ない。
でも時間が出来て友達とゆっくり話す時間があって嬉しいな。
昨日も昼間にお風呂入ってたのに、夜友達と銭湯いって露天風呂で語りあってた。そんな時間がとても幸せ。
東京に出て間も無い頃映画で共演した仲間が今も友達で、お互い少しずつ考え方も変わってきてる中、それを全て話せる仲。
そんな関係がとても素敵だな。
と感じた一日でした。

14

今日は卓磨君とのイベントでした!!
いやー楽しかったーーー!!!

今回はわがまま言って10分だけですがお芝居もやらせていただいて、反省点も多々ありますが、握手のお見送りの時に「楽しかった」って言っていただけて本当に嬉しかったし、感謝しました。皆最高だぁぁ!!!!!　絶対、ファンの皆との交流の場は設けたいな。と勝手に思ってます!!

来年も色々な形で表現をし続けるので応援宜しくお願いします。皆、ありがとうございました!!卓磨君も、僕のお芝居に嫌な顔一つせずに付き合ってくれてありがとう!!

15
今日は舞台『12月のシュビドゥバ』を振り返ろうかな？と。
とても共感できる役だったので特に苦労する役作りってのもなかったんですが、そんな僕演じる永井亮太27歳が主役の舞台だったんです。まず、舞台で主演をやるのは初めてだったんですが、主役だから！とか変に意気込む事は無かったかな？　いつも通りお芝居に集中できてたと思います。僕が演じた役は誰もが抱える、抱えてた悩みをもつ人間なので、今何かに悩んでる人の背中を押せる作品になればいいなと思い演じました。
小さい決断が日々あって、その積み重ねが今になってる。時に人生を左右する決断をしなきゃいけない時も来ると思うんです。そして、行動に移す事って言葉で発言するより遥かに難しい事だと思います。だからやらないで後悔するよりやって後悔する人の方が僕は好きだな。
うん。そんな行動に移す勇気が与えられていたらいいなぁ。

◆この月の舞台、お仕事＞＞＞　舞台「こちらスーパーうさぎ帝国　第17回公演『12月のシュビドゥバ』」主演／「T＆T -X'mas festival 2013-」他

16

今日はスーツをピシッと着てある会場へ行ってきました!! 何をしてきたかと言うと…。こちら!!

劇場版「カードファイト!!ヴァンガード」の実写版に出演することが決定しました!! この告知をしに行ってきました!!

前回放送されたドラマ版で主役をやらせていただいていたので、また出演出来るのはとても楽しみです☆

今回の劇場版では主役のDAIGOさんと、どう絡むのか…は是非是非楽しみにしてて下さい♪
卓磨君とも同じ現場になるので楽しく撮影したいと思います!

17

先週のファイヤーレオン皆さん見てくれました??
先週は沖縄のご当地ヒーローマブヤーさんが出演してくれました!! 忙しい沖縄から来ていただいて、弾丸ツアーのように撮影をこなしてくれました。とてもユーモアのある方で、現場ですごく笑っていた印象です^^
撮影の日はとても暑かったのも覚えてるなぁ。

今度は俺が沖縄へ!! 行きたいなぁ。出来れば弾丸ツアー撮影じゃなく撮影に余裕をもって…観光なんかもできたらなぁ。
いつか願いが叶いますように☆笑
マブヤーさんありがとう!!

20

先日のヴァンガードの発表の楽屋での出来事。隣に座っている方達がヴァンガードを始めたのです。実は卓磨君も僕もまだ詳しいルールまで分からなくって「どーしよ…」って話してたんです。卓磨君と目で合図して、「すみません見させてもらっていいですか?」と横から見させていただく事に。

そして、ルール覚えながら楽しむならゲームがいいよと教えていただき、すぐ買おうと決心した矢先、『送ってあげるよ』と!!

そう、隣にいらした方はヴァンガードのゲームを作っているフリュー株式会社さん達だったのです。
そして翌日すぐにゲームが送られてきて、感無量…(>_<) ゲーム会社の方達が引くほど強くなろうと思います。笑

29

今日は今年新たに親戚に加わった姪っ子の紹介♪
抱っこしたら、じーっと顔を見られたよ。
覚えてくれたかな? 可愛いな。
この後、服の紐を握られて、全然離してくれなかった。笑

以前、俺の事を「たいじょー」としか発音出来なかった甥っ子は無事「たいぞー」と言えるようになったのか? まだその甥っ子とは会えてないけど、凄く楽しみだな。

赤ちゃんを見ていると、心がとても優しい気持ちになれます。

31

年末ーーー!!! 皆さんいかがお過ごしですか?
僕は友達と新年を迎える予定です!

今年の頭はミュージカル『忍たま乱太郎』で始まった訳ですが、思い出も本当に沢山。信頼できて、尊敬できて、大好きな仲間と共に創る。沢山笑ったし沢山泣いた。千秋楽、今思い出しても泣けてくる。

そして、舞台『FROG』。正直あまり時間的余裕のない中での殺陣ありの舞台。初日に更新した短いブログ、ファンの皆のコメントに力をもらった初日。
ドラマ『ファイヤーレオン』。日々反省しながら日々学べる現場でした。芝居もそうだし、人間としてもね。途中バースデーイベントも開催出来てゲストに大好きな番長が♪
舞台『RE-INCARNATION』再演とリバース!! ちょっとおバカで王さん大好きな許褚。また彼を演じたいな。
2度目となる舞台『ウォルターミティにさよなら』。
そして、次の舞台が『12月のシュビドゥバ』初主演。稽古集中した。台本とのにらめっこな日々。その代償として、キャストの皆との距離感を縮めるのが遅くなってしまったのが反省点。
そして、クリスマスイベント。初の脚本にも挑戦したり。笑 また機会があれば…。

書き切れてないエピソードもありますが…今年も一年が無事に過ぎようとしています。改めて振り返って気付くファンの皆への感謝。いつも支えてくれているスタッフ、仲間への感謝。
一人では何も出来ないし、何も生み出せない。本当にありがとうございます。
応援しててよかった。出会えてよかった。って思える人間に俺はなるから、来年も思い出した時にでも、ブログを見て応援して下さい。
最高な一年でした!! 皆さん! 良いお年をっ♪

TAIZO SHIINA　　　　　　　　　　　　　　　　　　　　　　　　2014.01~12

最遊記歌劇伝
再始動

思い続けると願いは
叶うんだ!!

2014.1

1

新年明けましておめでとうございます‼
昨日は友達と年越しそばを食べて、カウントダウンして盛り上がっていました。

今日は友達に銭湯に連れてってもらってゆったりすごしていました。

皆さんいかがお過ごし？
今年も一年宜しくお願いします♪

4

今日はファイヤーレオン最終回の放送日‼
リアルタイムで見られそうです♪

そして、今日東京ドームではお世話になった新日本プロレスの皆さんが熱い闘いを繰り広げています‼　観に行きたかったー（ -- ;）

とにかく、最後のファイヤーレオン‼
是非お見逃しなく‼

5

正月ムードもいよいよ無くなってきた今日この頃。
休みに慣れてしまうとシャキッとするのは大変ですが、シャキッと頑張っていきましょう‼
今日の写メはファイヤーレオン最終回に登場してくれた佐藤兄弟‼
筋肉隆々すぎて凄すぎます‼
日々の努力の積み重ねですよね。
積み重ね。今年、大事にしたいと思います‼
皆さん‼　明日から頑張りましょーーー♪

7

今日は舞台『贋作・好色一代男』の顔合わせがありました‼

知ってる顔ばかりでまだ稽古には入ってないけど、ワクワクします。一体どんな作品が繰り広げられるのか…。

今日の写メはチーム最遊記‼　今年の上半期は長い事一緒にいる事になりそうだなー♪　楽しみっ‼

あ、髪切りました☆　寒い‼笑
またすぐ伸びるんだろうな。

8

今日はミュージカル『忍たま乱太郎』第5弾〜新たなる敵！〜のゲネプロを観劇してきました♪
楽しかったなー♪

役者も皆楽しそうに演じていたし、それに前回は一人で客席から見ていたけど、今回は隣に仲間がいたから☆　寂しくなかった^ ^
1年生役の皆も大きくなってたなぁ。

終わった後バタバタしてたから皆とあまり話は出来なかったけど…。
写メは一緒に見た仲間とカフェでパシャリ☆

10

今日も稽古稽古♪
昨日が寒過ぎたから学習してニット帽を被って出掛けたよ♪　そしたら頭寒くなーーい☆
マスクもして顔もあったかーーい☆
しばらくは寒い日が続くみたいなんで、ニット帽に助けてもらおー。ずっと被ってると「かゆーい！」ってなるんだけどね…。
寒いよりマシだ。笑
電気代がいつもの1.5倍くらいに上がってたので無駄を無くしつつ暖をとって眠りたいと思います。皆も暖かくして寝てね♪

◆この月の舞台、お仕事＞＞＞　『最遊記歌劇伝』旅支度イベント　他

12

今日の稽古は各々自分の役でエチュード(即興芝居)をやったりなんかしましたよ♪
いやー難しい。けど楽しい!!
皆上手いこと演じるんですよ。
本番が楽しみだっ!!
そして、今日は劇団員の内山智絵さんの誕生日という事でサプライズでお祝い!!
皆で記念にパシャっと撮ったものの微妙にブレてるー。笑

13

寒い!! 水曜日に雪は降るみたいよ♪
でも降らなくてもおかしくないレベルで寒いよね。今日はマフラーを忘れたので首周辺が寒過ぎるよ。反省…。

そして、今日の写メ員は劇団員の岩田有民さん!!
1番最初の最遊記歌劇伝にも六道役として出演してくれてたんですよ♪ 普段とってもお茶目な岩田さん。個性的なお芝居で魅了されてます!!
おそらく今回の舞台も皆さんを魅了する事でしょう♪

よし、明日は防寒しっかりして出掛けよう。

20

口の中を甘噛みした。…血は出てこなかったけど、少しプクっと腫れてる…。
気になるなぁ。すぐ治るとは思うんだけどね(・・;)

さー今日の写メは拡樹だよー!!
昨日のブログでも書いたけど、今まで見たことない拡樹が見れるよ。
ちょっとブレちゃったなー。残念。
今日も一日お疲れ様です♪ では(^^)/~~~

26

今日は最遊記の旅支度イベントでした!!
色々な話で盛り上がりました。
未発表の詳細も発表されましたね♪
カミサマ編楽しみにしてて下さい♪
今日嬉しかったのは皆が『おかえり』って言ってくれた事。期待に応えられるように一生懸命頑張るから是非見に来て下さい!!

今は目の前の好色一代男!!
稽古も大詰め!! 頑張ります!

28

今日の稽古は一歩前進した感覚を得ました♪
この調子♪

ささ、今日はこの3人でパシャり☆ 右側のイケメンは柏木佑介君!! 真ん中のヒョコっと出てるのが拡樹ね。

休憩時間とか帰り道とか大体この3人で居ることが多いかな。
佑介は運動神経良くてね、今回の舞台でもイイ動きをするんですよ。キレの良い動きは見ていて気持ちいいですね。
稽古ラストスパート頑張るぜ!!

29

今日も稽古!
稽古は残すところ後3日。体調だけは気をつけなきゃな。手洗いうがい、しっかりします。
稽古場でダメ出しの時に台本を持って唐橋さんの隣に座ったら落書きをされた。どーやら僕を書いてくれたみたいです。

唐橋さんの暖かいタッチの絵が好きだなぁ。
今日もぐっすり眠れそうだ^^
皆も一日お疲れ様でした♪

2014.2

1

好色一代男。稽古が本日全て終了しました!!
あとは劇場に入って照明やら音響などとお芝居を合わせていよいよ皆さんに見ていただけます♪
少年社中の世界お楽しみに☆

寒かったり暖かかったりするので体調に気を付けてすごしましょ☆
どっちのリンゴがお好み?

5

2日目無事に終了しました!! 日々進化する舞台。演じていてとても楽しいです♪
お花もいつもいつもありがとうございます!!
元気もらってます☆

さて! ここで告知です!!
好評を頂き、今年も"鯛造祭"開催決定!!
鯛造から感謝を込めて、楽しい1日をお届け!
アットホームなイベントなので気軽に遊びに行ってみるか♪ってな感じで来て下さい♪

明日の本番の為にも早く寝ようかなっと♪
とても寒いのであったかくして寝てね☆

8

そして、今日はこのお方とのツーショット!!
脚本、演出毛利さん!!
初めの出会いは最遊記の時。5年前…。
毛利さんが「この公演は一緒に仕事をしたい人を呼んだ。」って言って下さった事があるんですが、その中に入っている事、嬉しくもあり、気が引き締まる思いもありました! でも喜びの方が大きかったかな。
毛利さんの創る素敵な世界にまだまだ浸りたいので、また少年社中に呼んでいただけるように日々成長していきたいと思います!!
雪が猛威を奮っていますが皆さん足もとにお気を付けて下さいね。

11

本日!! 無事に『贋作・好色一代男』千秋楽をむかえました!!
ご来場いただいた皆さんありがとうございました!! 最後のカーテンコールでのスタンディングオベーションに感動しました♪
少年社中さん15周年おめでとうございます。
また絶対に少年社中に出演したい。鯛造使いたいなと思われる様に日々努力しなきゃな♪
ホント、ありがとうございました!!

写メは今回の役、鈴之助!!
とっても可愛い衣装♪ お気に入り☆
今日は打ち上がるよ^ ^

12

昨日は朝まで盛大に打ち上げをしました。楽しかったー。宴だった。あんなに賑やかだったのに、今一人で過ごしていると寂しいな。
隣には、疲れてても優しく相手してくれる唐橋さんがいて、その近くで拡樹が微笑んでて、楽屋がそんなに大きくはないからこそ皆の笑い声が絶えなくて。本番になるとモニターを皆で見て面白いシーンでは笑い、後半は集中力を高めあい、各々の最善を尽くす。
共に作品を創り上げてきた仲間達と作・演出の毛利さんの笑顔がとても印象的な夜でした。
また少年社中さんと共に作品を創りたい。
そう強く思いました。『贋作・好色一代男』ありがとうございました。

14

さてさて、今日は『贋作・好色一代男』で演じさせていただいた鈴之助のお話でも。
鈴之助は若い侍です。とにかく彼は芯のある心の強い侍に憧れているのです。ただ若さ故、そうなりたいと思っているだけで実際にはフワフワしていたのかもしれない。
崖っぷちの精神状態での取捨選択。その決断に後悔しつつも正当化させようともがく。
彼の行動が正確だったかは分からない。葛藤が演じていてとても痛々しく、切なかったです。
人は愛で強くなれる。人の命は儚い。
最後に彼の本気の構えを…。
でも彼は信じる事で強くなりました。あと自信。
自信って大切よ。

◆この月の舞台、お仕事>>> 舞台「少年社中 第28回公演『贋作・好色一代男』」侍役/「初対面でエチュードしましょう〜」/「沖直実のイケ

15

朝は雪に雨という最低な足場に翻弄されていました。雪だと思って踏み込むとそこは立派な水溜まり。。。繰り返す事2度3度…。
靴という外壁を突き破り侵入する浸水。聞くに堪えない感覚がなくなるかんじがすごかった(--;)
明日は人生初福岡‼ イベントも福岡も楽しんできます♪

今日の写メは明日一緒に福岡へ行く前ちゃんと☆
『贋作・好色一代男』を見に来てくれた時に撮りました^_^

16

今日は初対面でエチュードをやるという企画に参加しました‼
会場は、福岡です‼ 初福岡です‼ 食べ物が美味しい美味しいと聞いてはいたけど、今日福岡で食べた物全てが美味しかった☆ お昼ご飯の出前のうどんも、夜ご飯の海鮮も、さっき食べたラーメンも‼ 素敵☆

そして、イベント自体も初対面の芸人さん、犬の心さんと楽しくエチュードとトークショーしました^^
エチュードは非常に楽しかった‼ トークショーも食後だったのでまったりと真剣に話したり、くだらない話したり。楽しい一日でした♪

17

福岡は小倉から無事に帰ってきましたー♪
イベントも楽しかったし、ご飯も美味しかったし、前ちゃんとずっと語っていて楽しかったし、最高な初福岡になりました‼
自分土産に買った明太子も楽しみ☆ 絶対美味しいでしょ(o'ω')ﾉ
前ちゃんと小倉城も見たんだよ^^
とっても弾丸な旅でしたが思う存分楽しみました‼
沢山のファンの方にもご来場いただき感謝でいっぱいです!
ありがとうございました‼

19

今日はまだ出してなかった舞台『贋作・好色一代男』の写メをご紹介♪
今回初めましてだけど稽古場でも楽屋でも超仲良くしてた柏木佑介君‼ 人懐っこくて楽しい佑介‼ 舞台上でほぼ絡み無かったし、また共演出来ますよーに。

気になる後ろに抜けて映ってるのは堀池さん‼
後半の魂の芝居凄かったです‼
まだ写メあるけど今日はこの辺で―♪～

26

今日は朝から江ノ島へ行ってきました‼
今度の3月15日のイベントの写真を撮影しに♪ なかなか良い写真が撮れたと思いますよ^^
写メも撮ったので紹介しますね。(´▽`)
まずは高台‼ 天気がよかったので見晴らしが良かったー！ 遮るものがないから風もビュービュー冷たかった、でも震える程寒くはなかったので許してあげる。笑
そして水族館‼ ここでは水槽からの光が幻想的でとても素敵な写真を撮っていただけました。
これ以外にも色んなトコで写真を撮っていただけて仕上がりが楽しみなんです♪
皆さんもお楽しみに☆
今日はぐっすり眠れそうだ‼

28

今日は生男chの放送でした!
見て下さった方ありがとうございました‼
色々と過去のお話が楽しくできたな♪
ありがとうございます☆

短いけど、更新(^-^)
では(^^)/～～～

2014.3

1

昨日のブログで書けなかった事をいくつか。
まずは、番組内で放送したオススメスイーツから!! 僕が用意したのは、ねんりん屋のバームクーヘン!! これは今まで食べたバームクーヘンの中でもずば抜けて1位と感じたもの。本当オススメ!!
そして、来たる3月15日に開催される鯛造祭に唐橋充さんがMCで出演してくれます!!
これはとっても面白い事になりそうだ!!笑 今から楽しみで仕方ないんです♪ 引き受けていただいて感謝でございます。
まだまだ先かなー。と思っていたけど、今日から3月!! きっとすぐですよ。
一日一日大切にしましょー♪

2

今日も元気に出掛けていたわけですが、人が多くて…。日曜日だから、新宿とか歩きにくくてしょうがなかったよ(-_-) 大きい荷物を持った方も大勢いたので遠くから出張や旅行で来ているんでしょうな。
やっぱり用事ない限りは家に引きこもりたいぞー。…笑

面白くまとまった所で江ノ島での写メでも眺めながらさようなら^_^

4
映画鑑賞。切ないお話。
明るい話の方が見るのは楽しくなるからいいけど、考えさせられる話もいいよね。
そして、苦悩する主人公の表情やお芝居は勉強になるなぁ。

そして、やはりうっすらと筋肉痛になっている(・・;) ただ昨日はかなり進歩したから、ヨシ!!
今日は、ちょっと切なめの画像で締めくくり。

10

今日は一日イベント物販のチェキ撮影♪ 都内をぐるぐる回って色んな所で撮影してきましたよ☆
初めて使った都区内パス!! 乗り降り自由で東京観光する方にはオススメ!!
しっかり寒かったなぁ!! 風が冷たすぎるでしょ(*_*) 途中のスタバに救われました(o'ω')ノ あたたたまるまる。(-。-
久々に切符を使って思ったのが、ICカード対応ばかりで、切符入れる改札機が少ない!! 油断してると寸前で「なーーい!」って気付いてアワアワなる。笑
良いチェキ沢山撮れたからイベント楽しみにしててね♪ 何が出るかは運次第♪
落書きしてあるやつもたまにあるんだよー^^

11
3月11日。東日本大震災から3年。
毎日を当たり前に生きている。

当たり前にご飯を食べる。
当たり前に電車や車に乗る。
当たり前に暖かい布団で眠る。
当たり前。当たり前の生活に慣れてしまうけど、
人は誰かに支えられて生きている。
忘れてはいけない事を感じる一日。
自然の力には敵わないちっぽけな人間。でも必死に生きて輝く人間。
生かされているのなら少しでも多くの人の力になりたい。
夢や勇気を与えられる人間に。
よし、頑張ろう!!

12

今日は天気がものすごく良い!!と聞いたものだから、外出なきゃ!!って事でこの人とキャッチボールしてきました!!

じゃーーん! 誠治郎さん♪ 実はちょいちょいお久しぶり。
誠治郎さん肩強かったなー。ボールめっちゃ早かったなー。軟らかいやつだけどグローブ無かったから手痛かったなー。
しっかし、いっぱい笑ったなー^^

そして、これから夜ご飯な訳ですが…。まだ沢山笑うんだろうな。^^

◆この月の舞台、お仕事>>> 「鯛造祭 vol.4 〜ホワイトデーの陣〜」他

15

本日は鯛造祭vol.4 ホワイトデーの陣にご来場いただきありがとうございました!! やっぱり皆の顔を見ながらお話するって楽しいな♪ あっと言う間に時間が過ぎていきました。
ゲームの「〜♪・」(お絵描き)も面白かったし、鯛造祭vol.5も開催出来たらいいな♪
第二部はこんな可愛い服でした♪
いつもお手紙やプレゼントも本当にありがとうございます!! 唐橋さんMCとしての立派な進行ありがとうございました。笑
お家に着くまでが鯛造祭!!
遠方からの方もお気を付けてお帰り下さい♪
本当に本当にありがとうございました!!!!!

16

今日はとても良い天気でしたね♪
♪〜さて鯛造祭から一夜明けました。お手紙も読ませていただき温かい気持ちになりましたよ♪
皆さんありがとうございます。
今回は物販で江ノ島のパン屋さんの物を作ったので♪パンの包装紙には手形があるんです。勿論僕のですよ＾＾
手形を押す時、「手が黒くなるー」ってノリ気じゃなかったけど。笑 すぐ石けんで落ちました＾＾
事務所の方も皆さんの喜んでくれる物を作ろうと、あれこれ考えてくれるので嬉しいです。
今日の写メはそんな「手が黒くなるー´д`」な画像で、さようなら♪

17

今日も良い天気でしたね♪ 気持ちのいい一日。
ちょこっと目が痒いのは軽度の花粉症なのか気のせいなのか。きっと花粉症なんだ。でも違う!!って思い込んでるんだ。涙出る程でもないし。ちょっとだけ痒いんだ。

さてさて、今日はこの前モザイクで出していたこの画像の答え合わせを!!
物販のチェキでこれが出てきた方は正解を知ってると思いますが、この絵の答えは…織田信長!!

うん。勿論カンニングしつつ書いたんだよ。
ちなみに、可愛いミニ黒板は戴き物です♪
ありがとう。

21

夜走ったんですよ。当然暗いんで周りはあんまり見えないわけです。急にネコとかに気付いたりしてビックリする事はあるんですけど…
この前は腰の曲がったおばぁちゃんがいたんです。夜遅くだよ? 流石にビックリしてビクッてなったの。そしたらおばぁちゃんの散歩してる犬がビクッって。笑 ちょっと面白かった。
でもね、その後ちょっと走ってUターンして、またすれ違うだろうな…って思ってたのに。
思ってたのに。どこにもいない。
ま、違う路地を曲がったんでしょうけどね。でもなんであんな時間に散歩を…。
んー…。とりあえずその時の絵書いておいたよ。笑

28

今日は一日バタバタとあっちへ行ったりこっちへ行ったり(・･;) 気が付いたら夜になってました(-_-) でも天気が良くて良かったなー♪
まだ詳しく言えないけど、良い写真撮れたと思うんだー。まだ詳しく言えないけど。笑
日々反省と成長をして生きている中で今日は反省が多かった一日。でも次へ繋げられる大切な反省になりました(^^)
なのでとても良い一日です♪

いつもいいね!とコメントありがとう☆
では(^^)／〜〜〜

31

いよいよ最遊記歌劇伝が動き出します!!
一ヶ月間悟空と向き合って最高な作品の一部になれるように頑張ります♪
ブログでも稽古場の様子などレポートしていきますのでお楽しみに☆

とりあえずは健康第一!!
怪我や病気しないよーにします＾＾

2014.4

4

今日は昼間超いい天気でしたね♪
この気候がずっーと続けばいいのになー。
重度の花粉症持ちには大変でしょうが…。
夕方に夕立もありましたけどね^^;

さてさて、今日の写メは沙悟浄役の鮎川太陽君!!
背の高いイケメンだけどちょっと天然を感じる。笑
きっと稽古中色んなエピソードが生まれると思うんだな^ ^
忘れないようにメモっとこ♪

7

今日も元気に稽古へ♪ 歌稽古。
歌詞とメロディが良すぎてプレッシャー。
でも絶対いいものにする! なる!!
楽しいなー。

今日は告知もあるんです!! こちら!!
少年社中 第29回公演【ネバーランド】

ネバーランドにまた呼んでいただけました!!
この作品は、大っ好きな作品なので再演出来るのすっごい嬉しいです!!
唐橋さんもいるー! 好色と最遊記とネバーランドと半年くらいずっーと一緒だ^ ^
そんな今日は唐橋さんとパシャリ☆

11

稽古終了!!
うん! いい感じ♪ 演じてて楽しかった!!
もっともっと!!

そして、今日の写メは鳥肌もののお芝居をしてくれるカミサマ役の平野良君。楽しみだぁーー!!

腹減ったー!
ご飯食べて帰るー!

12

今日は歌稽古!! 前に進んでる感じ!!!
歌劇伝だから歌で伝えたい。
歌で伝えられるようになりたい!
歌の先生に沢山教えてもらってどんどん前へ!
本番までもう少し。皆さん楽しみにしてて下さいね♪

しっかり地に足つけて。
桜が綺麗だった時の写メ。
もう散っちゃったね。また来年だね。

14

今日も一日殺陣稽古!!
とても面白くて迫力ある殺陣です!
ただ、難しい!! でもクオリティ上げて行くよ!
こりゃ半端ない全身運動だ。笑

そして、今日の写メはそんな殺陣で大活躍してくれる東出有貴君!! ひがしーとは同い年! 絡みもあるのでお楽しみにっ♪

今日もゆっくりとお風呂に浸かろう。
今日も一日お疲れ様ー☆

16

今日は一日稽古!!
少しずつ少しずつ完成形へと!!
まだまだだけど。笑
そして、今日はキャスト紹介!!
今日は天羽尚吾君!! 2月の好色一代男でも共演したので最遊記でも共演できて嬉しい限りです。
相変わらず動きがしなやか! 舞ってるみたい。
今回の最遊記には金閣役(ダブルキャスト)で子供達もいるんですが、いつも天羽君が気にかけていてくれています。ありがとう。
どんな感じで出てくるかお楽しみにっ♪
あー腹減ったー^O^

18

今日も一日稽古!!
昨日食後に三蔵一行で話し合いをして今日はそれを生かした稽古が出来たかな♪と＾＾

そしてー!!
やっている稽古場の天使達とのスリーショット!!
左の子が柴田拓矢君!! 右の子が細川晴太君!!
たっくん＆せいちゃん♪
無邪気でとっても可愛いのです。
稽古場で2人と一と逆立ちにハマってて一緒にやってんだ♪ 2人とも上手いから最遊記中にグングン上達するんだろーな。

22

今日から稽古場にも似た舞台装置を作っています。
間も無く本番なのでね。セットも意識して、やらねばならんのですよ＾＾

そして今日はキャスト紹介♪ うじすけさん!!
『仕込んでいこう!』という舞台で共演して以来!!
その時のうじさんメチャクチャ面白かったんですよ。
最遊記でも面白く活躍して下さるのでお楽しみに♪
明日も一日頑張るぜぃ!!

23

今日の稽古で初めて通しをしたよ。
まだまだだけど、見えた事もあった!!
頑張るよ!!
三蔵一行!!
オー!!

26

今日はお仕事の関係で大ヴァンガ祭2014に顔を出してきました!! 凄く盛り上がっていて各ブースもかなり混んでいました。

DAIGOさんのステージも見る事が出来てお仕事で行ったのにかなり楽しんでしまいました♪
卓磨君も居たので一緒にDAIGOさんと写メ撮って頂きました。DAIGOさんはいつも優しく接してくださいます。ありがとうございます!!

28

今日は衣装を着ての通し稽古でしたよ♪
全員衣装付きでやったので密かにテンション上がってました。とっても収穫の多い通し稽古でした。
大事なのは帰ってからちゃんと復習する事。
よしっ!! 本番楽しみだっ!!
さーーて、明日はラスト稽古!!!!!
もう少し待ってて! やったるぜーーー!!

30

今日は稽古はお休みです。
髪の毛を悟空色に再度染めたり、友達に会ったり…。
この話はまた後日談でゆっくりと…。

さて!!
いよいよ明日は劇場にて場当たり!
頑張るっ♪

2014.5

ついにーー!!　本日初日!!!
無事に終わりました♪
念願の第一歩、本当に本当に嬉しい!!
拡樹!!　ありがとう!!
これからもよろしく!!
最高の初日でした!!
沢山の方のご来場ありがとうございました。

本日も無事本番終了しました♪
毎日満員のお客さんの中演じられるのが幸せです!!

今日の夜公演では最遊記の原作者さんである峰倉先生がいらしてくれました! しかも楽しんでいただけて幸せな一日になりました!!
今回劇場で購入できるパンフレットは先生の描き下ろしです♪
是非劇場で GET して下さいね☆

今日もとってもいい一日でした!!
ありがとうございました ((*´∀`*))

4

今日も無事に本番終了です♪
毎日沢山の方に見ていただけて幸せです☆
ありがとうございます。
今日の写メは今回の衣装ですよ♪
唐橋さんとのツーショットです!!
大人の色気と妖しさを持ち合わせる素敵な役者さん。この方ほど楽屋と舞台上で雰囲気変わる方も珍しい。いつもアドバイスくれる優しい先輩。
たまに唐橋さんの事をイジったりもするけれど…
尊敬故のスキンシップです。笑
さーて折り返し…。残り公演も全力で常に上を目指して頑張ります♪

9

5年振りに最遊記歌劇伝を出来た事、悟空を演じられた事に感謝です。

前回からのキャストである拡樹も唐橋さんも俺もリーダーシップを発揮するタイプの人間ではないのに一致団結できた。それは拡樹の存在が凄く大きかったんです。自分の感情をあまり表に出さない拡樹が「最遊記を必ずやる!　必ず成功させる!」と言い続けたから。

劇場に入ってからはスタッフさんも一丸となって音楽や照明の微調整や変更に付き合っていただけました。本番始まってからも微妙に(時に大胆に)演出が変わったりして、一人でも多くの最遊記ファンの方に楽しんでいただけるように最善を尽くしました。

千秋楽の挨拶で悲しさはあまり無かったかな。きっとまた集まれるって信じられるから。その時がきたらもっともっと素敵に演じられるように最善を尽くそう。
誰にも渡したくない!!　最遊記歌劇伝の孫悟空!!　俺がやる!!

だから早めに。笑　またお会いしましょう♪
皆さんありがとう。拡樹、ありがとう。

今日も無事に本番終了です♪
劇場に足を運んで下さった皆さん、応援してくれる皆さん!　ありがとうございます☆
早くも明日が千秋楽となってしまいました。
さみしい…。
何も変わらず最後まで大切に悟空を演じます!!
三蔵一行!!
がんばるぞーーー!!!!!

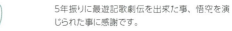

◆この月の舞台、お仕事>>>　舞台『最遊記歌劇伝 -God Child-』孫悟空役　他

10

今日は一日家の片付け。
洗濯をせっせとして、消耗品を買いに行き、「夏みてーだなぁ」と独り言を呟き…笑
有意義に一日が過ぎていきました♪

イベント準備もしなくちゃな＾＾
写メは最遊記歌劇伝より唐橋さんと♪

っさぎ当たってるし。笑

13

今日は一日ワークショップ。お芝居のお勉強。
んー学ぶ事が沢山です。

さてさて、今日の写メは最遊記の本番が始まる前に密会のように集まった4人。丸山敦史から連絡があり、合流して唐橋さんを呼び出し、その後拡樹も合流。沢山話したし、沢山遊んだ。笑
いい大人がトランプとかで夢中になってんの。
楽しい一日だった。また集まりたいな。
集まったらブログで報告します。
では (^^)／～～～

27

今日は新しい作品の衣装合わせに行ってきました!!
いやー、これは…役作りに悩みそうな。今まで演じてきたどの役にも似ていない気がする…。
でも、楽しみだ!!

衣装合わせが思いの外早く終わったのでヒトカラに行ってきましたよ♪
LIVEDAM の精密採点なるもので音程チェックしながら…。難しや…。

28

今日はボイトレーーー!!
実際に俺はピアノに触れる事もないんだけどね。
笑　写メだけ撮らせてもらった。

少しずつ成長してるのかな?
わかんないけど継続は力なりって事を信じて頑張りたいと思います♪
アクションもアクロバットも基礎が大事。
きっと歌も。

だから今は基礎をガッツリ学んでいるよ。
明日も良い一日になりますよーにっ☆

30

今日渋谷を歩いていたら競馬のゲートが!!　大きいなー♪って思って見ていたら近くにいたスタッフさんが「写真とります?　どうぞどうぞ。」って。「いやー（一人だし）いいです。」って断ったんだけど、すごい勢いで「どーぞ。どーぞ。」言ってくるから入るよね。笑

ゲートって大きいんだね。
競馬よく分からないけど、小さい俺が更に小さく見える事は確認したよ。笑
観光客みたい!　恥ずかしかった。(*´艸`)
入る機会滅多にないから良い思い出です。笑

31

今日キャストサイズ vol.11 をゲットしましたよ!!
初九州の小倉での思い出写真が沢山使われていました。ありがたや＾_＾
DVD はまだ観れてないんですがこれも凄い楽しみ!!
編集大変だっただろうな…。
前ちゃんとはしゃぎまくってたからなぁ。笑
是非皆さんもゲットしてくださいね♪

そして、今日は朝からチェキ撮影をしていました!!
チェキ撮影の様子はまた後日…。
いろんなシチュエーションで撮影しましたよ☆
皆さんに楽しんでいただけますよーにっ!!

2014.6

2
今日も暑かったですねぇ。
夏日夏日(-_-)

そして、今日もチェキ撮影のご紹介!!
今回は一人でたこ焼きパーティーです。笑
黙々と順調に作り無難に美味しいという結果でしたが。笑 楽しく撮影できました☆
九州は梅雨入りしたんですって?
間も無く関東もですかね…。
ジメジメと共に誕生日がやってくる。
来い!! 梅雨!!

3

先日、姉の家族が横浜に遊びに来ているという事で夜会いに行ってきました♪ 甥っ子君と姪っ子ちゃんは随分と大きくなっていました。一緒にご飯を食べて、ホテルまで帰る道中姪っ子を抱っこして歩いたんですが、汗だくでした!! 腕の中で完全に寝ててダラーンとするから、なおさら重たい…^^; 子育て中の方は、これで買い物袋とか持つってなったら大変。。。凄い(๑°□°๑)
そして甥っ子君は恒例の人見知りタイムから始まったんですが。笑 ご飯を食べ終わる頃には仲良くしてくれてました。窓から電車見たりバスに反応したり、ペットボトルで電車ごっこしたり。あぁとてつもなく癒されました。

6

今日は朝からバタバタ動いておりました。
雨の中…。雨での満員電車は凄いね。湿気が^^;
でも拡樹や最遊記メンバーと会えたので、そんなジメジメした嫌な気分からも解放されました♪
楽しかったなー。詳しくはまた後日…。
その後はお芝居のワークショップへ。日々勉強になる。
一つの課題(台本)が渡され同じ役を何人もの人が演じるから、自分の中にはない表現や演じ方が生まれとても刺激になる。なるほどっ!とか、悔しい!、その表現的確!!とか。
うん。今日もいい一日でした。

11
本日福岡から帰ってきました!!
つい先日、九州初上陸を果たしたのに、こんなに早くまた行けるとは!! 嬉しいです♪
前回は小倉市でしたが、今回は博多!!

人が優しくてご飯がとても美味しかったなぁ♪
タクシーの運転手と沢山お話ししました。笑
ま、今回もあまりゆっくりは出来なかったので観光的な事はいずれ旅行などでお邪魔した時にでも。

泊まったホテルも居心地良くて最高でした♪
また必ず行きます! 福岡!!

13
今日も一日稽古 day!!
順調に進んでいます♪
シーンが少しずつ蘇ってきてる。でも確実に新しいモノになってる。なんだかとても面白い!!
今日はピーターパン役の井俣さんと♪
毎日汗だくで頑張ってます☆
稽古場って逆立ちするスペースいっぱいあるから好きだな。笑

15

今日は『鯛造祭 vol.5 ～誕生日の陣 2014～』
細かい振り返りはまた改めて書かせていただくとして、沢山の方のご来場本当に嬉しかったです!!
沢山のプレゼントもありがとうございます!!
幸せな 28 歳を迎えられそうです!!
写メは今日のゲストでお越しいただいた方とのショット!! 大好きな先輩方!!!
幸せな一日!! ありがとう♪

◆この月の舞台、お仕事>>> 「鯛造祭 vol.5 ～誕生日の陣 2014～」 他

17

28歳になりました‼
沢山の方にお祝いしていただき、嬉しい限りです‼
今年も一年頑張るぜーーー‼‼
いい夢見るんだよー♪

17

28歳になりました‼

28年前俺を産んだ時、母親は28歳だったそうです。感慨深いです。母は強し。
産んでくれて、育ててくれてありがとう。
誕生日イベントの事も振り返ってみましょう♪

今回は3部構成でやらせていただきました。
1部はMC(ゲスト)で唐橋充さんにお越し頂きました。大好きな先輩‼ そして、第2部では少年社中の長谷川太郎君がスーパーMC能力を発揮して、自由気ままな僕と唐橋さんを上手く仕切ってくれました。

2部ではお遊びコーナーのお題エチュードも出来て大満足でした‼

そして第3部‼ 装い新たにタキシードを着させていただきました! そしてゲストはお兄ちゃんと慕っている中村誠治郎さん‼
立食パーティー形式なので後ろの方の方は見えにくいかなー?と思っていたら、皆さん地べたに座ってくれて見えやすくしてくれました (*´艸`)
皆さんの優しさがとても嬉しかったです。
ビデオレターやお手紙でお祝いしてくれた仲間にも感謝‼

そして、今日は稽古場でサプライズしてもらえました‼
この話はまた今度♪

18

今日は『ネバーランド』初通し稽古‼ そして、昨日のサプライズバースデーの話を…。
なんと、劇団員による朗読劇が繰り広げられました。ミステリー調で始まったお芝居。どーやら誕生日ケーキが誰かに食べられてしまったみたいだ。犯人探しが始まり、皆疑心暗鬼になり、人に罪をなすりつけたり。
なんとここで、唐橋さんもその劇に参加する形に。なんだかんだありまして唐橋さんも5月30日に誕生日だったので同時にお祝いする形に‼
ケーキが登場して、朗読劇終了‼ 2人のプレートが乗ったケーキのろうそくを2人で消しました。
嬉しかった。ありがとうございます‼
感謝でいっぱいです‼

23

今日は稽古場に舞台装置が来ましたよ♪
そこで色んな動きの確認をしたりしました。
徐々に本番に向かっているなーと。これで衣装とかも着たら更に気が引き締まるんだろうな。
楽しみだ‼

そして、今日はカビー役の宮崎秋人君と撮りました‼ しゅーとは共通の役者仲間は沢山いるけど共演するのは初めまして。俺と殺陣で絡んでみたいんだって^^ いつか叶うといいなぁ。
芝居中で秋人がちょこっとだけ武器を持つシーンがあるんですが、そのちょっとだけで体動くんだろうなと感じさせるポテンシャルを持ってます。
本気の動きを是非とも見てみたいものです

26

今日も元気に稽古ー♪
今日の写メは少年社中の竹内尚文君‼
今年2月の『贋作・好色一代男』の時に尚君とは兄弟設定で共演させていただきました。
尚君がお兄ちゃん。俺が弟。
なるほどー。
でも、実際は俺の方が年上。
なるほどー。
尚君のお芝居は思い切りがよくて好きです。
稽古場で出来る限りを尽くす。
そして、いいものを本番に。
負けないように頑張ろう♪

2014.7

2

今日は稽古場に翔太（高崎翔太）が遊びに来ましたよ♪
翔太はね、初演の『ネバーランド』が大好きで、遊ぶと大体ネバーランドの話になるんです。そんなネバーランド好きな翔太が、再演ver.の通し稽古を見て楽しんでくれたみたいなので、自信がつきました。
仲間が演じているところを見ると刺激をもらえるけど、仲間に見られるのもまた刺激。
わざわざ差し入れも持ってきてくれました＾＾
ありがとう。唐橋さん…笑　翔太…笑

4

今日も元気に稽古してきました!!
で、明日が稽古最終日だって(๑°口°๑)
早いなぁ。
でも準備バッチリでお出迎えしますよ♪

さて、今日はキャスト紹介!!
今日はこのお方!!　トゥートルズ役の川本裕之さん!!　ネバーランドには初参加ですが、毛利さんや井俣さんと学生時代からのお知り合いらしく息ピッタリです。
トゥートルズはネバーランドの世界の迷子達の中でも1番年下。この情報を頭の片隅に置いて是非劇場へ。
さぁ!　明日のラスト稽古も頑張るぞ!

7

七夕だね。
うん。特に何にもないんだけれども。笑
今日から劇場に入って場当たり作業!!
照明と音と合わせて4年前のあの姿が蘇ります。
テンション上がります!!
いよいよ明日が本番!!
天気が良くないかもしれないので足下に気をつけてお越しください。
テンション上げて劇場で待ってます♪

8

舞台『ネバーランド』初日が開きました!!
無事に終えましたよ!!　とても清々しい気持ちです＾＾　とてもいい空間でした。
ご来場いただいた皆さん、ありがとうございました!!
初日の今日は龍介君が見に来てくれたよ♪
楽しんでくれて嬉しかったな＾＾
よしっ!!
明日からも頑張りますっ☆

11

今日も無事に2公演終了しました!!　今日も沢山の方のご来場ありがとうございました!!
毎日舞台上で発見があるもので…日々進化しています。

そして、今日で『ネバーランド』折り返しだそうです。早いなぁ。噛み締めていこう。
そんな今日はフック船長こと、唐橋さんと『折り返し』をイメージしてパシャリ☆
残り半分!!　楽しむぞっ!!

12

怒涛の2公演連続!!
不思議と体力は大丈夫です＾＾

今日は衣装のお気に入りポイントを!!
影の衣装より、頭の羽!!
かっこよくて好きなんです♪

細かい所もこだわりがあって素敵な衣装なんですよ(*´艸`)
スタッフさんも一丸となって最高な作品を!!
明日も頑張ろう♪

◆この月の舞台、お仕事＞＞＞　舞台「少年社中　第29回公演『ネバーランド』」ピーターパンの影役　他

15

ついに、『ネバーランド』全公演終了してしまいました(;_;)　まだ終わった実感はないんですが、セットがどんどん撤去されていく姿を見ると寂しい気持ちになります。小学生時代の夏休み最終日の夕日のような。そんな気持ち。

今日は写メを撮ってる人の数が異常に多かった。その中から何枚かもらって、とても素敵な一枚があったので皆さんにおすそ分け。
冒頭のピーターパン対フック船長。照明で、とても素敵に切り取られた一枚。躍動感があっていいですね。
俺、もうちょっとで空飛べると思うんだ。笑
冗談はさておき、いざ打ち上げへ…。

20

ネバーランド振り返り…。
今回ピーターパンの影を演じるにあたって考えた事が4年前には出来なかった表現。ベースは変えることなく、もっと無邪気さとか、空への憧れとかを表現したいと思いました。特にフック船長との絡みで自然に表現したいな。って。
稽古場で沢山「○○したい、○○したい」ってのを唐橋さんと話して稽古しました。それが凄く楽しかった。
なんだろう。今回の事を上手く振り返ろうと思っても全然言葉が出てこない。
再演したい作品は何ですか？の問いに『ネバーランド』と挙げる程やりたい作品やりたい役をやれたのに。うまく言葉が出てこない。
ただ言えるのは今の椎名鯛造で出来る事は全てやりきった。そして、またこの役を演じさせていただきありがとうございます。という事。
楽しかった。この言葉に尽きます。稽古場も本番も楽屋も打ち上げも。この役は僕の財産です。

21

こんばんは(´▽`)ノ
岐阜に帰ってきました。
お盆に帰れないだろうから早めのお墓参りへ。
あまり滞在は出来ないからバタバタと。
甥っこや姪っこに会って癒されてます。父親の趣味の鮎釣りで釣った鮎をいただきました。
岐阜に癒されてます。

甥っこに「たいぞー君」と言ってもらえて内心とても嬉しくて心の中で小躍りしました。
地元はいいね。

28

8月13日からの舞台『ジーザス・クライスト・レディオ・スター』。
今回の舞台は稽古が短い。8月13日から本番なのにまだ稽古は始まっていない。短期集中。
台本を覚えなくては…。家だと集中力散漫になってしまう。明日は最も集中出来る場所へ行ってみよう。
シチュエーションコメディー。大好きなので頑張りますよ♪
そして、今日の写メは先日お買い物に行った時にこのジャケット似合うかなー？って試しに着た時のもの。買ったけど、活躍するのは秋頃だろうな。笑　それまではクローゼットの中へ…。

30

今日はキャストサイズさんのニコ生へ!!
キャストサイズさんはいつも前ちゃん(前内君)とペアにしてくれるので嬉しいです♪
放送はガヤガヤと楽しくやってまいりました。
MCのピクニックさんもとても面白くて優しい方だったので、盛り上がって放送が予定時間より長くなってしまいました。笑
楽しかった^^

今日はそんな前ちゃんとのツーショット☆
放送見てくれた皆さんありがとうございました!!

31

今日は唐橋さんと敦史(山敦史君)とお出かけ。
こんな所へ行ったよ。笑
何もない^^　のどかな所。楽しい一日だった。
そもそもこの旅(?)の始まりは舞台『ネバーランド』の楽屋の会話で唐橋さんと「どっか行きたいね。」から始まったんです。結局計画だけになっちゃうパターンが多いけど実行できて良かった♪
敦史も来てくれて3人で色んな話が出来て楽しかったな。いっぱい笑ったなー♪ (´▽`)
リフレッシュリフレッシュ☆

またこの旅が実行出来たらいいな。
いや、是非また旅したいと思います。

2014.8

1

8月ですね。夏休み!!
宿題は31日にやるタイプでした。毎日コツコツやれば大した量じゃないのにね。
それが出来る人を尊敬します。
さてさて、今日から舞台『ジーザス・クライスト・レディオ・スター』の稽古がスタートしました!!
短期決戦!! 集中!!
稽古初日からガッツリやりました!
そして、面白い!! 是非お楽しみにっ☆
今日はミュージカル『忍たま乱太郎』でも共演していた真佐夫!! 同い年!!
お芝居と人間が大好きな真佐夫。
熱くて素敵な役者さんです。
さーて! 台本覚えなきゃな!!

6

今日も暑かったなー。
無理やり通し稽古をしました。(๑°ㅁ°๑)
反省点しかないですが…(- -;)
あと一週間あるんだよね。よし!! 大丈夫!!
周りが出来る人達ばかりだと刺激になるけどプレッシャーが凄い。凄いなー皆。
そんな今日は稽古場でピザを取りました。皆で食べました♪

奥からコニー(小谷嘉一さん)、ミカシュン(三上俊さん)、よっち(平山佳延さん)とパシャリ☆
よっちとは一度舞台で共演しましたが、凄い幅広いお芝居をされる方です。今回も良いキャラで出てくるのでお楽しみに!!

10

いよいよ本番が近づいてきました。
ちょっとドキドキ。早いなー。
今日も夜遅くまで稽古!!
ふと梅干しが食べたくなった。笑
梅干し食べて稽古頑張ります!!
伸びっぱなしになってた髪の毛切りました♪
スッキリスッキリ(*´艸`)

13

本日『ジーザス・クライスト・レディオ・スター』初日が無事開きました!!
初日から沢山の方のご来場ありがとうございました!! 充実した一日でした。
この作品は何度か再演されているんですが、実は初演で僕の役を演じたのが窪寺さんなんです!

今日はそんな窪寺さんとの写メ!!
明日は2公演!! 頑張ります!!

14

今日は2公演でした!! 沢山の方のご来場ありがとうございました!! 楽しい!!
毎回ゲストさんも登場するのですが、今日は響の長友さん!! 芸人さんです(*´艸`)

初めましてでしたが、陽気で優しい方でした。
真佐夫とミツコちゃんとパシャリ☆
劇中もとても楽しかったです。
明日は1公演!! 頑張るぞー!!

16

本日も無事2公演終了!! 明日千秋楽です!!!
稽古開始が8月1日で、短期集中で作り上げた作品!! 最後の最後まで楽しんでやりきりたいと思います。

鯛焼きの差し入れがあったので頂戴しました。
しかも、これ! クロワッサン生地!!
とても美味でした♪
初めて食べたよ!

◆この月の舞台、お仕事>>> 舞台「Office ENDLESS × Project Jesus『ジーザス・クライスト・レディオ・スター』」一ノ瀬彰役／「IKEMEN

17

『ジーザス・クライスト・レディオ・スター』
無事千秋楽を終えました!!
本当に楽しかった!!
毎日毎日楽しかった!!
沢山のお客さんに見ていただけてしあわせでした!!
今日はとことん打ち上がるっ!!
最高でしたーーー!!

19

舞台『ジーザス・クライスト・レディオ・スター』振り返り。
この舞台の初演は10年前。何度か再演されている作品で西田さん作品では珍しくシチュエーションコメディー。
ラジオ局でのドタバタ劇。僕の役はそんなラジオ局に勤める男。ADだけど、この番組が大好きでこの番組に出る事が夢だった。
特番さながらの生放送で起きる約2時間の作品。
作品としても面白かったのですが、なによりメンバーに気心知れた人が多かったので、やりやすかったし、刺激的でした。皆お芝居が大好きで上手い人ばかりだったのでプレッシャーもありましたけどね。
そして、今回は稽古期間が短かったので常に集中!! 稽古中はどのシーンをやっても一之瀬は出ているので集中を切らす余裕は無かったんですけどね…。
この現場で得た事はとても多いです。更に自分を磨いて高みへ。そして、またこのメンバーで集結できる日を夢見てます。

20

今日の関東はカラッと夏日な一日でした。洗濯物がよく乾きます。笑
すれ違う小学生の日焼けした肌が少し羨ましくもある今日この頃。何も気にせず川や海に行きたいなぁ。

今日の一枚は前に唐橋さんと敦史とお出かけした時の広大な一枚。以外と急斜面で立ってるのがやっとです。
さて、集中しなきゃっ!!
頑張るっ!!

26

絶賛稽古中!! 『リボンの騎士』。
短髪になり、シャンプーとか乾かすのとか凄く楽になったんですが、普段整髪料を付けないと坊ちゃんみたいになってしまうので最近はワックスを付けています。
長い時はほぼノーセットなので自分でセットをするのが不得意。笑　実は長髪にも憧れていたり。唐橋さんくらいダンディーならなぁ。
似合うと思う？　俺は似合わないと思います。

さ、こんなどーでもいい事考えてないで役の事考えよっと。笑
熱い男! 応援団姿是非見に来てね♪

30

今日は『IKEMEN COOKING BATTLE』でした!!
6人を2チームに分けて戦うのですが、僕のチームメイトはアッキー（林明寛）と卓磨君!! 紛れもなくリアル抽選なのですが、リハーサルも本番もこの組み合わせになりました!! 運命感じるよね。笑　そして、調理開始!!
メニューは、たこ焼きとクレープ! 手分けして作る事に。たこ焼きの生地を作り、アッキーが焼き、クレープの生地を作り俺が薄く焼く。その間にクレープの生クリームと具材を切る卓磨君。
ばっちりなチームワークで無事調理終了!!
そして見事勝利しました!!　やっったぜ!!!
いやー、楽しいイベントでした♪
明日からの稽古も頑張ろっと!!

31

今日も一日稽古!!!
段々と赤ちゃん状態だった子供も小学生くらいにはなってきましたよ。まだまだだけど…。
楽しくなってきた((*´∀`*))

先日、BBQイベントの写真を撮ってきましたよ♪
ちょっと大人びた写真から子供っぽい（?）のまで。笑　お楽しみに♪
今日の写真はそんな写真撮影の一コマ。
どんなイベントになるんだろう。
普段応援してくれてる皆とワイワイ出来ればいいな。
今日は早起きしたから眠たいな。
明日から9月!!　一日一日大切に

2014.9

3

今日は稽古前に雑誌『スパークル』さんの取材に行ってきました♪
鈴木さん家の拡樹君と一緒(*´艸`)
『最遊記歌劇伝』の振り返りやDVDについてなど語ってきましたよ。

そんな今日は拡樹とのツーショット！
お互い稽古に行かなければいけなかったのでゆっくり語らう事も出来ませんでしたが、拡樹が元気そうで何よりでした。笑
そして、稽古も残り数日…。頑張っていきます!!

5

今日は通し稽古。
課題は沢山。やる事は山積み。一つずつ解消していかなくては…。

しかし、お芝居は楽しいな。脚本も演出も素敵なので俺らも頑張らねば。
通して分かった事、汗が止まらない。笑
熱量が凄い!!
皆に負けないよーにもっともっと頑張るぞっ!!
今日の写メは中野マサアキさん!! 面白い尊敬できる先輩です。いつも笑顔で顔から優しさが滲み出ているお方です。
お芝居もとても素敵なのでお楽しみに♪

9

今日は小屋入りの日。舞台セットどんな風になってるかな？ 僕は明日から劇場入りです。
そんな今日は雑誌の取材を受けてきましたよ♪
太陽と!!
拡樹に引き続き、最遊記のお話してきました♪

DVD早く見たいなー。本編も特典も楽しみ(*´艸`)
さて、明日は長い一日になるぞ。
集中して頑張ろっと!!

11

今日は遂に『リボンの騎士』の初日でした!!
熱い熱い舞台!! 楽しいです!!
あっと言う間に終わってしまうので大事に大事に噛み締めてお芝居したいと思います!!
満員のお客さんの中で演じられて幸せでした♪
素敵なお花もありがとうございます!!

千秋楽まで突っ走る!! 押忍っ!!

13

今日は2公演無事終了しました!!
今日も沢山の方のご来場ありがとうございます!!
ちょっと聞き取りにくい声になってしまったかな…。明日には復活してくれますように。
体は基本的に強いハズなのに。
悔しい。くそー。

明日で千秋楽!! 真っ直ぐ気合いで生きてやる!!
今日の写メは今度のBBQイベントのグッズと共に♪
では(^^)／～～～

14

無事千秋楽終えました!!
ご来場いただいた皆さん!
ありがとうございます!!
出し切ったぜー!! 今日は打ち上がる!!

明日声出るかな？笑
久しぶりに声枯れました。(´・_・`)
情けない。聞き取りにくいお芝居をしてしまい、申し訳ないです。
今回の経験は次へ生かします!!

◆この月の舞台、お仕事＞＞＞　舞台『リボンの騎士―鷲尾高校演劇部奮闘記―』中島親弘役／映画『カードファイト!!ヴァンガード―3つのゲーム―』

16

今日は舞台『大江戸バックドラフト』の稽古へ。
軽く本読みしたり、皆でゲームしたりコミュニケーションとったりしました。
今回は1ヶ月稽古があるのでじっくり役と向き合えそうな気がします。ジーパスもリボンキバがバタバタだったので、それだけで緊張感保てていいんですが、疲れてしまうのでね…。
今回は少し余裕持ってできるといいな。
ずっと共演したいと思っていた方もいるので楽しみです。

今日の写メはお馴染みの末野卓磨君と川嵜祐樹さん!! 何度目の共演だろうか(^^)
今回もよろしくです。じっくり頑張ります!!

18

今日は一日稽古!!
あ、写メ誰とも撮ってないや…。
今回の舞台はチョロっとだけ戦うね。
激しく戦いたい!! 殺陣やりたーーい!!
最近凄く思います。
肉弾戦がやりたい。うずうず。

今日は写メ撮ってないのでチェキ紹介。この写メは観覧車だね。良い天気だったので汗かいたよ。笑 ちょっとやさぐれ男子。笑
今回は全部にサイン入れるからね♪ いつ書くんだろう。少しずつ完成させていきますか…。
とりあえず台本と睨めっこしなきゃな!!
頑張るっ!!

22

遅くなりましたが、『リボンの騎士』の振り返り。
まず、久し振りの宇治川さん演出!!
あまり稽古期間がない中での作品作り。顔合わせの時に再度チョロチョロ読んでいたら、喋る喋る。笑
そして、気を引き締めなきゃ!!って思って宇治川さんに挨拶した時に「この作品は鯛造にかかってるから。よろしく。」と言われ更に気合いが入ったのと同時にプレッシャーを感じました…笑
宇治川さんが言う通り、僕が演じた中島君は皆を鼓舞してどんどん引っ張っていく人間。とてもやり甲斐がありました。熱くて、まっすぐな男の子。応援団を実際に経験した事はないのですが毎日声を荒げて本当に応援団員になったような気分でした。

そして、『勝利の大拍手』という舞があったのですが、これは団部の皆に感謝しかないです。稽古中に団部の出番がない時に皆で練習してくれていたんですが、そっちに全然参加出来なくて全て任せてしまいました。特に翼役のてっちゃんが沢山考えてくれて、本当に感謝!!
そして、稽古も通し稽古へと入る時声がかすれていきました(´•_•`)
本当に情けない。これは大きい反省点です。
本番も6回しか無かったので劇場に入ったらすぐ千秋楽になったイメージです。とても濃い時間が過ごせました。そして、中島親弘という男から沢山教えてもらいました。

好きな台詞書いておきます。
「自分で決めた事なんだろ?　自分の気持ちだろ!!　自分の気持ちにまでシカトすんなよ!!」
ストレートに心にくる台詞、大好きでした。
大切な出会い。ありがとう!!

23

今日はショートムービーの撮影へ。
『デルモルデ〜輝いて〜』という作品です。
僕の役はカフェの店員。
朝すっごく早かったから眠たいのです。
まだ撮影は続くのです。

今回の作品は新人監督映画祭という映画祭に出展するみたいなので、皆さん応援して下さいね。
頑張ろう…!!

28

今日はBBQイベントでした♪
沢山の方に足を運んでいただきありがとうございます。BBQも盛り上がったし、皆さんに会えて楽しかったです!!
チャリティーオークションも参加していただきありがとうございました!! 皆さんのご協力感謝します!!

何より天気!! 良すぎです((*´∀`*))
雨降るよりはマシだけど、絶対日焼けした。笑
お家に帰るまでが鯛造祭!!
皆さんお気をつけてお帰りくださいね。
初めての野外イベント。
本当にありがとうございました♪

/ 「鯛造祭 vol.6—BBQの陣—」 他

2014.10

1
今日も稽古終了♪

扶桑社「Star Graphic」グラビアインタビュー掲載!! 結構ガッツリ取材していただけたので、皆さん是非お手に取ってみてください♪
DVDも付くとか…？ お楽しみにっ!!

写メは取材の時に乗った人力車!!

7

今日稽古場へ髪の毛に何も付けずに行ったらヒヨコみたいだと言われた…。(๑°⌓°๑)
髪の毛ベタベタするから本当は何も付けたくないんだけど、明日は付けて行くか…。

稽古は順調に進んでおりますよ。そろそろ通し稽古始まるのかな？

あと10日。
皆さん楽しみに待ってて下さいね♪

10

今日も元気に稽古♪
台風が来てるんだよねー(-_-)
週末…荒れるのかなぁ？
長靴1足くらいあったら雨の日困らなさそう。レディースのはオシャレなやつ沢山出てるよね。メンズもあるのかな？ 今度探してみるか。
さて、今日は最遊記歌劇伝のDVDの発売日。Twitterでも呟いたけど、早く見たい！特典も長めにある?らしいし。
楽しみだなー((*´∀`*))

さて、今日は稽古場でパシャリ☆ 大和っちとじーじ(野田君)。今回この3人よく絡みます。お楽しみに^^

12

舞台『大江戸バックドラフト』稽古残り1日。やり残しがないように明日全力で頑張りたいと思います!!

写メは先日最遊記歌劇伝の撮影をした時のホンワカ写メ。笑
お菓子が沢山あって幸せでした。

13

今日で稽古終了!!
後は劇場入って走り抜けるだけだ!!

今日の写メは演出家の奥村さん！素敵な江戸の世界楽しみにしててください♪
そして、台風気をつけましょう。

では(^^)/~~~

16

舞台『大江戸バックドラフト』無事に初日終了しました^^ ご来場いただいた皆さんありがとうございました♪
江戸の火消しとして生き抜きました!!

終演後に団子をムシャムシャ食べていたら不思議がられました。笑 疲れてんのに良く食べられるなぁ。と。
腹減ったんやもん。食べるやんねぇ?笑
今回は4日間しかないのでね、すぐ終わってしまうのは悲しいけれど、最後の最後まで熱く生きてやろうと思います!!

◆この月の舞台、お仕事>>> 舞台「HYBRID PROJECT Vol.12『大江戸バックドラフト』」士之助役／「キャストサイズチャンネル『(鯛)●●ファ

17

今日も無事本番終了です♪
ご来場ありがとうございます!!

今日の写メは左から植野堀のまこっちゃんと、Suri君!! まこっちゃんとは去年、紀伊國屋ホールで『火男の火』という舞台で同じ役でゲスト出演したんですけど、同じ緊張を分かち合った仲。笑 ゲスト出演って緊張するんですよ…。

Suri君は『ウォルターミティにさよなら』で共演しました。優しくてかっこいい最高な男!!
どちらの作品も懐かしいなぁ。
見に来てくれて、会えて嬉しかった (*´艸`)
そして、後2日…。悔いないように精一杯やります!!

19

本日無事に舞台『大江戸バックドラフト』千秋楽を迎えました!!

皆様ありがとうございました!!
土之助として生きた40日間、とても幸せでした。

今日は打ち上がるんでぃ!!

22

今日は舞台『大江戸バックドラフト』の振り返り。漢気溢れる前へ前へタイプ。喧嘩っ早い士之助。演じていてとっても楽しかった!
奥さんもいるんですが、奥さんとの絡みでは人間らしさが出てきたりして、少しほんわかしました。
火消しに人生をかけた生き様。
経験できて良かったです。
個人的に塵太を助けに行くところ凄く好きでした。そこで比良坂役のたっちゃんと睨み合うシーンがビリビリしてお気に入りのシーンです。
ラストの纏を持ってくれた塵太を見ながら火消しするシーンも色々詰まっていて大好き。
稽古から本番まであっと言う間に過ぎてしまったなぁ。気付いたら寒いものね。
良いお芝居、良い役者、良い役に出会えて感謝!! そして、劇場まで足を運んでいただいた皆様、ありがとうございます♪

23

いやー今日も一日寒かったー(-_-)
雨もパラパラ降っていたので更に肌寒かったですね。家に着いたらうがい必須ですな。

大江戸バックドラフトの時のパンフ撮影で、パソコンでチェックしている時に何枚か写メを撮っていたのですが、お気に入りのアングルが一切物販で使われていなかったので、ブログにアップしておこうと思います。

「今助けに行くぜぇー!」的な?笑
さて、台本読んで『のぶニャが』の役作りしなくちゃニャ。

24

先日の舞台『大江戸バックドラフト』に北代高士こと番長が来てくれたのですが、番長に果たし状を突きつけてやりました。
番長って言うぐらいだからね…。
大好きな番長だから体育館裏に呼び出してもきっと楽しく会話して、またねーってバイバイするだけだろうから…。こんな内容にしたよ♪
『貴殿との共演を熱望する』
実現するといいなぁ。
さてさて、今夜はキャストサイズチャンネルですよ。色んな企画が動き出します!!

31

一日稽古稽古♪
舞台『のぶニャがの野望』猫武将のお話なのでセリフ中に「ニャ」とかが入ってくるんですが、言いにくい言いにくい。笑 段々慣れてきたけどね。
そして、今日もご飯にインドカレー。

ゆうたと、小野一貴君と。通称、おかず。今の忍たまの食満役ですな。なんだかそれだけで親近感。今日色々話したけど、良い男でした。ファミリーだね^^
そして、今日はハロウィンなのね。
姉が子供達に作ったご飯に癒されました。
クオリティ高過ぎるでしょ。きっと甥っ子姪っ子は喜んで食べたんだろうな。
一緒に食べたかったなぁー(´ε`)

2014.11

2

「The Grim Reaper ～ようこそ、死神達のハロウィンパーティーへ～」を観劇してきました。ミカシュンとかコニーとか出演してて、劇場もスペースゼロだったので『ジーザス・クライスト・レディオ・スター』を思い出しつつ楽しんできました。リンカネで共演させていただいた米倉さんの歌声も聞くことが出来てとても満足な一日だったのです。

そして、先日撮影した極上文学の『走れメロス』の妹役のビジュアルが解禁されたとの事で皆さんに見ていただきましょう。
私カワイイ??笑
気持ちを害した方がいたら失礼しました。

3

昨日の女装写メ、皆からの反応があまりに嬉しいので現場で撮った別バージョンを載せさせていただきます♪

撮影前はあまり乗り気でも無かったんですけどねぇ…笑　メイクの力って素晴らしい^_^

ま、期待しすぎて見に来るとイスから転げ落ちる可能性だってあるわけなので程々に期待してて下さい。笑

とりあえずその前に『のぶニャがの野望』がありますからね^ ^ 　忍者として暫く生きます。

5

今日は稽古場にのぶニャが様がいらっしゃいましたよ。
一緒に記念写真撮ってもらった (*´艸`)
何才になってもこういうのはテンション上がりますね。
とりあえずアッパーかましておいたけど、微動だにしなかった。
流石のぶニャが…強いな。笑
今日も一日良い稽古が出来ました♪

6

今日は朝、(鯛)○○ファクトリーの打ち合わせやらなんやら。
この写メの真相は近日分かります♪
面白かった^ ^
のぶニャがの野望まで2週間切ったのね…。
頑張るぞー!!!

7

昨日の写メの全貌はこちらでした!!
http://ch.nicovideo.jp/castsize
諸々の告知動画なんですが、ちょっとでも面白くお伝えしようと、この結果になりました。笑
バイトリーダーは人として今後成長していけるのか…。笑

今日の写メは家康役の緑川睦さんと! 家康と半蔵は深い関わりがあるので舞台上での絡みをお楽しみに☆
明日は最遊記のDVD発売イベント!! 皆さんにお会い出来るの楽しみだなっ。
どんな裏話をしよーか。笑　フフフー♪

9

最遊記の生みの親、峰倉先生からいただいたサプライズプレゼントがこちら!!　それぞれのキャラクターを色紙に!
世界で一枚だけ!! 締め切りに追われつつ描いてくれたみたいです♪　嬉しすぎる!!
また宝物が増えました (*´艸`) 大切にします。
大阪のDVD発売イベントも大盛況で終わったかなー？　行きたかったなー。
こればっかりは仕方ない…。
最遊記歌劇伝の本番で大阪行けるのを楽しみにしてよっと^ ^

◆この月の舞台、お仕事>>>　舞台「『のぶニャがの野望 弐』」ニャッ取半蔵役／ショートムービー『デルモルデ～輝いて～』　他

11

今日は極上文学の顔合わせでした!! まだどんな完成になるか全然想像がつきませんが、異様な緊張感を持って挑むのは間違いなさそうです(・_・;

朗読劇だけど、朗読劇じゃない。
そもそも朗読劇も1回しか経験した事ないし…。
楽しみ半分不安半分。
僕はメロスの妹役を演じさせていただきますが、今回妹役は3人います。その3人で写メ撮りました。左は西村ミツアキさん、右は佐藤永典さん。Twitterで流れていた妹ショットが皆美しかったので、どの回も素敵な公演になると思います^^
はぁ〜ドキドキ…(・・;)　楽しみつつ頑張ります!!

13

今日はとある撮影でロケに出ていました♪
仲良しメンバーとの共演なので芝居がしやすい!
この写メの中の誰かと絡みます。
誰でしょー？　お楽しみに^^

さて、お家へ帰ろーっと。
今日も一日お疲れ様でした!!

18

今日は一日場当たりでしたよ!!
順調に進んでいきました。
そして明日から本番です♪　楽しみだなー^^

今日の写メは森ニャんまる役の匠君と、後ろにいるのは、ニャしば秀吉役の翼!!
今日はぐっすり寝て明日に備えたいと思います♪

19

本日、初日!!　無事終了致しました!!
お客さんと一丸となって楽しみました。
沢山の方のご来場ありがとうございました!!
きっと始まったらすぐ終わってしまうんだろうけど、毎公演新鮮に楽しんで演じたいと思います♪
明日は2公演!!
劇場でお待ちしています!!
今日の写メはのぶニャが役の寿里さんと☆
顔怖いよ…笑

26

『のぶニャがの野望　弐』の振り返り。
まず猫。今まで演じた事ないので最初戸惑いましたが、稽古を重ねるうちに段々慣れてきました。不思議。メイクもメチャクチャ濃いけど、楽屋に沢山ネコメイクの共演者がいると、「あれ？　俺薄すぎるかな？」って錯覚するほどでした。笑
なんでも慣れるものですね。
ネコ語も、所々「ニャ」って入るもんだから難しかったけど、これも慣れる。笑
もう少し公演期間が長かったらもしかしたらネコになってたかな？　いやいや、ならないな。笑
キャストも今までの共演者や、繋がりのある人ばかりでしたので最初からお芝居もやりやすかったです^^
すごくアットホームな現場だったので続編があり、そこにニャっとり半蔵が出る事を信じているので、書きたい事はありますが、またの機会にしておきます♪
また半蔵で皆さんにお会い出来ますよーにっ☆　ありがとう!!

30

今日は映画『デルモルデ〜輝いて〜』の上映会で舞台挨拶してきました。お忙しい中足を運んでいただいた皆さん、ありがとうございました。

さぁ明日から12月!!
年の瀬で忙しいとは思いますが、朗読劇『走れメロス』でもご来場お待ちしております♪
最遊記の稽古も始まるし、体調崩さないように頑張らなきゃなっ☆
皆さんも風邪など引かないように気をつけて下さいね。

2014.12

3

極上文學『走れメロス』、初日無事に終わりました♪　沢山のお客さんに来ていただけて嬉しかったです!!

女性として演技をするのは初めてで…。どうだったんだろう？　自分自身ではとても楽しく演じる事が出来ました。
とにかく何だかホッとしてます((*´∀`*))
ロビーに素敵なお花もいただきました♪
ありがたや!!　女性らしく薔薇のお花。
マルチキャスティングなので次の公演もまた違った面白さがあると思いますよ♪　妹役は3人いるのでね。お時間あれば是非！
素敵な一日でした☆

6

今日は2日空いての『走れメロス』。無事に終了致しました♪　そして、明日で最後の妹役でございます。心込めて朗読しますね^^
観にいらっしゃる方は是非楽しんで下さい☆
今日も沢山の方のご来場ありがとうございました!!

今日の写メはセリヌンティウス様!!　萩野さんは優しくて面白い方です。僕は妹役以外にもフィロストラトスという役もやるのですが、その時の師匠さん！　是非こちらの役も楽しんで下さい♪
今日も良い一日でした。

8

今日は最遊記歌劇伝の顔合わせでした♪
本格的に稽古スタート!!　人数的にも、ものすごいパワーアップしてて、とっても楽しみです!!
そして、その後、タフマニアのイベントでした!!
月曜にも関わらず沢山の方に来ていただけて嬉しかったです☆
トークも楽しく出来て沢山笑いました。
野田じぃじ最高!!笑

9

今日は『走れメロス』の振り返り。
まだ大阪公演が残っているし、全体では終わっていないんですが、僕は大阪へ行かないのでちょっと早めですが振り返り。

まず、この作品は朗読劇。
なハズなんですが、覚える事やキッカケが大量に存在するのです。笑　ですがそれ故に感情も入るし、演じやすいのもあるんですがね…。
役として女性を演じるのが初めてだったので、とても良い経験が出来ました。

最後に妹の結婚式の写メをっ!!
幸せになれたかな？

12

今日は（鯛）○○ファクトリーの定例会議でした。会場に足を運んでいただいた方、放送で観ていただいた方ありがとうございました♪
とても楽しい時間でした!!
良い感じにリフレッシュ出来たので、明日からの稽古頑張れそうです!!
ゲストでKEN君が来てくれて弾き語りしてくれたよ。すっごい感動した!!
周りの皆に支えられて、番組が成り立ってる。
もっと自分でも頑張らなくちゃ。
やる事いっぱいだ!!
今日は皆さん、ありがとう!!

18

今日は稽古前に前鯛のロケに行ってきました♪
この前の公開放送の時に喋っていた社判を作ってきました。
必死に作りました。
動画を撮っていただきながらやってましたが、大分無言の時間が流れていました。
また放送で流れるとは思いますが^_^
楽しみにしててて下さいね。

◆この月の舞台、お仕事>>>　「朗読劇　極上文學『走れメロス』」妹役／「（鯛）●●ファクトリー」公開収録　他

19

今日も稽古稽古。
稽古したいシーンが沢山あって時間が足りないなぁ。焦らずしっかりやろう。
歌もアクションもレベル上がっているからじっくりと。時間が許される限り頑張るっし!!
今日の写メはリクエストにもあった太陽とパシャり☆　そういえばまだ撮ってなかったね。
今日もゆっくり暖かくして休もう。
みんなも一日お疲れ様♪

21

稽古稽古♪
今日は今回の『最遊記歌劇伝』で殺陣をつけていただいてる栗田さんとツーショット!!　カッコよくて斬新な殺陣を沢山つけていただいてます!!
しかも今回は出演もしてくれるのです。
カッコイイ殺陣を沢山つけていただけたので自分のものにしなければ＾＾
歌も殺陣も全てがパワーアップ!!
自分のものにするぞー!!

23

今日も稽古稽古♪
とても実りのある稽古でした。
いや、しかし課題が盛りだくさん…。歌も芝居もまだまだ。エンジン全開頑張るよ＾＾
今日の写メは今回初めましての鵆里役の倉貫さん!　ダンスもキレッキレで歌も上手い!
万能なお方です。お楽しみにっ☆

うがいして、ご飯食べて、あったかくして寝ようかね。みんなも体調気を付けてね!
そして、もーすぐイブだね。
飲み会など予定ある方は楽しんで下さいねー＾＾

25

メリークリスマス♪
…まぁ、僕は一日中稽古でしたが。笑
皆さんはいかがお過ごしですか??　楽しんでいますか?
そんな今日は三蔵一行の写メを!!
そろそろ通し稽古も始まる時期になってきました!
気合い入れて頑張るぜ!!

30

今日は衣裳付きの通し!!　とりあえず怪我無く無事に終わったので良かったです。
衣裳を着るとテンション上がりますね。
これで照明がバシッときたら…。
んー…楽しみだ!!　芝居や歌、殺陣を自分で出来るだけクオリティあげなくちゃ。

今日は拡樹とパシャリ☆
明日は 31 日!!
皆さんどうすごされるんですか?
お家でまったり?　その後初詣?
僕は…。またお楽しみに♪

31

今日で年内の稽古全て終了♪
あとは年明けに少し稽古していよいよ劇場入り。
本当はね、1日になったら唐橋さんと初詣に行く予定だったんだけど、諸事情により中止になってしまいました m(_ _)m　なのできっと家に引きこもる正月になるだろうなぁ。
今年一年沢山の素敵な作品と出会う事ができました。念願の最遊記だったり、ネバーランドだったり。どれも大切な物語達。
来年も沢山の素敵な物語に出会うんだろうなぁ。
今年一年応援していただきありがとうございました!!
来年も飽きずに応援してくれると嬉しいです♪
さて、蕎麦食べなくちゃ。よいお年をー!

TAIZO SHIINA　　　　　　　　　　　　　　　　　　　　2015.01~12

> ダイヤのAが始まった年
> 野球が好きになるとは
> 思ってなかった

2015.1

1

あけましておめでとうございます!!
今年も宜しくお願いします♪

2015年になりましたね!!
今年はどんな一年になるかなー?
楽しみだなー。少しでも皆さんに楽しんでいただけますように…。
個人イベントも出来たらいいな。
開催したら皆来てくれるかな?

年初めに『最遊記歌劇伝』。とても良いスタートです。お芝居、アクション去年よりもレベル上げて頑張ります＾＾
お楽しみに☆

8

今日!! 無事に『最遊記歌劇伝』初日を迎えました!!
そして無事に終わりました!!
沢山の方のご来場ありがとうございます!!
客席の緊張感とかなにもかも全部ビシビシ伝わってきて、それを力に変えてとっても楽しくできましたよ♪
楽しかったぁ!!
見てくれた方は楽しんでいただけたかなぁ?
これから観劇だよ。って方はお楽しみに☆
今日は三蔵一行と写メ撮ったよー＾＾
みんなみんなありがとーー!!!
明日からも怪我なく頑張るっ!!

10

本日も2公演無事終了♪
ご来場いただいた皆さんありがとうございました!!
日々発見があって、毎日楽しく過ごしてます☆
今日は紅孩児役だった小野田龍之介が見に来てくれました!!
またいつか一緒に舞台に立ちたいなぁ。
楽しんでくれたよーで嬉しい限りです＾＾
さて! 明日は1公演!!
もうすぐ東京公演終わっちゃうよー!
早いよー＾＾;
でも大阪もあるからね。念願の大阪。
とりあえず、明日も全力で頑張るぞ!!

11

今日は1公演!!
無事終了しましたよ♪
明日で東京公演終わってしまいます(p´﹏`。)
早いなぁ。
まだ大阪がありますしね。
全公演全力で頑張ります!!
今日の写メは光明さんとパシャリ☆
神々しい。
明日は2公演!!
頑張るぞー!!

13

東京公演が昨日無事に終わり、今日は自宅で、ぐでーんとしてました。少しの間共演者のみんなと会わないのが寂しいです。
でもとりあえず三蔵一行には明日アメスタで会えるので楽しみ☆
今日の写メは昨日の終演後に撮った一枚。
あー寂しい。笑
早くみんなに会いたいなー。大阪で更に暴れ回る為にとりあえず体休めますね＾＾
では(^^)／~~~

14

今日はこれからアメスタだよー!!
三蔵一行でアメスタ!!
テンション上がるー!!
その後には拡樹と2人で♪
途中シャッフルがあるらしいんだけど、
どーなるんだろ?
とにかく楽しもっと＾＾
ワクワク☆
お時間ある方は観て下さいね♪
ゆるーりとまったりとお話出来たらいいなー。

◆この月の舞台、お仕事>>> 舞台『最遊記歌劇伝-Burial-』孫悟空役 他

17

 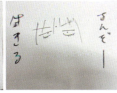

今日はこの前アメスタでババババっと書いた悟空の写メを！
本当はマントも書こうと思ったのに時間無かった。
拡樹の書いた三蔵も載せておこう。
目だけで三蔵って分かるのはすごいな

19

今日も最遊記キャストとの写メを!!
タイゾウさん!! 剛内とも絡みはないんですが、
楽屋ではメチャクチャ絡んでおります。笑
主にイタズラをしてるの。
玲君と一緒にね (*´艸`)
大阪での楽屋がどうなってるか分からないけど、
それもまた楽しみだなー。
もうすぐ…大阪入りだね。
荷物もそろそろ準備しなくっちゃ。
今日も一日お疲れ様♪　では (^^)／～～～

24

今日はお昼の公演に家族が見にきてくれた。あまり舞台見に来ないから珍しい…。まぁ、東京ばっかりだし遠いもんね。
家族に観てもらえるのは嬉しいな♪　おばぁちゃんも来てくれて「コケないか心配だった」と。笑
気をつけるね、おばぁちゃん。ありがとう＾＾
そして今日も沢山の方のご来場ありがとうございました!!
明日で大千秋楽かぁ。
寂しいけど、次へ繋げよう！　必ず!!
あ、夜公演はせいちゃんが見に来た＾＾
東京公演の期間は、忍たま中だったからわざわざ大阪に足を運んでくれたよ。
楽しかった!!と喜んでくれたよ。

30

さて、最遊記の振り返り。
このタイミングで埋葬編。過去の話なので、至る所に最遊記歌劇伝の1作目のシーンがチラホラあるんです。だからなんか懐かしくてね…。
本読みの時一人で「うおぉ。」って心の中でザワザワしてました。
三蔵と悟空が出会う最初のシーン。
三蔵が近付いてきて、手を差し伸べられる。このシーン出来て良かった。三蔵が眩しかった。
アクション指導の栗田さんが僕のことを信用してくれて難しい技もやらせてくれて本当に嬉しかった。そして八戒と悟浄に初めて会う所。八戒を蹴り上げた技、去年練習していた技なんですよ。初お披露目♪
その後八戒の元へ駆けつけて初めて三蔵一行が少し一行になるシーン。（日本語おかしいね。）もどかしいけど、とっても好きです。
『ただ生きている。強いから。この心が生きてるから』歌詞は同じなのに前回と意味が変わる。歌って凄いな。
寺院で自由気ままにはしゃぐ悟空。見るもの、聞くこと全てが楽しくて興味があって仕方ない。
自分で演じていて何ですが、とても愛おしかったです。悟空。肉まんパンチ好き。笑
そしてミカンを使っての算数。食べちゃうんだね。悟空。食べちゃうんだよ。悟空。最後はカミサマ編のラストに繋がっていて、感動…。
なんか振り返りってより観劇した人の感想みたいになっちゃった。笑
今回は念願の大阪公演が出来てとても感慨深かった。大阪公演中、拡樹と沢山話した。6年前と今で違う事とか、違わなきゃいけない事とか。
絶対に次へ繋げるぞ!!
ここで終わってしまっては前と一緒だ!!
先へ進むんだ。西へ!!

31

今日は振り返りではなく思い出を少し紹介しようかな。
稽古場では一切見れなくて劇場に入ってから見る後ろの映像。DVDになってからこんな感じだったんだ!!ってなる事もしばしば。
『おいしい』
ここの映像とっても可愛く作られていましたね。
しっかりと全部は見てないけど、お鍋なんかも出てきて。笑
最遊記でただただ陽気なシーンって少ないから、ちょっとした癒しタイム。
んー、まだまだ沢山写メがある。また紹介するね☆

2015.2

1
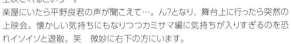
さて未公開写メのお時間です。
舞台上のスクリーンに突如カミサマ編のDVDが上映されるという…。
楽屋にいたら平野良君の声が聞こえて…。ん?となり、舞台上に行ったら突然の上映会。懐かしい気持ちにもなりつつカミサマ編に気持ちが入りすぎるのを恐れイソイソと退散。笑　微妙に右下の方にいます。
そしてメイキングのカメラがあるのでもしかしたら使われるかも?ね。
あと大阪でグリコにも行ったよ。メイキングカメラを持っていって自分達で撮ったからその映像もある…かもね。個人的に観たい。

2

さてさて今日は悟空のアナザーver.を。
チビ悟空。
自撮りで全身は姿見がないと撮れない。笑
前回もこの撮り方した気がする。結局全身撮れてないじゃん。ねっ。

基本的に衣装着るのは本番中だけなので写メもなかなかゆっくり撮っていられないの。
着替えしなきゃいけないしね。
どの衣装も可愛くてお気に入り。
とっても動きやすいし（ここ大事。）沢山動くだろう、と色々な所にストレッチ素材が使われていて本当に動きやすかったです。感謝感謝。

6

今日はちょっと田舎の方へガタンゴトン…。
まだ何処か言わないよ。笑
あー幸せだ。ひと仕事終えて今こんな感じでリラックス中です。

時間がゆっくりと過ぎていく…。

明日のブログで何処に誰と何しに行ったか発表するね＾＾

では(^^)／～～～

7

さぁ!!　正解発表のお時間です。
電車でガタンゴトンと、この方と移動していました。じゃーーん。前ちゃん!!

何しに行ったかと言うと（鯛）○○ファクトリーのロケでっせ＾＾
鬼の像がある街。鬼怒川温泉に来ました!!

何したとかどこ行ったとかは今度の放送の時にVTRにまとめられていると思います。でも沢山写メあるからちょいちょい出していくね＾_＾
お楽しみに―♪

8

旅館に入って早速浴衣に着替える僕ら。
温泉にゆっくり浸かって早速夕飯ですよ。
なんと豪華な懐石料理!!!!!
ほんのり顔が赤いのは日本酒を飲んだからだよ。笑
とても苦手な食レポもしたからね。笑
とにかく美味しかった。
そして僕らが向かった先は…。

つづく。

9

ひと段落した僕らが向かったのはゲームコーナー!!
このゲームコーナーでもかなり白熱の対決が行われましたよ。笑　放送で見られるかしら?
そしてこの日はスタッフさんを交え色々お話をして就寝しました。
朝起きて朝食前に温泉入って、外へ。
駅前で祭りをやっていたので参加!!
鬼がお菓子を撒いてくれるそうです。
「とりあえず一個はゲットしようね」と参加。
無事に2人ともお菓子をゲットできましたよ♪
そしてまたまた移動です。

つづくよ。

◆この月の舞台、お仕事>>>　映画『なんでも埋葬屋望月』きゅーちゃん（田中久太郎）役　他

11

さて、鬼怒川温泉の旅ブログ最終回です。
長かった。笑
ロープウェイに乗ってサルに餌やり体験を終えた僕らは見晴らしのいい展望台へと。
とっても快晴で遠くまで良く見えました!!
この2人の大事な日は大体大雪とか大雨とか爆弾低気圧とか重なってくるのですがこの日は見事な快晴☆　パシャパシャお互いを撮りあったりもしましたよ♪
そして下山してオシャレな水辺のレストランでご飯を食べて無事に東京まで帰ってきました。内容たっぷりなのでどんな編集になることやら。
これで予習は完璧ですね☆　楽しんでいただけました??

17

朝起きた時夢を覚えていた。
珍しい事なので夢占いで検索してみた。
今の心境と完全一致していたので驚いた。
夢占い…侮れねぇ。
さてさて、3月の舞台はシェイクスピア!!
ロミジュリとマクベスを現代風にすると…。
ロミジュリは舞台作品で見たりしているので登場人物とか関係性とか物語も大体分かっているけれど、マクベスはあまり知らない…。
って事で読書。苦手なんだよねー。文字見てるとウトウトしてくるし…。
登場人物を自分の中でキャスティングしながら読みたいと思います。笑

21

さてさて秘蔵画像…。
うん。秘蔵って程でもないんですが…。
ただ使い所が無かっただけの画像。笑

この前マエタイの放送でロケした旅館での帰り、お見送りにワンちゃんが来てくれました。
とっても可愛かったので一緒に写メを撮ろうとしたけれど、動いて全然上手く撮れなかった。笑ってゆーね。

動物はいいなー。癒されるなー。
飼ったら更に出不精になるんだろうな。

23

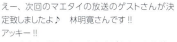

今日はなかなかあったかい一日でしたね。
過ごしやすかった。雨がパラパラしてたけど。

えー、次回のマエタイの放送のゲストさんが決定致しました♪　林明寛さんです!!
アッキー!!
あの自由な番組にあの自由人が加わったらどーなってしまうのか…。笑　楽しみですね＾＾
時間のある方は是非見て下さいね☆

今日の写メはこの前の放送の時に書いたもの。
放送中に写メ撮っちゃった＾＾
今日も一日お疲れ様でしたー o(＾▽＾)o

26

今日は一日雨模様でしたね。
昨日じゃなくて良かった。昨日はジャケ撮影で公園にも行ったから。
大きい池があって住みたい街ランキングも上位の吉祥寺!!
ファイヤーレオンの撮影でも沢山利用して思い入れのある街。

しかし髪の毛伸びてきたな。少し切ろうか…。
もうすぐ2月も終わり。
一日一日大切に。

28

さて、2月も終わります♪。
3月です!　やっと春が来るぞ!!
3月から色々バタバタになりそう…。
もっとアクロバット練習したかった。時間見つけて行く予定ではいるけど今より行けなくなるだろうな。でも暖かくなるのが嬉しいからいいや。
関係ない…笑
学生の皆は出会いと別れの季節だね。
新社会人達も頑張れ♪
僕はこれから楽しみな作品が色々控えているので体調に気をつけて毎日全力で頑張りたいと思います!　押忍!!
写メは髪切る前のだけど…スタジオにて。

2015.3

2

今日は『エデンズロック』の顔合わせー!!
やっと始まった!!
時間があまりないので最初からエンジン全開で頑張らなければ。
明日からバリバリ頑張ります♪
今日は隣の席に座っていた野田君と。
じぃじとは2度目の共演。
今回絡みはあるかなー?
お楽しみにっ♪
さて、台本読もう。

6

いよいよ明日鯛造祭ですよ!!
今回もスタッフさんが色々と考えてくれたグッズ達があるので楽しみにしてて下さいね♪
皆さんより一足先にGETしました。マシュマロとステッカー。
マシュマロにはサインとかイラスト、自筆のメッセージが入ったものがあります。
ステッカーはICカードに貼れるらしいけど恥ずかしくて貼れません。笑
お馴染みのチェキや写真もあります。
チェキは何枚か落書きもしていますよ。
今日も少し書いてから寝ようかな♪
明日は皆で楽しみましょう☆

8

昨日のイベントで10秒で絵を書いてその絵が何なのか当てるゲームのコーナーがあるんですが、その時の一つでジャイアンを描いたんです。まぁ10秒で書いた割には頑張ったかな?と思っていたんです。
で、MCの唐橋さんにも描いてみて!と言ったらやっぱり上手かった。流石です。
今日はその時の写メ。左が唐橋さん作ね。ゲームしたり、条件ガチガチなエチュードしたり、楽しかったなー。と思い返していたら昨日寝るのが遅くなってしまいました。笑　幸せな時間やったな。今日はちゃんと舞台の台本見て予習復習しよう。　よし!　頑張るぞっ!!

10

今日も一日稽古♪
徐々に徐々に。
今日は写メ撮るの忘れてしまったなー。
なので先日演出家の宇治川さんが皆にパンを差し入れしてくれた時のショットを!!
左からじーじ、田中稔彦君、杉江大志君。
少しずつ共演者も紹介していかなくちゃね。
では(^^)／～～～

11
今日は3月11日。4年前は『努力しないで出世する方法』の公演期間中でした。何回か公演が中止になったり、遠くからのお客様が来場できなかったりと多大な影響が出ました。
その時『エンターテイメントは生きるのに必要ない事』なんだな。と痛感しました。でも違う!! 生きていくのに楽しみは絶対に必要だし、少なくとも舞台というものを楽しみにしてくれている人達がいる。
舞台やイベントに来る事を目標にして目の前の目標や壁にぶつかって、決心したりしてる人達もいる。少しでもその原動力になれるのならステージの上で全力で生きなきゃならない。自分がエンターテイメントを発信しているから。少し自分の中で意識が変わった出来事でもありました。
震災でまだまだ辛い思いをしている方も多くいるとは思いますが、僕らの舞台を楽しみにしてくれている方へ恥ずかしくない姿をお見せする為に日々過ごしています。

12

今日も稽古稽古ー♪
丁寧に丁寧に。

今日は小笠原健君とツーショット!!
仲良くなったよ。笑
普段こんなイチャイチャしないよ。笑
芝居での絡みがあるかはお楽しみ☆

明日も頑張るぞ!!

◆この月の舞台、お仕事>>>　「鯛造祭vol.7 ～ホワイトデーの陣2015～」／舞台「Rockin' Style『エデンズロック』」 他

今日も芝居と格闘してました
ん〜〜難しい(^^;) でも絶対良いモノに仕上げて劇場でお見せしますね!!

な〜んにも関係ないけど今日の写メは寝癖。笑
とても暴れていたよ。
わっしょい。

さて! 明日も頑張りましょう!

いい具合に早めから劇場に入って、場当たりなどの確認作業です。
なので今日は体のメンテナンスに行ってきました。ちょっと体が固まり気味だったのでほぐしてもらいました。
あったかいお風呂に入った方がいいよ。と言われたので今日はゆったりと浸かりたいと思います。
最近銭湯行ってないなぁー。今日はゆっくりして、明日に備えたいと思います♪

今日の写メは昨日撮った写メ!! 和貴とじーぱと佐伯さん! 和貴との絡みはまさかの…!?
フフ、お楽しみに♪
お風呂に入ってくるでござる。

今日も無事に2公演終了しました!!
今日はDVD撮影もあったので発売したら観に来られない方も是非ご覧になって下さいね。
終演後のトークショーも収録されてるかも?

さてさてそんな今日はこのお方とツーショット!!
神父役の増田さん!!
まっすんさんとは今度の水プロでも共演するのでそちらも楽しみ。絡みあるかな?

さーて、明日明後日で終わってしまいます。
最後まで楽しむぞ!!
では(^^)/~~~

いやー、本日も2公演無事に終了致しました。
ご来場ありがとうございます。
明日でおしまい。寂しいな。
楽屋がとても賑やかで毎日楽しく過ごしていて、それでも本番の集中力は皆凄くて、学ぶ事が沢山あります。
お芝居はやっぱり楽しいな。すごく簡単な事なハズなのに、とても難しくてとても繊細でどこまでやっても答えが見つからない。
明日も全力で頑張るのみ。
今日の写メはまっしろしろすけな衣装写メ。
素敵な衣装をありがとうございます。
でも背景と同化してしまっている。笑
よし!! 明日も生き抜く!!

今回の舞台は学ぶ事、考える事が非常に多くて役者として確実にプラスになったな。と感じます。
シェイクスピアの難解な言葉を口に出して体で表現するのはとても難しい。演出家の宇治川さんも本番入ってからも細かく細かくダメ出しをしてくれて、少しでも伝わるように、少しでも劇的にという事に関して一切の手抜き無しでした。
言葉を扱う職業『役者』。まだまだ未熟者、本物と認められるのはいつか分からないけど自分を磨いて更なる高みへ。
一言一言のセリフの大切さをこれからも大事にして次なる作品へ挑みたいと思います。
ジョアンナ役の黒田有彩さん。僕達の役の関係はシェイクスピアのロミオとジュリエット。原作は悲劇で幕を閉じますが、この作品では救いがあったのではないでしょうか。愛に真っ直ぐな2人。また僕の心の中に大切で愛おしいキャラクターが生まれました。

今日は『最遊記歌劇伝』のDVD特典の座談会をしてきました。懐かしい話をしたり、色々な話で盛り上がっていました。
短い時間だったけど、久しぶりに会えて楽しかったなー。
今日はそのメンバーで写メを撮ったよ♪
DVD楽しみだなぁー。今回も特典映像が盛り沢山らしいので、そちらもお楽しみに☆ 勿論本編もね^^
では(^^)/~~~

2015.4

1

桜が綺麗に咲いていますね。
今日パラパラと雨が降ったのでどうでしょう？まだまだ残ってるかな？
今日から新たな環境で頑張る方が多いのかな？希望や期待や不安…様々な想いがあると思いますが無茶はせずに、気張らず自分らしく。
さてさて、そんな4月。僕にとっても挑戦の舞台『龍狼伝』が始まる訳です。
稽古が始まる前にのぶニャがで共演した、陸さんにお会いしてきました。沢山お話を聞いてもらいました。バカ話や真面目な話。
多くの人に楽しんでいただける作品になるといいな。稽古頑張ります＾＾

5

先日、誠治郎さんと会い。そのまた少し前に実はゲンゴロウさん（根本さん）にもたまたま会っていたのです。
2人とも僕にとっての初舞台『遙かなる時空の中で』で共演したお兄さん達。あの時アクションも芝居も出来なくて沢山迷惑かけたなー。
誠治郎さんとは共演してるけど、根本さんとはなかなか機会がないので、いつか来る共演の日に成長したな。って言われるように頑張ろう。
さてさて間も無く『龍狼伝』の稽古が始まるので気合い入れて頑張りますよ‼
久しぶりにランニングしたらいい感じの疲労感がありました。緩んでる身体に喝を入れつつ怪我しない程度にやったります‼

9

今日も一日稽古です。
少しずつ動きなどがついてきて、形が見えてきているけどまだまだ…。
早く台詞も覚えなくちゃ。やる事いっぱいだー。

さてさて、今日の写メは張飛役の友常勇気さんと！ 明るくて優しい雰囲気を纏っている方。お芝居も大胆で好きだなー。恥ずかしいので本人に言ったことはないけどね…。笑

さ、家に帰って復習だ。
その前にご飯ご飯…。

10

今日は稽古前に『龍狼伝』の原作者さん山原義人さんと対談してきました。『龍狼伝』の誕生秘話や好きな武将など、面白いお話を沢山聞けました‼
パンフレットに掲載されると思うので楽しみにしていて下さいね♪ 今日の写メは対談の時のもの。 真ん中の方が山原先生です。
対談の後は稽古‼ ザクザクと動きがついていきます。
まだ殺陣はついてないからこれから殺陣がついていくのもとても楽しみ‼
さて、家に帰ったら今日の復習だ。 まだまだ頑張るぞー‼

14

殺陣も少しずつ付いてきて作品の形が段々と見えてきました＾＾
動ける人が多いので迫力ある殺陣シーンになりそうですよ。
そして、今日の写メは演出のまつだ壱岱さんと‼
日々悩みながら良い作品になるように試行錯誤してくれています。

今日も家に帰って復習と予習頑張らねばっ。

17

今日はね、稽古の前に前鯛のロケに行ってきたよ♪ ランチパックでご飯食べつつ移動して、今回の目的地は…。
消しゴム工場‼
工場見学も楽しかったけど、創業者の岩沢さんのお話がありがたすぎました‼
今年から就職した方に是非とも見て頂きたい内容です。
最後に岩沢さんと前ちゃんとパシャリ☆
とてもいいロケ（社会見学）でした‼

今日も稽古です。
微妙に絶妙に順調に進んでない気も…。
気の迷いの芝居に気付いた…。多い‼
見せ場が沢山ありますよ♪　お楽しみにっ☆
今日の写真は、小嶋由光介君と友常勇気君‼
下からのショット‼

鶴ちゃんは今回で2回目の共演。
前は俺がゲスト出演だったからあんまり稽古場でも絡めなかったけど、今回は稽古場でも沢山喋って本番も絡みあるよ。
もーちょいもーちょい…。
残りの稽古も頑張るぞ‼

今回は福岡帰りに誕生日ケーキをお祝いしたよ♪
かっちとくんた‼
喜んでくれたよ(*´艸`)
良かった良かった。
お2人ともおめでとうございます^^

稽古も残り少なくなってきて、ラストスパート感出てきましたぜ。
頑張らねばっ!

今日は予定通り通し稽古をしましたよ。まぁミスは当然するのですが…。
あと1週間。ここからが勝負です!
ここからお芝居は楽しくなるんです。
辛い時期を乗り越えたので後は楽しみながら一言一言もっと考えて創っていきます。
あとねー、思ったのは…これ俺痩せる。
うん。いいダイエットでございます。笑
残り稽古1週間!　全身全霊で頑張ります‼
今日の写真は孔明役のかっち!
同じ岐阜県の出身なんやお。(なんだよ)
でも2人で話しとっても全然岐阜弁でーへんけどね。(話してても全然岐阜弁出ないけどね。)
どっかでご飯食べてから帰るか…。

今日も稽古ー^^
映像なんかも使うんだよー。
かっこいいよー。
その合わせなどの稽古しましたよ。
もーすぐ本番だ‼
今日の写真はのぶニャがメンバーとパシャリ☆
凄いいっぱいだ。笑
明日も稽古‼
残り少し、頑張るっ^^

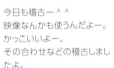

今日は最終通し。
うん。稽古場で出来る事はやったぞ‼
後は劇場でセットと合わせて更に良くする‼

今日の写メは許褚役のにっちゃん‼
後半での絡みは見ものですよ。
にっちゃんはアクションのスペシャリストですからね。
この現場殺陣上手い人が多いんですよ。
お楽しみに(*´艸`)
ニヒヒヒヒ。

今日は小屋入り心口です。スタッフさんがセットなどを立て込んでくれています。
そして、僕は髪の毛を切りに行ったり、岩盤浴へ行ったりとメンテナンスをしていました。
そして、夜はキャストサイズチャンネルの『マエタイ○○ファクトリー』の放送でした‼
まぁ、相変わらず自由な感じでワイワイやってきましたよ。とっても楽しかったです。
消しゴム工場のロケ動画も普通に見入ってしまった。すごくロケっぽいロケになりましたね。
次回は消しゴム工場のロケ後半を放送します。
そして、今日のゲストは布施君‼　前ちゃんとのやり取りが面白かったなぁ。
次はゲスト誰が来るんだろう。

2015.5

1

今日は場当たりです!!
大変な一日でした。多分明日の方がバタバタすると思いますが…ドンと来いです。
本番での汗の量が尋常じゃないかもしれないけど気にしないでね。笑
発汗いいだから。笑
ちゃんと水分補給してぶっ倒れないようにします。
でねでね!映像が少し入るんですけど、やっぱカッコいい!! そして、みんなの殺陣かっこいい!!
みんなの場当たり見て感動してた。槍とか剣とか素手とか。最後まで皆怪我しませんよーにっ☆
明日いよいよ初日!!
うっしゃあーーーー!! 皆パワーちょうだい!!
俺、頑張るるっ!!

5

今日も無事に2公演終了しました!!
ご来場ありがとうございます♪
あーしーたー!千秋楽です!!
早いね…。終わったら寂しいんだろうな。
まずは明日、怪我無く怪我させず無事に終わる事を目標にします。
明日が千秋楽って信じられない。
さて、今日の写真は虚空役の鷹松宏一さん!!
本番ではもっと目が怖くなるんです。
体が大きくて殺陣がド派手なので羨ましい。力強さが滲み出ている殺陣が大好き。
さて明日で終わってしまうけど、悔いの残らないよーに頑張りますっ!!
応援よろしくお願いします☆

7
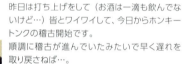
昨日は打ち上げをして(お酒は一滴も飲んでないけど…)皆とワイワイして、今日からホンキートンクの稽古開始です。
順調に稽古が進んでいたみたいで早く遅れを取り戻さねば…。
しかも今回結構キーパーソンかも…。
ドキドキ。俺、頑張るねっ☆
そして、今日は勿論この方との写メ!!
拡樹ー♪
拡樹が龍狼伝の事労ってくれた。嬉しいな^^
拡樹の「お疲れ様」で疲れが吹っ飛ぶね。
ありがと、拡樹。
よし、台本覚えなきゃ。

9
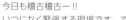
今日も稽古稽古ー!!
いつになく緊張する現場です。でも楽しく順調に進んでいますよ^^

今日は龍狼伝の打ち上げの写メを。
原作者さんの山原先生と写メを撮らせていただいたんです!!

舞台をとても楽しく観ていただけて、お褒めの言葉も沢山いただき嬉しい限りです。
頑張った甲斐があります!!
よし、明日も頑張るぞーい!!
では(^^)/~~~

12
今日は舞台『龍狼伝』の振り返りを書くよ。
まずこのお話をいただいた時はとても嬉しかったです。でもプレッシャーも半分くらいあったかな? 座長って初めてだし。
稽古は気が合う仲間が多くいたのでとても楽しく切磋琢磨して進んでいきました。芝居面も演出家の壱岱さんが丁寧に作ってくれたので不安はありませんでした。
そして稽古が終わりいよいよ本番…ゲネ含めると毎日2公演×5日間。
体力的には大丈夫だったけど、アクションが激しくて筋肉がボロボロになっていきました。でも殺陣やアクションのスペシャリストがいてくれたからいつも気遣ってくれて本当に助かりました。
原作者の山原先生もありがたいお言葉を沢山かけてくださりありがたかったです。そして沢山のお客様に見ていただきとても感謝しています。
最高のカンパニーでした!!

14

今日は『龍狼伝』の時に撮っていた写メを。
志狼の空白の1年間を写メで物語にしたの。2日間に渡ってお送りするよ。

まず志狼が倒れている所に左慈が通りかかるのです。

そして志狼を助ける。
志狼の強くなりたいという思いで修行を開始する事に。

続く。

◆この月の舞台、お仕事>>> 「GRASP produce vol.1 舞台『龍狼伝』」 主演・天地志郎役/舞台「水木英昭プロデュース vol.18『眠れぬ夜の

15

さぁ!! 今日は昨日の続きぃ!!
左慈に助けてもらって修行を始めた志狼。
左慈を相手に組手をします。

沢山の体術を身につけていきます。
そんなある日レンファが危ないから山を降りろと…。
左慈!! 行ってくる!!
そしてレンファを助け出す。
このラストショットがお気に入りなの。
シルエットの感じがね♪ いい感じ☆

お付き合いありがとうございました＾＾
葵さんも付き合っていただきありがとうございました＾＾
撮影者はキメ様。笑
お二方本当にありがとうございました!!

22

今日も横浜ー！
キャパ22時間キャスト リハリハチャンネルのマエタイの放送が始まるよー!
ゲストは樋口裕太。
ゴールデンウィークの舞台『龍狼伝』で共演しましたね。ゆーたの芝居とかダンスとか歌とかのセンス好きなんですよー。また色んな作品で共演したい人の一人ですね。そして年を重ねてどうなるのかとても楽しみな役者さん。
ま、いつも通り自由に楽しく放送するのでお楽しみにっ☆
消しゴム工場のロケも後キも放送予定ですよ♪
では(^^)／～～～

23

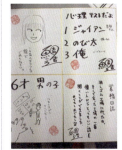

今日稽古場で写メ撮ろうと思ってたのに忘れちゃった…。だから昨日のマエタイの放送の色紙達を…。

いつも通り心理テストしたり業務日誌書いたり。楽しい放送になりました。消しゴム工場の後半のVTRも名言の連続でとても楽しかった。
自由で楽しい放送ができました＾＾

明日は通し稽古。
前回の反省点をしっかり確認して良い通しになるように頑張るぞ!!

27

今日で稽古終了!!
最終通しもいい感じにまとまったんじゃないでしょうか?
良い初日が迎えられるように、劇場入ってから集中して場当たりしていかなきゃね。

今日は皆でパシャリ☆
早く観てほしいな。
とっても面白くて、でも考えさせられる…。そんな作品のキーマン。
お楽しみに＾＾

31

今日も沢山の小さんに観劇していただき、ただただ感謝です。そして、お花やお手紙プレゼントいつも本当にありがとうございます。細かい所までお芝居見てくれててとても嬉しいです。
人間って単純なようで色々な事を考えて言葉に出してる。気持ちのままの言葉だったり、嘘で固めた言葉だったり。
そのひとつひとつを感じてくれている事がとても嬉しいのです。
本当にお芝居が大好き。そして、それを敏感に感じ取って涙したり笑ったりしてくれる皆さんが大好きです。ありがとう。
綺麗なお花。沢山沢山ありがとう。
これからも真摯にお芝居と向き合います。

2015.6

5

今日は1公演!!
全体で見て折り返し、明日から後半戦ですね。
ここまで来ても毎回微妙に変わるお芝居。
とっても繊細。でも楽しいな♪
今日は鳥越とパシャリ☆ お芝居の話は鳥越と良く話す。熱い気持ちを持っているので話していて面白い!! 年下だけど勉強になるし頼れる。
今回演じる倫也について舞台を観てみんなが色んな事を感じて考えてくれる事がとても嬉しいです。
これから観る方もいらっしゃるでしょうし、とにかく舞台を楽しんでいただければ幸いです。
さぁ! 土日は2回公演だ!!
一回一回魂込めて演じます!!

11

今日は名古屋の初日であり、千秋楽でした!!
楽しかったーー!!
名古屋の皆さんありがとうございました!
満員で嬉しかったです!
沢山のお手紙とプレゼントありがとうございました!!

今日は母と姉が観に来てくれました!
一緒に手羽先食べて、明日は福岡!!
まだまだがんばります♪

16

今日は大阪公演初日!!
平日なのに、沢山のお客様に観劇していただいて嬉しいです^^

そして、カーテンコールで明日誕生日だからサプライズしなきゃね。とかなんか宣言されたけど…舞台の皆ちゃんと祝ってくれるかな?笑
明日のお楽しみだね^_^;

そして、今日は串カツを食べます♪
とても美味しゅうございます♪
28歳最後の日に仕事が出来ていて幸せです☆

17

大阪公演無事に終了です!! 4公演だけだと短いけど大阪でお芝居出来て嬉しかったです♪
後は仙台公演を残すのみ。
イベントもありますけどね…。

そして本日29歳になりました!!
沢山の方に祝っていただき幸せでした☆
一瞬サプライズやらないのかな?と思わせてのサプライズをしていただきました。笑
皆さんありがとうございます♪
チーズケーキ美味しかった^^

そして沢山のお手紙プレゼントありがとうございました!! みんな、ありがとー!!!

19

舞台『ホンキートンク』大千秋楽無事に終了しました!! 仙台ありがとー!!
終わってしまうと早いのかもしれませんが…。
考えると東京公演やってた頃は大分、昔のような、不思議な感覚です。
毎日楽しかった!! 毎公演全力でお芝居しました。とても難しい役だったので沢山悩んだし、先輩方に相談もしました。でもいつも熱く演出をしてくださる水木さんのおかげでここまでやれました。 支えてくださる沢山の方に感謝!!
観てくれた皆さんにも感謝!!
やっぱ俺お芝居大好きみたい。
これからも応援して下さい。
絶対手を抜かないから。

21

今日はホンキートンク祭でした!!
2公演とも沢山のお客様にご来場いただき嬉しかったです♪ とても楽しかったです☆
これで全て終了しました。寂しいな…。
沢山地方も行って、仲良くなったメンバーだったから別れがとても寂しい^_^;

今日の写メは拡樹とー☆
拡樹とはまた『最遊記』で会えるね♪
最遊記も全力で頑張る!!
早くDVD見たいよー。

◆この月の舞台、お仕事>>> 舞台「水木英昭プロデュースvol.18『眠れぬ夜のホンキートンクブルース第二章～飛躍～』」有働倫也役 他

22

今月は一日置きの更新でした！
沢山写真撮ったよ^ ^　色んなシチュエーションで。こんなんがか。

23

今日はサエイドの放送でしょ〜♪
前ちゃんのテンションの高いこと高いこと。笑
ゲストしょにーをお迎えして今日もワイワイやらさました♪
また慰安旅行で楽しい所にお出かけしたいなー^ ^　叫います♪　に♪♫
今日の写メは放送前に撮ったやーつ。
さぁ、明日はちょっと朝早いから早めに寝るぞ!!

25

今日はニコ生の放送でしたよ♪
龍狼伝で共演した緑川睦さんMCの番組にゲストで出演してきました!　番組の最後には誕生日をお祝いしていただき、プレゼントまで貰っちゃいました。お2人共ありがとうございます!!
初回だったのでバタバタしてましたが懐かしい映像なんかも見れて楽しかったです。DVD楽しみだなー。自分の出演した作品を観るの最初は苦手だったんだけど、最近は楽しみになってきた。客観的に見れる機会がDVDくらいしかないからね…。まだ『最遊記歌劇伝』は観れてないから早く観たい。

27

今日は舞台『眠れぬ夜のホンキートンクブルース　第二章〜飛躍〜』の振り返りを…。

『龍狼伝』が終わり、翌日から稽古に参加した訳ですが、とても順調だったのか既にザックリと最後まで動きなどがついていてビックリしました。早く台詞覚えなくちゃ!!って焦っていました。
台詞覚えるのもそうだけど、今回メチャクチャキーパーソンじゃないですか!?　夜家に帰ってからあそこのシーンこうしよう、とか、あそこダメ出しでこう言われたからこの表現の方が近いな、とか色々考えてまた稽古場で試す。そして演出されて…気付けば通し稽古になりあっと言う間に本番。

有働倫也。今回いただいた役です。倫也は20代後半だけど精神年齢的には中学生。反抗期の子供を意識してお芝居しました。
僕にも反抗期があって本当に酷い言ったり行動を起こしたりしました。だからこそ分かるけど心で許していてもどこか意地になっちゃうんだよね。「ごめんなさい」や「ありがとう」なんて恥ずかしくて言えたものじゃない。振り絞って言えた一言が最後の「お母さん、帰ろう」だったと思うんです。

ホンキートンクの皆に会って倫也はとても成長できた。そして、この役を演じる事で僕自身とても勉強になったし成長できたと感じています。
ありがとう。倫也。きっとこれからの人生辛い事とか他の人よりも苦労する事沢山あると思うけど強く生きてほしいと思います。

今回お手紙を読ませていただいて、そういう事を考えて見てくれている人がとても多くて、すっごく嬉しかったんです。そこを見てくれていた方々にとても感謝です。

29

今日は『ダイヤのA』の顔合わせでした!!
いやぁ〜緊張したよ。うん、知らない人ばっかりでね…。早く仲良くならなくちゃ。
でも顔合わせの後にこのメンバーでアメスタがあったので控え室で少し話せて仲良くなれたと思う。明日から稽古と仲良くなるミッション頑張る。
久しぶりだな、こんなに人見知りする現場。笑
そして、アメスタのプレミアム放送見てくれた皆さんありがとうございます。あまりやらないもので不慣れでしたが…楽しんでいただけたのだろうか。苦笑
色んな舞台を振り返れたのでヨシとしよう。

2015.7

4

今日は稽古はお休み、昼から用事でバタバタ動いて気が付いたらもう夜だ。一日が早いね…。
スーパーで買い物してて、全然買う予定無かったのに見たら急に食べたくなって買っちゃった。ミルキー。
なんか、ほら、見ると食べたくなるでしょ？
癒される甘い味だよ。

あ、鯛造祭まで後1週間なんだね。
初めての方も何度も来てくれてる方も一緒になって楽しもう♪
そんな緊張感あるイベントじゃないから、ラフにね、自然体で楽しみましょうね＾＾

6

今日は『ダイヤのA』のとある企画で明治神宮球場に撮影に行ってきましたよ♪ んー、まだ詳しく言えないから後ほどお楽しみにっ☆

神宮バッティングドームにも行ってきたんですが、このバッティングセンターに沢村栄純と対戦できるコーナーがあるのです！ リアルに作ってあって沢村の球はとても打ちにくかった＾_＾;
楽しかったー＾＾

11

今日は鯛造祭でしたよー!!
毎回恒例の唐橋さんに今回2部に参加して下さった太郎君!!
イベントでは恒例になりつつある、エチュードで太郎君の頭の回転の速さに改めて驚き、唐橋さんのセンスにやっぱりこの人の感性好きだなとなり、こんな素敵な方達と大好きなお芝居が出来ていた事、出来る事に喜びを感じました。
2部では皆クラッカー隠し持っててパーン!!にマジでびっくりしたり(＊´艸｀) 大好きな仲間からのお祝いのメッセージがあったり、もー皆大好き!! 嬉しかったし楽しい最高な誕生日イベントになりました！
本当に本当にありがとうございました!!

13

今日は朝から取材DAY!!
『最遊記歌劇伝』の取材を受けてきましたよ♪
1本目はカンフェティさん！ 小野田龍之介さんと2人で。王子様が帰ってきます。なかなか熱いお話をしたのでお楽しみに☆

そして2本目は同じく『最遊記歌劇伝』の取材でSpoon.2Diさん。メンバーは唐橋さんと拡樹!! なんと、浅草の花やしきで遊びつつの取材でした！ 楽しかったなー。久々の遊園地。
とっても素敵な作品になると思うので観劇予定の方は是非お楽しみにっ☆
とても充実した良い一日でした＾＾

16

今日は稽古場への差し入れでスイカなどフルーツをいただきました♪
夏って感じのフルーツですね＾＾
皆で美味しくいただきましたよ♪

そして稽古は初めての通し稽古。
色々課題も見つかり、今後に繋がる良い通し稽古が出来たと思います!!

台風の動きが気になるけど、いつくるの？
どーなったの？
気をつけて生活しましょ。

18

本日はマエタイのロケに行ってまいりました!!
詳しくは放送を見ていただければ全て分かると思いますが、とりあえず海の見える場所へ行ってきましたよ。
自由な旅へ…。どんな映像になっているかなー。
皆で楽しみましょう♪

いやー、ある意味過酷でした。笑
とりあえず今日はぐっすり眠れそうです。
皆さん、良い休日をっ☆

◆この月の舞台、お仕事＞＞＞ 「鯛造祭 vol.8 〜誕生日の陣 2015〜」 他

20

今日は『最遊記歌劇伝』のDVD発売・イベントでした!! 連休最後の貴重なお時間にご来場ありがとうございました!!

久々に仲間にも会えて楽しかった!!
写メは皆でパシャリ☆
お手紙やプレゼントもありがとうございます!!
次の最遊記歌劇伝も気合い入れて頑張るので応援よろしくお願いします!!

チョロっと打ち上げしてきます♪

21

昨日の『最遊記歌劇伝』のDVD発売イベントで、よんまた峰倉先生からキャストへ素敵なプレゼントがあったのです。前回、僕たちは戴いていたんですが、キャラクターの色紙!! とっても繊細な絵でとっても綺麗。僕がいただいた絵は部屋に飾っています^^
先生のお気遣いがとても嬉しいです。
さぁ、明日も一日頑張りますか!!

23
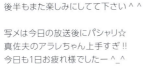

今日は稽古の後にマエタイの放送でしたー。ご視聴いただいた方、ありがとうございました!!
先日行ってきたロケの映像と共にゲストの真佐夫と楽しく見ましたよ♪

今回の撮影はかなり長時間回したので2回に分けて放送するみたいです。
後半もまた楽しみにしてて下さい^^

写メは今日の放送後にパシャリ☆
真佐夫のアラレちゃん上手すぎ!!
今日も1日お疲れ様でしたー^_^

24

今日は衣装を着ての通し稽古。やっぱり音響だったり衣装だったり小道具だったり、パーツパーツが揃ってくると稽古を見てても楽しい!! これで劇場に入ってセットや映像なんかと組み合わさると…って考えるととても楽しみです! 舞台上に出るのは役者だけだけど、沢山のスタッフさんに力を借りて出来上がる舞台。生身の人間だからこそ伝えられる想いを是非劇場で味わって下さい。素敵な舞台を創りあげます!!

今日の写メはキャプテンである結城役の上田悠介君!! 野球経験者だし、動きの一つ一つが説得力ありすぎ!! 楽しみにしてて下さい♪

29

今日は舞台『スーパーダンガンロンパ2 THE STAGE』の制作発表でした!!
本番まではまだまだ時間がありますが、共演者の方とお会いして稽古が始まるのが楽しみになりました。今年、何かと共演作品の多い拡樹とも一緒なので心細くない!!

そして、制作発表の後に拡樹と『最遊記歌劇伝』の取材を受けてきました。「W!」さんです。色々と語ってきましたよ^^

明日は1日『ダイヤのA』の場当たり!!
集中してがんばろうぜ!!

31

今日は場当たりからゲネプロないし、明日の初日に向けての最終調整。
初日お越しの皆さん楽しみにしてて下さい♪

今日の写メはパンフレット!!
皆さんより一足お先にゲット!! いい写真沢山あるので是非お手にとってみてくださいね☆
でっかい写真もあるので是非。(*´艸`)
パンフレットと同じ大きさの写真ですよ^^
よーし! 明日は一日楽しむぞー!!

2015.8

1
今日は『ダイヤのA』初日でした!! そして、無事に初日終わりました!! 初日ご観劇いただいた皆さんありがとうございました!! 甲子園に負けないくらい熱い夏の始まりです。今日観劇していただいた皆さん、楽しんでいただけたかな?
僕らは皆さんの前で演じられる事をとても嬉しく思っています。
キャストスタッフ皆で丁寧に創りあげてきた『ダイヤのA』The LIVE。沢山の方に愛されるように明日からも気合い入れて頑張ります!! 写メは3年生集合!!

4
今日は『ダイヤのA』本番1回!! 無事終了しました!! 今日も沢山のお客様に足を運んでいただきありがとうございました。

今日の写メは楽屋で隣のお席の伊佐敷役の高橋良輔さん!! いつも、わちゃわちゃ仲良くやらせていただいてます☆

皆仲が良くて素敵なカンパニーなので終わりに向かって行くのが悲しいな…。
でも一公演一公演全力で挑みます!
明日も頑張るぞ!!

5
今日も1公演無事終了です!!
毎日満席でとても嬉しいです!
ご来場ありがとうございます♪
今日の写メは栄純と春市。兄弟挟み! 毎日座長として皆を引っ張ってくれている立派な廉。真面目で素直な素敵な役者さん。年下とか関係なく見習いたい部分が沢山あります。大河も。センスの塊だからね、彼。 稽古中良い意味でビックリしたエピソードもあるんだけど、それはまた今度の機会に。 毎日唸るような暑さだけど、皆さん体調に気を付けて下さいね♪ 明日も笑顔で過ごしましょう☆

8
明日で終わってしまうよー^^;
稽古場も本番始まってからの楽屋も、勿論お芝居中も全て楽しい時間だったので終わるのが悲しいな…。
でも前に進む為に、次のステージへ行く為に明日の公演もバッチリ決めてきます!! さて、今日の写メは四遊間。ん? 二遊間やなくて? そう! 四なんです!! 本日はなんと、アニメの方で小湊亮介を演じている、岡本信彦さんが観劇にきてくださいました!! そしてアニメで倉持を演じている我らが演出家、浅沼さん!! そしてそして俺ら!! 2×2で四遊間!! 完璧な守備ですよ^^ 岡本さん、お忙しい中ありがとうございました。

9
『ダイヤのA The LIVE』無事千秋楽を終えましたーーー!!
沢山のお客様、本当にありがとうございました!!!!!
最高の夏だった!
本当に楽しかった。
まだ終わった実感無いけど…
寂しーーー!!
絶対また帰ってきてやるからなー!
今日は打ち上がる!!
沢山の声援ありがとうございました!!

12
今日は新幹線でびゅーんっと実家に帰省しています。流石お盆ですね、新幹線が混んでいました。無事帰れたので良かったです。

お墓参りして、親と沢山喋って、兄弟に会って、甥っ子姪っ子に会って、友達に会って…。やりたい事は沢山あるけど、ちょっとゆっくりしたいな。今日は帰ってから小学生の時遊んでいた場所へ一人フラフラ行ってきました。地元の夏を感じて少しほっこり優しい気持ちになりました。
ちょっとだけゆっくりしてまた東京へ帰ります。
東京より蝉の合唱が凄いと感じるのは気のせいなのか、気のせいじゃないのか…。
遊べる友達、「この指、とーまれ」笑

◆ この月の舞台、お仕事>>> 舞台『ダイヤのA THE LIVE』小湊亮介役 他

14

昨日の中学生時代の集まりで随分盛り上がっていました。心臓悪いでペアのバスタオルをプレゼントしたら喜んでくれたよ^^ 良かった用意してた^^

今日はかなり寝てスッキリ☆ 慣れ親しんだ部屋の布団で寝るのは落ち着いていいね。
実家でご飯食べる時愛犬のクッキーが下から覗いてくるのです。一年に数回しか会わないのにちゃんと覚えてくれていて嬉しいね。
赤味噌のお味噌汁も抜群に美味しかったし、かなり元気をもらいました。
さ、銭湯にでも行ってこようかな？
いやぁー、地元は良いところだ。

16

『ダイヤのA』の振り返りを…。
オファーは脚本、演出の浅沼さんより直接いただいたのです。アニメの方で声優をやっているのは知っていたので、お話もらった時はとても嬉しかったし、とてもプレッシャーを感じました。それは稽古が始まってからも持続するものでは無かったのですが
稽古が始まる前に、写真撮影で目をどうするか、スタッフさん達と話したのが懐かしいです。正直僕自身どうするか悩んだのですが、本番はまだどうするか分からないけど写真は原作に忠実にいきたいな、と。
そして稽古が始まってから、浅沼さんからのとあるオーダーで目を開けまいと決めました。一番の特徴だからここは外せない!!とね。
何だか上手く纏まらないし、綺麗な言葉だけ並べるのも好きじゃないからこの辺にするけど、これだけは言っておこう。
また必ず小湊亮介を演じたい!!

17

今日からいよいよ『最遊記歌劇伝』が本格的に動き出しました!!
今回の作品はどうなるか…僕自身楽しみです!!
顔合わせをして、本読みをして楽しみがますます増えます。
皆さんに楽しんでいただけるように稽古頑張りますね♪
写メはプチ集合写真。
心強い仲間が沢山!!
やったるぞー!!

18

今日は朝から草野球をして夜はキャストサイズチャンネル上田悠介の『お好きにど〜ぞ』に出演してきました!!『ダイヤのA』の話も沢山出来たし、お好きにやってきました。視聴してくれた方ありがとうございます。写メは悠介とアイルくーん!
草野球はとっても楽しかったよ^^ ヒットも打てたし守備では少しだけ足引っ張ったけど、仲間とやるスポーツはイイね。日焼けしないように日焼け止め塗ったけど、とめどなく汗が流れていたから、もしかしたら焼けちゃったかも…(p'~`.)

19

今日はガッツリ一日『最遊記』の稽古です。オープニングの動きをザックリつけたり、軽めの殺陣をつけたり。初日にしては結構ハードだったのかもしれない。
明日筋肉痛になるかな？ 野球とかして動いてたから大丈夫かな？ でも使う筋肉が違うからね…。

今日は太陽との写メ☆ でっかい太陽!!
今日稽古行く前に甲子園を見ていました。『ダイヤのA』を読んでから高校球児の気持ちが少しだけ分かった気が(勝手に)して、全力プレーを見るとどの選手も応援したくなります。

26

今日は稽古の後にマエタイ放送でしたよー♪
『最遊記』キャストから2人もゲストが来てくれて珍しく芝居のお話をしました。
ロケ映像もほんのり懐かしく感じて見てて楽しかったなー^^
見てくれた方、ありがとうございます!!
次は何処にロケ行くのかなー？
楽しみだなぁー^^

2015.9

2

今日は皆で衣装を着てみる日。もちろん、三蔵一行も各々の衣装に身を包みました。
うん。気が引き締まるね。

そして、時間があったのでメイクさんに髪の毛クルクルにしてもらってました。笑
本編では全く関係ないけどクルクルに＾＾　パーマはすぐに落ちてしまう髪質だから憧れるんだよねー。

そして、そのままフッキーさんとパシャリ☆
明日も一日集中して稽古に励まなくては…。
頑張るぞー!!

5

今日の稽古でもお菓子いっぱい食べちゃったよ。目の前にあるから仕方ないね。お菓子大好きだし、目の前に置いてあるのが悪いと思うの。笑
うん。そーしとこ。

今日は稽古場で写メ撮ってなかったから『極上文學』の時の撮影風景を。
こんな感じの緑のある所で撮影していたので蚊が恐いなーって思ってたら、でっかい蜂が飛んで来てもっと恐かったよ。

さて、明日も一日頑張るぞー!!

8

今日の写メは林修司さん!!
初共演ですが、実はとあるスマホアプリで同じチームに入っているので交流はあったのです。
なのですっかり仲良しですよー♪
面倒見の良い兄貴って感じ。

そして稽古は半分くらいを通してみたけど課題が山積みでした。。。
これからこれから…。反省点が沢山ですが、一つずつクリアして最高な状態で初日を迎えられるようにします!!

11

今日は衣装を着ての通し稽古。反省点は多々ありますが実りある稽古が出来たと思います。
間も無く本番ですが最後の大詰め頑張ります!!

そして本日『ダンガンロンパ2』のビジュアルが解禁されましたね。
こちらです。
超高校級の極道ですから…。
頑張りますね＾＾
こちらもお楽しみに☆

13
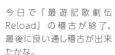
今日で『最遊記歌劇伝 Reload』の稽古が終了。最後に良い通し稽古が出来たかな。
後は劇場で照明や舞台セットと合わせる作業。
今回一回も三蔵一行で写メ撮ってないねー。って事でパシャリ☆
うむ。頑張るぞー!!
最遊記の魅力を一人でも多くの方に伝えられますように。

16

今日も一日終了!!
いよいよ明日本番だ!!

今日の写メは色んな役で活躍してくれてる2人!
前回から引き続き出演してくれています。
右が将太で左が田代さん。皆色々大変なのです。頭が上がりません＾＾;
うっし!　明日楽しむぞー!!

◆この月の舞台、お仕事＞＞＞　舞台『最遊記歌劇伝 -Reload-』孫悟空役　他

20

今日は、いく、とん将の子役達と撮った☆
どうも3ショットでは撮れず…、
藤村君優君。アしく向内荒木渡君。

とにかく子供達は
可愛いんだよ。
明日は1公演!!
一緒に西への旅を
楽しみましょう♪

22

今日も無事に公演終了しました!! ご来場、ご視聴ありがとうございました!!
さてさてさてさて、明日千秋楽ですって。
おーわーりーたーくーなーーーいーー!!
でも前に進む為には必要なんだよね(- -;)
今の自分に出来る全ての事を全力でぶつけてきます。最後まで応援よろしくお願いします。あ、昨日八戒の誕生日お祝いしたよ♪ 八戒のお顔に沢山クリーム付いてんね。笑 はははー^^ さぁて! 明日でラスト!! 頑張るっ!!

23

本日『最遊記歌劇伝 -Reload-』閉幕致しました。最後まで応援していただいた皆さんありがとうございます!! 最高な旅をする事が出来ました!!
次へ繋げる為、日々頑張っていきます。
あー、終わっちゃったなー。
ずっと悟空を演じていたい。
幸せな時間をありがとうございました!!

腹減ったーーー!!! 打ち上げで食べまくってやるー!!
振り返りはまた後日…^^

25

今日は『極上文學』の稽古へ行ってまいりました。今回も朗読劇の枠を越えて皆様にお届けできると思います。
朗読劇なのに舞台装置にも多々こだわりが見えて、なかなか面白い事になりそうです。短い稽古期間ですが頑張らねば。
今日はイセダイとパシャリ☆ 相変わらず適当で面白い男でした。笑

26

今日は『最遊記歌劇伝 -Reload-』の振り返り。
今回で最遊記歌劇伝として5作目です。過去一番コメディ要素の強い作りになっていたかも?
前作で過去編が出来て同じキャストで一作が出来たのはとても良かった事だと思います。稽古初めの方はなかなか全員揃わなくて一行で俺だけ。って事も多かった。
そんなこんなでやっとキャスト全員揃ったって時にはもうあまり時間がない!! なんてこったい!! 仕方ない、限られた時間で創りあげるしか。合流してから劇場に入るまでの体感時間は早かった。
で、本番入ったらもっと体感時間を早く感じる事になるんだけどね。
悟空も少し精神的に大人になったし。
悟空が感じているかは分からないけど、もっともっとこの4人で旅を続けたいな。
色んな壁に当たって乗り越えていく三蔵一行を演じたいな。
まだまだ旅が続きますように。

29

今日はマエタイの放送でしたー!!
今回は2人のスケジュールが合わずロケに行けなかったので、1年前の初ロケの映像だったりを流していただきました。何喋ったとか覚えてなかったので久々に見てとても面白かった^^
ガクもゲストで来てくれて楽しい時間を過ごせました♪
あー笑った笑った (*´艸`)

2015.10

2

明日は『極上文學』のイベントですね。初めての参加なのでどーいったイベントになるのやら^^ 楽しみです。
お越しになられる方は一緒に楽しみましょうね♪

今日の写メは先日のマエタイ放送で突然祝われたマエタイ1周年のお祝いケーキ。
1年経ったんですね。皆さんに応援していただけるからこその1周年。
応援ありがとうございます。

公開イベントも決定したし、これからも楽しみ（*´艸`）

4

今日は1日稽古でございます。衣装を着ての通し稽古。
残り数日…。必死に食らいついて最後まで少しでも改善して良い作品をお届けします。

今日はお姉様役の水石亜飛夢君とパシャリ☆
19歳だって。若い!!
あれ？ 10個下の姉？
あれ？ 矛盾してる。
若々しく頑張るっ。笑
明日も通し稽古!!

9

今日は『極上文學』初日でございました!! 無事に終える事が出来ました。
一つ一つの動きや言葉を大切に大切に明日からも演じます。ご来場ありがとうございました。

お手紙にプレゼントも本当にありがとうございます♪ 帰ってからお手紙読ませていただきます。感想を丁寧に書いてくれたり、何気ないシーンとかを細かい所まで見ていてくれてそれを書いて下さる皆さんのお手紙が大好きです。最近、近況を知らせてくれるお手紙も増えて、受験だとか入試なんかのお手紙を見ると「頑張れ!!」って手紙と会話してるよ。笑 感謝。ありがとう!!

11

今日はお昼1公演のみの出演でした。良い集中力で演じる事が出来たと思います。
明日は昼夜と出演するので頑張りどころです。

今日は公演終了後にイセダイとまっつんとパシャリ☆ 3人の共通点は皆、弟役をやる事。
厨子王が3人。
色んな組み合わせを楽しんで下さい♪

13

今日は休演日。
まーったり過ごしました。たまにはね…。笑
豆苗1回使ったやつを水に浸けておいたんですが、凄い勢いで復活してきて先ほど食べました。
毎日家に帰ってくるとグングン伸びてくるの見て、スゲーって思ってました。
いざ調理をする為に切るわけですが…少し躊躇するよね。なんだか可哀想…。
でも美味しくいただきました。

さて、今日の写メは昨日のですが、ふっきーさんとのツーショット。
『最遊記歌劇伝』以外では初めての共演。大阪も一緒に行けるし楽しみだ!!

17

今日は夜公演に出演してきました。安寿役が翼に変わり、一番お芝居での絡みがあるのでほんの些細な事で変化を感じて不思議な感覚でした。
今日出せるベストを出しましたが明日はもっともっと高みへ登れるように頑張ります。

そんな今日は翼姉ちゃんとパシャリ☆
明日は東京公演の千秋楽。
勢いよく大阪へ乗り込む為にも集中だっ!!

◆この月の舞台、お仕事>>> 舞台『極上文學 高瀬舟／山椒大夫』弟・厨子王役 他

18

極上文學、東京公演無事に終了しました!!
沢山の方に観ていただけて幸せでした。
ご来場ありがとうございました!
次は大阪公演ですね♪　こちらも楽しみ!!
丁寧に丁寧に。チケット取ってから本番の日を楽しみにしていてくれる皆様に素敵なお時間を過ごしていただけるように全力で演じます。是非ワクワクしたまま劇場にお越し下さいませ。

とりあえず、東京公演が無事に終わったという事で少しばかり打ち上げをしてきます。
本日もありがとうございました!!

22

今日は大阪への移動日でしたよ♪　新幹線で?!!　富士山の見える側の窓際だったから楽しみにしていたのに、ふっさーさんが盛り上がって最遊記の話してたら通り過ぎた ^^;
仕方ないね…。帰りに見ます。
そして、よみラジオ番組にゲスト出演してきました。聞いてくれたリスナーの皆さんありがとう! リスナーって…笑　なんかラジオやってる人みたいでカッコいいね。
そして、栞のお渡し会です。衣装を着てね♪
3人でお渡ししてきました!!
足を運んでくれた皆さん、ありがとう!!
明日は大阪での場当たりをする一日です。
集中して頑張るよ!!

24

大阪公演の初日!　無事に終わりましたー!!
ご来場いただいた皆さん、ありがとうございました!! 明日でラストとなりますけど、最後の最後までお客様に極上なお時間を過ごしていただけるように頑張ってまいります。

そして、今日で先にイセダイが千秋楽を迎えました。ありがとう、イセダイ。素敵な喜助を演じてくれて。また共演しようね♪

さて、美味しいもの食べて明日、頑張るぞー!!!

28

今日は『極上文學』の振り返りを。

作品冒頭から弟にとってクライマックスのシーンから始まるので大切に大切に演じました。悲しい別れだけれど、絶望とかただ悲しいだけではなく、あれが弟の考える最善だったのかな?と。とても儚くて悲しくて、でも少しの暖かみが感じられるシーンになっていればいいな。

そして物語は厨子王のお話へ。こちらの作品も悲しさが付きまとうけれど母親と再会できたのは救いですね。

そして最後のシーン。お兄ちゃんに寄り添っての離れ際、兄に少し弟の姿が見えて、弟はどんな表情になるんだろう?って考えて…やっぱり笑顔なのかな。これはおそらくマルチキャスティングで3人の弟役がいたから各々の解釈なのだろうけど、どれも正解だと思うし、みんな沢山考えたと思います。
ただ想いはひとつ、『幸せを願う』。

僕ら自身、極上な時間を過ごす事が出来ました。そして沢山の方に見ていただけてとても感謝しています。

小さな幸せを大きく感じられるような人間になりたい。お兄ちゃんのように。

27

マエタイのロケから帰ってきましたよ。
放送を見ていただければ全て分かるんですが、今回もなかなか楽しい撮影になりましたよ♪
昨日の夜は結構寒かったんですけど、今日のお昼は夏みたいに暑かった。思ったより体を使ったので筋肉痛になるかも…笑
過去の放送なんかも全て見られるから是非キャストサイズチャンネル見てみてくださいね♪
写メは朝食の時の2人です。

2015.11

今日は『ダンロン2』の顔合わせと本読みでした。個性的なキャストが揃っているのでここから稽古をして一体化していくのが楽しみです!!
稽古頑張るぞー!!

今日最遊記の公式ファンブック『最遊記歌劇伝 Road to the WEST』をゲットしました!
まだじっくり見れてないけど、帰ってから熟読しよっと♪

『ダンロン2』でも一緒の拡樹とパシャリ☆
是非皆さんもゲットしてみてね＾＾

今日も一日稽古!! 個性豊かなキャストで稽古見てるだけで楽しいです。

そして、午前中にはこのメンバーで取材でした!!
こちらも楽しかった。
キャストサイズさんです。
また詳細わかり次第報告します!!

もーすぐ大阪でのイベントですね♪
こちらも楽しもう!!

今日は大阪では初めてのファン感謝イベント!!
大阪でイベント…。とてもドキドキしたし、嬉しかったし、でもやっぱり不安だったり。結果的にはイベントが出来て最高に幸せでした!!
いつも優しいファンの皆さんに甘えてばかりです。ゲストの大河も忙しい中大阪に来てくれるし、周りの皆さんに感謝です。

また来たいな。大阪。
また来れるように頑張るね♪ 沢山のプレゼントとお手紙、そして沢山の笑顔をありがとう＾＾
新幹線乗ってすぐ寝ちゃった…。今、ここどこだろ？ 多分そろそろ東京着くんだろうな。
またね、必ず来るから!!

今日はインフルエンザの予防接種に行ってきました!!
公演中や稽古中にかかると大変なのでね。でも、無敵じゃないから手洗いうがいはしっかりしなくちゃね。注射自体は全然痛くないんだけど、インフルエンザの予防接種は筋肉痛みたいな痛みが残るのが苦手。

今日は雨降ってるし、少し寒いから皆さん暖かくして寝ましょうね。
大阪でたこ焼きを食べ逃しすぎて東京でたこ焼きを買ってしまった(*´艸｀)
いただきまーーーす♪

今日も一日稽古! 稽古!!
帰ってから何か食べようか…明日は朝早いのですぐに寝ようか…。悩みどころです＾＾

今日の写メは今回の座長! 横浜流星君!!
いやー、頑張り屋さん!! 家で努力してんだな。ってのが凄く伝わってきます。
座長がこんなに頑張ってるんだから俺らも頑張らなきゃ!!って勝手にプレッシャー感じている人は少なくないはず。笑

でもとても良い雰囲気で作品創りが出来ています。
座長!! 僕も頑張ります!!

今日は一日稽古!!
稽古場に行ったら新しいチラシが出来てた!!
もうあまり時間ないのね…。面白い作品を皆様に見せられるように頑張るぞ!!

稽古場での時間も大切だけど、今回の作品は家での自主練がとても大切だと感じています。
なので帰ってから猛勉強。
家で集中する方法を教えて下さい。笑

どこか落ち着いたご飯屋さんにケータイ持っていかずに行くか…。ちょっと今夜はそうしてみよう。
よし、やってやるぞ!!

◆この月の舞台、お仕事＞＞＞　「椎名鯛造ファン感謝イベント」　他

17

今日も素晴らしい稽古となりました。少しずつ骨組みが出来てくるのはやっぱり面白いな。

今日は野性爆弾の川島さん、改めてくっきーさんと拡樹と写メ!!
いやー、面白いお方です。
仲良くしてもらっています。
よし!! 明日も頑張るぞ!!

19

今日はマエタイの放送でしたね^ ^
放送中に話したけど先日のロケの行き先は沖縄県でした!! 沖縄最高だったなぁ。
そのロケ映像は今度のイベントで流せると思います。お互いに撮り合ったりしたポストカードなんかのプレゼントもあるし、是非会いに来て下さいね♪

そして今日のゲストはゆーすけ!!
楽しい放送でした。視聴してくれた皆さんありがとうございました!!
今日も一日お疲れ様でしたぁ!!

21

今日も一日稽古!! 昨日の通し稽古を経て今日の稽古。次の通しは良いイメージを持って挑める気がする。早く通し稽古がしたいっ^ ^ あー殺陣したい。動きたい。ウズウズ。
今日は稽古場で逆立ちしすぎた。もうちょっと自重しよ。
今日の写メは一番好きな場所。芝生。これまた沖縄に行った時に撮ったやつだよ。
芝生でゴロゴロしたいな。
さて、明日も稽古です。頑張るぞぉ!!

25

今日は寒いね…雨も降ってるし…。寒くなってきたから先日拡樹と2人で蟹料理を食べに行ってきました。
カニなんて久しぶり。美味しかった(*´艸`)
茹でたやつとかお寿司とかグラタンとか食べたよ。芝居の話も沢山出来たし。

あー腹減った。
なんか食べよー。

27

今日は衣装を着ての通し稽古!! 沢山収穫のある稽古でした。前回の反省点も踏まえつつ良い形で通せたので、後は細かい所をしっかりして、いざ劇場へ!!
通し稽古が出来るのはあと1回。大切に稽古します!!

今日はまーくんとパシャリ☆
コナン君かな?
可愛いね♪

30

今日は稽古はお休みで、スタッフさん達が劇場でセットを組み立ててくれています。明日はその板の上で照明や音響と合わす作業。
明日から12月ですよ…。もう今年が終わっていくのね…。

最後の最後まで楽しんで日々笑顔でいよう。
今日は写メがないから沖縄で撮ったシーサー。
あぁ、暖かい所行きたい。
今日も一日お疲れ様でしたぁ!!

2015.12

1
今日は一日場当たり。夏ぶりのブルーシアター。楽屋が何個かある内で『ダイヤのA』と同じ楽屋でした。『ダイヤのA』の思い出が沢山詰まってて、なんだか不思議な感覚だったけど、またここに『ダンガンロンパ2』の思い出も刻まれるんだろうな。とても楽しみだし、改めてこんなに大きい舞台に立たせていただける事、感謝です。そして沢山のお客様に観ていただける幸せ。ありがとう。感謝の気持ちを込めて全力で観劇しに来ていただける皆さんを楽しませます‼ 原作を愛している皆さんに愛を持って真摯に作品と向かい合います。
ワクワクしたまま劇場にお越しください。
最後まで皆が怪我無く走れますように。

3
今日、無事に『ダンガンロンパ2』の舞台が幕を開けました‼
僕はWキャストなので今日はお休みだったんですが、劇場で観劇して応援してました‼
皆素敵だったなー^^

明日、初日だ。
やったるぞー‼
今日は拡樹とパシャリ☆
劇場で待ってるよー(*´艸`)

5
今日は2日目‼ 無事終了です‼
沢山の方に来ていただいて嬉しいです。
ありがとうございます。

今日は日向役の流星とパシャリ☆

明日の公演、僕はお休みでマエタイのイベントでっせ‼ 遊びに来てね♪

6
今日はマエタイの公開収録でした‼ ご来場&ご視聴ありがとうございます‼
伸びてきた髪の毛が邪魔だったのでメイクさんにお願いして全部上げてもらいました。視界良好‼
沖縄の映像を皆さんと見れて楽しかったです^^

明日は『ダンガンロンパ2』の本番‼
早めに寝てまた明日も頑張りましょう♪
お手紙にプレゼントありがとうございます‼

9
今日は本番でしたよー‼ 平日にもかかわらず毎日満席でありがたい限りです。

今日の写メは田中眼蛇夢役のまーくん。
いやー、舞台上で静かだなー。と思うと一人で何かやってるから油断出来ない人物です。

まーくんとは年明けの『BASARA』でも一緒になるからねー。今回仲良くなれて良かったー♪
今日も良い一日でした。

12
今日は龍次郎たちのチームの千秋楽‼
無理を言って観劇させていただきました。僕が演じるものと比べると細かい表現が違っていたり、感情の流れが少し違ったり、同じ役をやっているからこそ分かる流れ。とても丁寧に龍次郎の考えで紡いでいてとても素敵でした。お芝居って答えがないし点数も付けられないから面白い。この形でのWキャストが出来てとても良かった。そして、そのWが龍次郎で良かったよ。バトンはしっかり受け取ったから最後の最後まで九頭龍を責任持って演じるからね。
初日は千秋楽のように、千秋楽は初日のように。常に全力で‼
写メ、稽古初期の頃の龍次郎とのツーショット‼

◆この月の舞台、お仕事＞＞＞　舞台『スーパーダンガンロンパ2　さよなら絶望学園』九頭竜冬彦役／舞台『RE-INCARNATION　RE-SOLVE』ゲ

15

今日から『戦国BASARA』の稽古スタート。今日は殺陣稽古だったんですが…久々にシゴかれたー!! 全身の普段使わない筋肉を酷使した感じ。いつか慣れると思うけど。

1ヶ月ちょっと頑張っていこう。
今日は久々に共演の白又敦!!
あ、髪きってこんなんになりました((*´∀`*))

17

今日は『スーパーダンガンロンパ2 THE STAGE』の振り返りを…。今回の役は九頭龍冬彦。超高校級の極道です。高校生だけど極道、体は小さいし、可愛い顔だけど強がる。そしてなんと言ってもW キャスト。龍次郎、真っ直ぐでとても良い子。毎日出番無くても本番見にくるしね。殺陣もアドバイスするとすぐ良くなるし.. 今度は何かで共演出来たらいいね。 役について考えた事、感じた事も沢山あるんです。大きく言うと前半と後半の変化。演出の松崎さんにも沢山お世話になったし、とても良い出会いだったと感じてます。またこのカンパニーでお芝居したいな。

18

今日は『戦国BASARA』の顔合わせでしたよ。ドキドキ。これから本番までドンドン猿飛佐助を突き詰めて行きたいと思います!!

今日の写メは松村龍之介君と。真田の旦那ー。よろしく頼むぜー。ゲームもやり込もう。

あ、髪の毛黒にして重たかったから更に少し切ったよ。

25

クリスマスですなぁ。

そんな今日は『BASARA』の稽古です。お芝居パートを稽古して皆で筋トレして…。クリスマス感は全然ありませんでしたが、皆とも仲良くなれてきているし、良い稽古が出来ました!!

今日は毛利元就役のコニーとパシャリ☆
後ろが少しクリスマス感あるでしょ?
スタッフさんの優しさ。笑
ありがとうございます。

28

今日は、リンカネのゲスト出演の日でした。忙しい中ご来場ありがとうございました!!
楽しかった! 嬉しかった!! ゲスト出演なのにお花まで出していただき光栄です(*´艸`)

またゲストではなく普通に出られたら嬉しいな。夢のようなひと時でした。
終演後に魏でパシャリ☆ やっぱり最高だ!!

30

今日で稽古納め!!
沢山動きましたー。前半部分がふんわり付いてきて残りは来年!!

怪我もなく今年を終えられそうなので来年も油断せず頑張るぞ!!
風邪なんかもひかないようにね。
皆も気を付けてね。

今日の写メは真田の大将!!
どんな主従になるかお楽しみにっ☆

TAIZO SHIINA　　　　　　　　　　　　　　　　　　　　　　　　　　　2016.01~12

戦国BASARAに佐助として帰ってきたり、弱虫ペダルに出演したり、刀剣乱舞に出演したり…沢山の出会いがあった1年でした。一期一会

2016.1

1
明けましておめでとうございます!!
2016年ですよ!! 申年!!
申…猿…悟空!!ってなっちゃうよね^^
東京帰ったらDVD観ようかなー。
1月1日の今日は実家でのんびりと。
祖父と父親と俺の3人でケンタッキーのお正月セットみたいなのを食べました。椎名家の男3人揃ってのご飯。んー珍しい。笑
あ、犬のクッキーもいたけどね^^
お腹一杯になってクッキーを枕に一休み。
ゆっくりと時間が過ぎていきます。
テレビもつけない。ケータイもあんまり鳴らない。笑 静かなお正月です(*´艸`)
皆様、いかがお過ごし？

4
今日から稽古始めです。
オープニングを皆で合わせてやりました。かっこいいですよー^^ それぞれの特性を活かした迫力のあるオープニングです。

そして、稽古場新年一発目の写メは…。
真田の大将…ではなくて、笑
寿里さん!!
寿と鯛でおめでたいでしょ(*´艸`)

6
今日も一日稽古!!
ストレッチすると気持ちいいくらいのちょうどいい筋肉痛です。
今日はお芝居中心の稽古だったので筋肉お休みの日。でもまた明日激しく動くと思うのでまた筋肉痛になるのかなー?と思うと…^^;

そして今日の写メは、松永役の松田賢二さん!!
かっこいい。渋い。
お芝居も迫力あるし、超素敵な大先輩です。
稽古の空き時間には皆ゲームして研究しているんです。
よしっ！ 台本覚えるぞ!!

9
今日は龍之介と撮ったよ。新年初大将!!
どんどん皆とも仲良くなってきたし、もっともっとコミュニケーションとって良い作品になるように頑張ります。
うん。
これと言って今日は変わった事無かったかな。
笑
明日はね、殺陣の集中稽古があるから…。
気合い入れて頑張るのです!!

13
今日は、稽古前にちょちょっとお仕事してからの稽古入りでした。そこそこ朝早かったので今眠たくてしょーがない…。

明日はいよいよ通し稽古するらしいよ。ドキドキだね。
とりあえず怪我なく終えられればいいな。無茶せず頑張りたいと思います。

そして猿飛佐助のビジュアルが公開されましたね!! こんな感じになっております。

15
今日は殺陣を確認したりの稽古でしたよ。
作品が段々と完成に向かっています。
何も出来ていなかったところから出来上がっていく。いつ見ても凄いと思うし、儚くもあるけど芸術なんだなぁ。とも思う。
大人達が1ヶ月掛けて一つのゴールに向かって日々真剣になっている。皆凄いな。
その一つのピースとして全うしなくちゃね。
もう少し、最後まで粘って頑張ります!!

今日の写メは長宗我部元親とその親衛隊とパシャリです。皆で創ってます。
お楽しみに☆

◆この月の舞台、お仕事>>> 舞台「斬劇『戦国BASARA4 皇』」猿飛佐助役 他

今日は最終稽古‼
最後に通しをして、いざ劇場へ‼

舞台セットと照明などでまたより一層
『BASARA』の世界観を堪能できるんだな。
楽しみです。

稽古最終日は龍之介と‼
一緒に戦国の世を楽しもう‼
頼んだぜー、大将‼

場当たりーーー‼ おしまい。
さぁ！明日は初日です‼
明日ご来場いただける皆さん
は楽しみにしてて下さいね♪

今日は玲君とパシャリ☆
劇場が熱気で溢れかえっていますよ。
外と寒暖の差があるかもしれませんのでご注意下さい。
今日はスパっと寝て明日に備えよう。

今日は夜公演のみでした。
沢山寝てやったぜ＾＾ 元気一杯‼
そして、本日も無事終了です。
沢山の方のご来場ありがとうございます。

明日と明後日は2公演‼ 引き続き怪我などに
気を付けてより高みを目指して行きたいと思い
ます。

今日の写メは白又‼ 長宗我部元親です。
暇さえあれば腹筋腹筋。見事です。

今日のBASARAは夜本番‼
お昼に『最遊記歌劇伝』のDVDに収録され
る座談会に行ってきました。久々に集合。
安心するメンバーです。皆大好き＾＾
DVD楽しみにしててください♪

そして、夜は『BASARA』‼
今日もご来場いただきありがとうございました。
今日は終演後にトークショーもありました。
とても楽しい時間を皆さんと過ごせました＾＾
そして、今日は家康役を演じていたヒロ君も観
劇してくれたんです。いつ見てもカッコいい。
明日は2公演‼ 頑張るぞー‼

今日は2公演‼
ご来場いただきありがとうございました‼

そしてDVDの撮影でした。発売されたら隅々
までゆっくりと堪能してくださいね♪

今日は伊達政宗と写メ撮ったよ。真田の大将の
良きライバルとしてこれからもよろしく＾＾

さ、明日は夜公演‼
しかし朝から仕事があるのですぐ寝るぞ‼
すぐ寝るぞ‼

本日も『戦国BASARA』無事に2公演終了で
す‼
ご来場ありがとうございます‼
いよいよ、明日が東京千秋楽‼ 悔いの無い
ように全力で演じます‼

今日は寿里さん演じる利休とパシャリ☆
肩抱いて近付いて撮ったら寿里さんがあまりに
美しくて、ヨーロッパ系の美女の肩を抱いてい
るようになったよ。笑
ちなみに膝に乗っております。笑
美しきかな。千利休。
さて、湯船に浸かって温まろう。
皆もあったかくして寝るんだよー♪

2016.2

1

今日は『ダイヤのA』の顔合わせでした。
今回僕はこの舞台に映像出演という形で出演させていただきます。色々と感じる事考える事ありますが小湊亮介という役を映像という形で残していただけた事には心から感謝しています。生身の人間が動き躍動する舞台という作品で小湊亮介が映像になってしまう事、ファンの方には本当に申し訳ありませんが、信じて待っていただければ幸いです。僕の個人的な想いになってしまうけれど、胸の中にある僕の想いは今日のキャスト達に託しました。とても好きな作品、スタッフ、キャスト。信じられる、熱い仲間達に会えた事は誇りです。是非本番楽しみにしてください。

2
来週に迫った鯛造祭もゲストが発表されました!!
1部に『ダイヤのA』で共演した葉山昴さん!!
2部に最遊記歌劇伝や色々なところで共演＆大変お世話になっているパーフェクト司会！唐橋充さん!!

写メは昨日の『ダイヤのA』の顔合わせで撮った昴とのツーショット!!
トーク部分では昼夜違った話になるでしょうし、ゲームも考えてるからね♪
今回もきっと一風変わったエチュードはやるよ。コントなのか…お芝居なのか…。終わるまでどこに転がるかは誰にも分かりません。笑
きっと笑顔になれるイベントなので皆さんの参加お待ちしております。

6
大阪2日目無事終了しました!!
ご来場いただきありがとうございます!!
明日で全て終わってしまうよー!!
久しぶりの『戦国BASARA』、沢山の想いをのせて全てぶつけます!!
とにかくその場を楽しもうと思います^^
見に来られる方は一緒に楽しみましょう!

今日は片倉の旦那と撮ったよ。まーくんとは『ダンガンロンパ2』の舞台から長い期間一緒にいたね。
また共演できる日を信じて!

7
大阪大千秋楽!!
無事に終了致しました!!
皆様、応援していただき、ありがとうございました^^
とても楽しかった!!
大阪公演はあっと言う間に終わっちゃったなー。
でも大阪の皆様に会えた事とても嬉しいです。
とにかく、無事に怪我なく終えた事に感謝です!!
ありがとうございました!!

のすけの背中をいつまでも見守れますように。

8
今日は素敵なスタジオで弱虫ペダルのブロマイド撮影でした。天気も悪くなかったので良い写真が撮れていればいいな。

ほぼすれ違いだったけど、鳥越とも少し会って、相変わらずキャンキャン吠えてました。

稽古が楽しみだ。早速明日から、まずは走り方の練習かな。『BASARA』で酷使した筋肉達でどこまでついていけるか…。
ついていってやる。
風を切ってどこまでも走ってやる!!
お楽しみに。

10
『弱虫ペダル』の稽古です!!
頭のシーンから徐々にね。
身体で表現する演劇が楽しくて仕方ない。
目の前に無い物を見えるように表現する。
どうしたらより見えるか…大の大人が試行錯誤して創っていくのは面白いね。きっとこれから先の稽古で色々な案が出たり表現方法が出てきたりする、頭を柔軟にして共に創っていけたらいいな。チケットを取って楽しみにしているファンの方が笑顔で劇場を出られるように必死に取り組むからね。ワクワクして、まだかなーまだかなーって待っていて^^

新世代の『弱虫ペダル』も面白いよ。
そんな今日は、たーと写メ撮ったよ☆

◆この月の舞台、お仕事＞＞＞　舞台「斬劇『戦国BASARA4 皇』」猿飛佐助役／「鯛造祭 vol.9 —バレンタインの陣 2016—」／ラジオ「ドル★ラジ」

11

今日も一日稽古。
シャトナーさんの演出に毎日刺激頂いています。とてつもなく刺激的な日々です。

そして、今日は朝取材があったので最近切りに行けてない髪の毛をクルクルしてもらった。ないものねだりでパーマが好きなの。

さて、家に帰ったら台本とのにらめっこ。
夜は寒いね ^^; 暖かくしましょ。
では (^^)／〜〜〜

12

久しぶりの『戦国BASARA』!! そして、今回は役が変わってまさかの猿飛佐助!! 正直戸惑いがあったのは事実。やはり基礎しいのかと言ったら嘘になるよね。でも真似なんか出来ないし、自分には自分の佐助しか出来ない。

佐助の隣にはいつも幸村がいる。大将が伸び伸びとできる、安心して突っ走れる猿飛佐助が演じられればいいなと思いました。

後は忍びらしい殺陣!! 忍びだけど飄々としていて、何処か余裕すら感じる佐助。そこに重きを置きました。今回の舞台は勿論本気で全力で演じました。でも今後続いていくであろうシリーズで、また猿飛佐助を演じる事ができるならきっとまた悩むだろうけど、幸村と話し合って更に信頼感のある主従が演じられればと思います。

また佐助で舞台に立てるのならその時も、胸を張って言うよ、俺様が猿飛佐助だ!!!! ってね ^^

13

今日は鯛造祭 vol.9 でした。
もう9回もやったんだね。好きなゲスト呼んで好きな事やって、自由にさせてくれるスタッフさんゲストさんに感謝。いつも楽しそうに見守ってくれるファンの皆に感謝。
これからもきっと可能な限り続けていくと思うので懲りずに付き合ってくれればありがたいです。

今回のゲストは一部に葉山昴さん、二部に唐橋充さんでした。唐橋さんと写メ撮るの忘れちゃったけど、どっちの回もとても楽しかったー ^^
皆さん、お手紙にプレゼントいつもありがとうございます。しっかりと読ませていただきます!!
皆の笑顔に癒されました♪

19

今日は稽古の後に玲君パーソナリティーのラジオ、ドル★ラジに出演してきました。
ラジオ経験はあまり無いからね、最初少しだけ緊張したよ。玲君の慣れたリードで喋り倒してきました。
ブースの目の前で観覧も出来る形式だったので皆さんに見守られつつゲスト出演をはたしました。
足を運んで下さった皆さん、ありがとうございました。
明日は一日稽古だ!!
頑張るぞ!!

24

全てのシーンがついたかな。そろそろ通し稽古になりそうですよ。まだ頭の中で整理出来てないところもあるからしっかりと台本見て整理しなくちゃ。
今日は久しぶりにメインで走るシーンをやった。なんかもう体力とかそんなんじゃないね、最後は気力。気迫。そんな舞台に仕上がってきています。
大好きなシーンも沢山ある。
大好きな役者も沢山いる。
そして、演出家のシャトナーさん!!
好きだなー。
遊び心を沢山持っている方。尊敬。
今日は座長の小越君と撮ったよ。走り方が綺麗で稽古でいつも足元ばかり見ています。
流石です。

29

今日は朝から色々と動いていました。
刀剣乱舞のビジュアル撮影もしたよ ^^ 早くみんなに不動君見て欲しいな。楽しみに待っててください♪
そして、夜にはマエタイの放送でした。視聴していただいた皆さん、ありがとうございます。今回はロケ映像無しのトークメインでした。今日も楽しかったなー ^^ こんな回もたまにはいいね。
ゲストでのすけが来てくれたよ。また『戦国BASARA』で共演出来るし、そちらも楽しみだ!!
さて、明日は劇場で『弱虫ペダル』の場当たり!! 集中して頑張ります!!

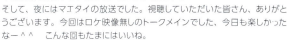

2016.3

4

舞台『弱虫ペダル 総北新世代、始動』本日初日でしたーー!!
楽しく走ってきました!!
大きな大きな劇場がお客様で埋め尽くされていて最高に幸せでした。
鏑木一差を演じられて幸せ。
弱虫ペダルという作品を愛している皆様に恥じる事なく残りの公演も全力でペダルを回します!!
本日はご来場ありがとうございました!!

6

今日は東京公演の千秋楽!!
毎日、毎公演満席でした!!
すごく嬉しい!! ありがとうございました!!
最後カーテンコールで客席を目に焼き付けました。
皆の声援に背中を押されつつ地方公演も全力で回ります!!
楽しい3日間だった。本当にありがとう。

杉元とツーショット!!
どんなシーンがあるんでしょう?
何故こんなに汗だくなのだろう?
まだ観劇されていない方は楽しみにしてて下さいね♪

8

今日は本来ならば小倉でイベントだったのですが、天候の関係で飛行機が飛ばず、誠に残念ながら出演キャストの変更になってしまいました。
結局飛行機がいつ飛ぶか分からない状況になったので、新幹線で福岡へ向かっております。
楽しみにして待っていてくれた方には本当に申し訳ないです。
なかなか福岡でのこういった機会は少ないから楽しみにしていたのに。本当にすみません。
気をとりなおして、公演自体は全力で皆さんに楽しんでいただけるように、明日の場当たり集中して頑張りますので、ご期待下さい。
今日の写メは先生に書いていただいた色紙ですよ♪ 感激!!

13

今日は福岡公演千秋楽!!
本日も全力でペダルを回しましたよ。
ご来場ありがとうございました。

今日の写メは箱学の人達と…。
ん? 誰か足りないなー。笑
ま、いっか。^ ^

次は大阪公演!!
大阪の方も楽しみにしていて下さい♪
今日も美味しいご飯を食べて元気をいただきます!!

14

今日は東京へ一時帰宅。飛行機で無事に帰ってきました。行きはトラブルで新幹線だったので疲れたけど、飛行機だと早い早い。
到着した東京は雨。洗濯物沢山あるのに。仕方ないね。家に帰ってバタバタ片付けやらしてました。
今日はホワイトデーなんですね。
バレンタインではイベントで皆さんに沢山プレゼントやお手紙いただきました。いつもいただいてばかりですみません。沢山パワーもらってます。
本当にありがとう。
今日の写メは小野田先輩とパシャリ☆
とってもしっかり者の座長。
凄まじい才能の持ち主なのに、とっても謙虚。
次は大阪の地へ!! 待っててね^ ^

18
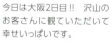
今日は大阪2日目!! 沢山のお客さんに観ていただいて幸せいっぱいです。
なんか、体力ついてきたかも…。いや、いやいやいや、あまり調子乗らずにひたむきに頑張ります。
今日の写メは兼ちゃん。
なかなか衣装で撮りたくてもバタバタしていて撮れなくて…やっと撮れたよ。
ずっとこの構図で撮りたかったんだー^ ^
明日から2公演が3日連続。未知だ。でも一切手は抜かないよ。
毎公演楽しみにしてて下さいな♪

◆この月の舞台、お仕事>>>　舞台『ダイヤのA THE LIVE Ⅱ』小湊亮介役／舞台『弱虫ペダル─総北新世代、始動─』鏑木一差役　他

今日はマエタイの放送でしたよー^^
ゲストに大河を迎えての放送でした。
観ていただいた方、ありがとうございました♪
昼間に洗濯して買い物して充実していたし、これでまた神奈川公演もバッチリ頑張る事が出来そうです。
大河もダイヤお疲れ様。まだ名古屋と大阪あるから頑張るんだぞ。
今日買い物してる時に目に入ってきたんだけど、桜咲いてた!! 春やん!!
これから暖かくなってくるんだね。
ワクワクしちゃうね☆
出会いと別れの季節。
一期一会。大切にしていきたいね。

今日は一日メンテナンスDAY。
でも早くも筋肉達が動きたがっています。
今日ゆっくりと『最遊記歌劇伝』のDVD本編を観ました。客観的に観る機会が少ないのでね、楽しかったです。ハヤブサ兄弟、可愛い。
感想沢山あるけど、DVD発売イベントの時にでも。

さて、今日の写メは大阪での一枚。
秋人が大阪までペダルの公演を観にわざわざ駆けつけてくれた時の。ウィッグ取ったすぐ後だから髪の毛がぐちゃぐちゃなのは許してね^^
歴代のキャストにもファンの方にも愛される作品…。凄いなぁ。

神奈川公演!! 初日、無事終了しました!!
あと2日。たった2日。
シャトナーさんと康介と、稽古場で稽古してた頃がもう懐かしいですね…って始まる前に話してた。
仲間達に沢山支えられてここまで来た。
板の上では個人戦だし、自分との戦いだけど、仲間の為に、今までペダステを大きくしてくれた先輩達に恥ずかしくない走りを。
最後の一瞬まで。約束しよう。
今日は充さんと撮ったよ。たまに、ふと面白い事急に言うから油断出来ない。笑
最遊記で初めて共演してその時も思ったけど今回も勿論思った。大好きなお芝居をする先輩。
唯一無二。誰にも真似出来ないだろうな。

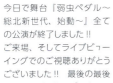

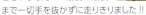

今日で舞台『弱虫ペダル～総北新世代、始動～』全ての公演が終了しました!!
ご来場、そしてライブビューイングでのご視聴ありがとうございました!! 最後の最後まで一切手を抜かずに走りきりました!!
熱かった!! これが弱虫ペダルか!! どの舞台とも違う疲れと達成感。
とにかく今日は打ち上がろう。仲間と共に宴だぁ!! 最高の舞台だった!!
ありがとうございました!!

29

さて、今日はペダステを振り返ります。

実際出演してみて、正直予想より体力を使いました。初めてシーンを通した時に終わってみて「え? これ行けるかな?」って真剣に段竹役の慎ちゃんと話し合いました。笑

そして、稽古を経て本番になる訳ですが、やはり本番になるとテンションも上がるし緊張感もあるので稽古より最初から回してしまう。心の中で「最初は落ち着け最初は落ち着け。」って唱えていました。
本番中はとにかく周りの人に助けてもらえました。
スタッフさんが座りやすい椅子を構えてくれていて座ったら、うちわで扇いでくれて、水くれて、汗拭いてくれて…。息が上がりすぎて「ありがとうございます。」の一言すら言えない。

そして走り終えて舞台袖に行くと皆が笑顔で、ただただ笑顔で拍手してくれる。
本当に支えられた。仲間に支えられた。
康介は毎日ハイタッチしてくれて、たーは何も言わずに自分の出番ギリギリまでうちわで扇いでくれる。本当に素敵な仲間なんです。

今回は4レースあって最後のレース。
原作でも大好きなウェルカムレース。
杉元の想いに勝てる程の説得力のある走りをしなくちゃいけない。説得力があったのかは分からないけど毎日、毎公演全て出した。
もしもまた、あの板の上で走れるならその時も全て全力で走る!!
インハイも慎ちゃんの想いと共に走る!!
走りたい!! 仲間と共に。

2016.4

1
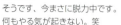
今日も殺陣稽古!!
殺陣稽古前にストレッチと筋トレをするのですが、なかなかハードなのでそこですでにいつも汗ダク。終わってからの家での脱力感がハンパじゃない。
そうです、今まさに脱力中です。
何もやる気が起きない。笑
そんな今日は大志と写メ撮ったよ。エデンズロックぶりの共演。懐かしい。丁度一年くらい前だったなー。
大志の役は鯰尾藤四郎。読みは、なまずおとうしろう。『とうしろう』って付く名前が多いんだよなー。
よーし、もう少しボーッとしよう。
うん。少しだけね。

3

今日は大阪へ行ってきました。
舞台『ダイヤのA The LIVE II』を観劇しに。
そして、関係各所皆さんのご厚意で千秋楽だけ2シーン出演させていただきました。
この大好きなカンパニーの皆と同じ板の上に立てた事本当に嬉しく思います。
皆さん、ありがとうございました。
そして、千秋楽に『ダイヤのA The LIVEIII』の発表もありました。
今後とも応援よろしくお願いします^^
今日は春市と写メ撮ったよ。また同じ板の上に立てますように。

9

今日もお芝居と殺陣の稽古。
長い時間の稽古になるとどうしても集中力が切れる瞬間があるので頑張って集中しなくちゃね。

そして今日の写メはこの方!! 廣瀬大介君。
あまり人と群れるタイプじゃないのかなーって思ってたら、いきなり後ろから近付いてきて、ちょっかい出して笑顔でまた去っていく…みたいな子。
ネコみたい。自由なのかな。笑
写メ撮ろうって言ったらこの笑顔^^

そして、彼の役は一期一振。このキャラクターがゲームで中々出ないんですよ。
いつになったら出てくれるの? 隠れてるの?

12
拡樹は三日月宗近です。
拡樹とは、お互い全然舞台経験がない時に共演して別々で色々な現場を経験してきた。
お互い何も出来なかった頃から知ってる仲だから稽古してて、そんな表現方法身に付けたんだ!! とか殺陣上手くなったなー。とか色々感じます。
俺が拡樹にそう感じるように拡樹も俺の事をそう思ってくれる、信頼ある共演者の一人になりたいな。なれているのかな?
そんな話はあまりしないから分からないけど、俺がイライラしちゃってる時とかすぐに勘付いてくれて、そっと肩に手を置いて笑顔で去っていく…
それにどれだけ救われたことか。
またご飯に行った時にでも色々聞いてみよう。笑

13

今日は稽古を少しした後にスタッフさんも含めての顔合わせがありました。

大人数の前で挨拶するのはとても緊張しますね。
にしても集まってみるととても信頼できるスタッフチームだな。と感じました。
自分たちキャストに出来る事をしっかりやってバッチリと本番迎えたいです。

そして、今日はこのお方と写メを!! 窪寺さん!!
窪寺さんは刀剣男士ではなく明智光秀役です。
稽古場では熱量のあるお芝居に圧倒されます。
本能寺の変において重要人物ですからね、楽しみにしていてください。

17

今日も一日稽古でした。
今日の稽古は割と長い時間だったのでヘトヘトです。明日は朝早いし、今日はすぐに寝なくては…。

先日、『ダイヤのA』のメンバーでパセラに行きました。
今日までのコラボなのでもう終わってしまうのですが…。そこでプリクラもあったので記念に数人で撮りました。折角なのでその写メをどうぞ。
最近のプリクラは目がキラキラするね。
普通が一番いいけど、今のはこれが人気なのかな。
よし、明日も一日頑張りましょう!!

◆この月の舞台、お仕事>>> 舞台『ダイヤのA THE LIVE II』小湊亮介役 他

21

今日も稽古でっせい
沢山動いて沢山エネルギー使ったな。
でもいい汗かいたな＾＾

今日は大勢と写メ撮りました。賑やかだね。
髪の毛切ってからよく頭をポンポンされるんだよな。笑
うん。別に悪い気はしないからいいけど。
ほんと、面白いメンバーだ!!

23

今日も稽古してきました。
流れもどんどん掴めてきました。

今日稽古していたら同じTシャツ着てる人がいた。
あらまっきーーー。
俺が言うまで気付いてなかったけどね。笑
思い出にパシャリ☆

明日も一日稽古だ。皆さんは休日かな？
それぞれ楽しんだり頑張ったりしましょ♪

25

今日はね、衣装とウィッグを付けての通し稽古。
不動くんは髪の毛が長いので動きに支障が出やすいのです。その点をしっかり確かめるように通し稽古をしました。長い髪の毛で殺陣をやるのは初めてなので思ったより大変でしたが、今日感じた事体験した事をしっかりリイメージして残り数日ですが稽古に励みたいと思います。

そして原作者様より不動くんのグッズを頂戴しました!! 皆はそれぞれ色々なグッズ出てて手に入れてるのに俺だけ無いじゃないか!!（新しいキャラなので…）って嘆いていたのですこぶる嬉しい＾＾ ええ、すこぶる嬉しい!!
ありがとうございます。

28

今日はウィッグだけ付けて通し稽古しました。
前回の課題を少しクリアできました。
まだ改善の余地があるけれど。

そして、写メは輝馬と!!
ウィッグ被ってた者同士髪の毛クシャクシャ。
頑張った証だね♪

29

今日は稽古＆マ⊥タイ放送でした!!
先日のバッティングセンターロケを見たり、ゲストは今回いなかったけど2人で楽しく放送しました。前ちゃんと2人でゆったり話すのも楽しいね。途中オセロもやったりして。
なんや分からんけど勝てたわ＾＾ 小さい頃父親と毎晩のようにやってたから多少強かったのかな？笑

今日も一日充実しておりました。
今日は少しゆっくり寝れる予定なんだ。
本番前に疲れを癒せたらいいな（*´艸`）

30

今日はスタッフさん達が頑張って劇場を仕込んで下さっているので役者はお休み。
お昼頃に買い物に出かけて来ました!!
今度北海道へ行くのでその衣装を買いに!!
前ちゃんと行ってきましたよ♪
いつもお世話になっている、ひろみさんとパチリ☆ どんな洋服買ったかは、楽しみにしていてくださいな＾＾
しかし久しぶりに買い物へでかけたな。
その後部屋に差し込む木漏れ日の中昼寝してやったぜ。身体を癒す事が出来ました!! お昼寝好きだなー。湯船にゆっくり浸かって完璧です。
明日明後日は集中力使うし、とても大事な日なので頑張るぞ!!

2016.5

2

場当たり2日目終了!!
皆で集中して頑張りました!!

いよいよ明日初日です^^
場当たりの休憩時間に画像撮って落書きしてたら、きたむーに女子高生みたいだな。って言われて少しブログに上げるの恥ずかしくなったけど、折角落書きしたし上げよう。

うん。確かに女子高生みたいな事してるな…。
ま、いーのさ♪
さー!! 寝なくちゃ。
体力回復して明日全力で挑みます!!

3

今日は舞台『刀剣乱舞』初日でしたー!!
とてもとても沢山の方にご来場いただき嬉しい限りです。
幕が開くと本当に時間が早く感じられるので、一公演一公演大切に演じていきたいと思っております。
観劇していただいた皆さんは楽しんでいただけたでしょうか? これからの方は是非楽しみにしていて下さい^^

今日の写メは織田刀4振りでパシャリ☆
どんな関係かな? その辺りもお楽しみに!!

4

今日は夜公演!! 無事に終了しました!!
本日もありがとうございました^^

昨日、初日を開けた訳なんですが…原作様より素敵なプレゼントをいただいたのです!! こちら!! キャラクターのロールケーキは発売されているのですが、不動行光はこの世に今のところコレしかないらしいですよ!!
なんて贅沢な!! 食べられる訳ない!!
いや、食べるけど…。え? 本当に食べるの?
勿体無い。でも賞味期限切れちゃう方が勿体無い!!
どーしたらいーーー!! しばらく眺めようと思います。

7

今日も無事に2公演終了しましたー!!
ご来場いただきありがとうございます♪
今日も全部出しきったのでグッスリ眠れそう。
明日も2公演だからね^^ 楽しく頑張ります!!

今日は鶴丸とツーショット!!
染ちゃん。白い衣装が良く似合う♪

ゴールデンウィークも明日で終わりなのかな?
皆さん、楽しく過ごせましたか??
今年のゴールデンウィークは微妙だよね?
休みが上手い事取れた人は長い連休だったんでしょうが…。

9

今日は夜公演のみでした。
無事に終了です!!
ご来場ありがとうございました^^
明日も夜公演なので今日もぐっすり寝よう。
昨日はすっごい寝たよ。やっぱり長時間連続では寝られないんだけど2度寝してやりました。
今日の写メは短刀3人でパシャリ☆ みんな小っちゃいねー。笑
さて、帰ってゆっくりしようかな^^
では(^^)／～～～

14

東京千秋楽無事に終了しました!!
ご来場ありがとうございます!!
残すは大阪公演!! 大阪でもきっと素敵な舞台をお届けできると思います!
まずは東京公演が無事終えられたと言う事で行ける人達だけで打ち上げをしてきました。やっぱりこの仲間たちは最高だなっ!って感じました。
その素敵なキャスト陣の中で真ん中に居るのが拡樹で、とても誇らしくて頼り甲斐があって嬉しいのです。今日の写メはそんな拡樹と!!
まだ大阪公演があるので気は抜かずに集中力を維持して頑張ります!!
大阪公演をお待ちの方、もうしばしお待ちをっ!!

◆この月の舞台、お仕事＞＞＞ 舞台『刀剣乱舞 虚伝―燃ゆる本能寺―』不動行光役 他

19

今日は久しぶりの2公演!!
今日も集中して頑張りました。
明日で終わってしまうよー。寂しいな。
でも明日はライブビューイングもあるから沢山の方に見ていただけるのかな。楽しみにしていて下さいね♪

今日はまんばちゃんと写真撮ったよ。
やっぱ綺麗な日してんなぁ。
よし!! 明日も全力で頑張るぞーー!!

24

今日は早朝に起きて今度の鯛造祭のブロマイド撮影へ。ちょっと今回は違う企画なんかも同時進行していて少し大掛かりに…。
海がとても雄大で綺麗。海を知らずに海を初めて見た人類はどう思うのだろう？ 子供の時も大人になっても、車の窓から海が見えるとテンション上がる。不思議な力を持っているね。

さて、今日は海の近くにお泊り。
海の音を聞きながらチビチビお酒を飲みたいと思います。

26

北海道2日目。車で色んな所へ行ってきました。
ゆるーくね。笑

食べ過ぎてお腹いっぱいで…でも夜ご飯予約してるから行くんだけど食べられるのだろうか？
折角だから限界まで食べてやる。
素敵な景色も沢山見られたので大満足です。

今回のロケも面白い事沢山起きましたよ。皆さんに見ていただくのはまだまだ先になると思いますけどね。お楽しみに☆
さぁ! 食べるぞー!!

23

今日は舞台『刀剣乱舞』の振り返りを。

まずお話をいただいてキャスティングを見た時に「人ｯﾞイ豪華だなぁ」って感じました。そして公式で役名も徐々に発表されていく中俺は『???』役。まだ発表当時は不動くんがゲームで未実装だったのでね…。

そして、段々と衣装合わせやカツラ合わせなどが進んでいきます。問題は髪の毛ですよ…。長いな…。そして重い。髪の毛って重たいんだね、常に後ろに引っ張られている感覚でした。これで殺陣をやるのか…。

そして稽古も始まりお芝居を創っていきます。個人的には凄く悩んで試行錯誤したんですが拡樹に相談した時に方向性が決まったかもしれません。

並行して殺陣稽古。動き自体は特に凄く苦労した事は無かったんですが、稽古を進めていく中である注文が…。不動は顕現したばかりだから「下手くそにやってくれ。」これが何気に難しかったかも。別に俺が凄く上手い訳ではないけど身体に染み付いている動きをあえて変えるって難しい。

お芝居の方は心が疲れた。体は他の動きまくる舞台より全然楽なんだけど、心の葛藤とかスゴイ。お芝居の後半なんかは舞台袖でも集中していないと途切れてしまいそうで。

実は通し稽古で興奮しすぎたのかな？ クライマックスのシーンで鼻血が出るトラブルもあったりして。
とても濃い時間を過ごせました。楽しかったなー。またいつか皆さんの前に不動行光として立てますように。その日が来るのを願っていてください。

29

今日は『RASARA』の撮影に行ってきましたよ♪
2回目となる猿飛佐助。前回よりも、もっともっと佐助を理解して丁寧に演じていきたい。
殺陣もお芝居もより佐助らしく。
こうしてシリーズ物を続けられる事が本当に嬉しいです。

今日の撮影ではきっと躍動感のある良い写真が撮れたと思います。ちゃんとビジュアルが公開されるまで楽しみに待っていてね＾＾
さて、明日は21時からマエタイの放送ですよ!!
ゲストは林明寛さーん。あっきーだよー。2回目だね。
今日も一日お疲れ様でした＾＾

2016.6

1

今日から『BASARA』の稽古開始です！
早速殺陣稽古。
今日はあまり動かなかったんですけどねー。
久々に会うメンバー。全員とは会えてないけど今回もこのメンバーで戦うんだなって思うと心強いです。
前回と違って今回は夏だし、沢山汗かきそうだ。
『本能寺の変』お楽しみに。

昨日の夜は前ちゃんとボイスチャットしながらゲームしてた。本気のヘッドセットを注文したよ。届くのが楽しみです。
あ、また浪費してしまった。笑
台本も読みつつ遊びも真剣に楽しみます!!

4

今日は殺陣稽古。
前回を経て扱い慣れてきているハズの武器を手に今回も頑張ります。
動いてすぐ後に写メを撮ったから少し汗が…。

今日は伊達役の塩野瑛久君と。
どんな絡みがあるのかな？
そもそも絡みがあるのかな？　お楽しみに☆

早くセリフ覚えなくちゃな。
明日も頑張ろう!!

8

今日はマエタイ放送でした!!
北海道ロケの映像第1弾!!　いやー笑った笑った^ ^　ただただ面白かった!
次回は事件というか事故というか…今回の比じゃないくらい色々起こるので楽しみにしていて下さい。
そして、まさかのサプライズ!!
ちょっと感動しちまったじゃねーか!!
前ちゃんよ。やりよるな。笑　ありがとう。
写真はゲストの大輝と。大人になってた。出会った頃から整った顔だったけど、更に大人っぽくなってかっこよくなっていた。
また共演できたらいいな。

10

ちょっとした移動用にキックボードを買ったよ。
軽いし袋に入れて電車も乗れるし、稽古場の往復で使おうと思ってね。
あのね、自転車も持っていたんだよ。持っていたの。確かに。
このキックボードが届いた時にすぐに乗りたくて、でも雨降って地面が濡れてたし、また今度と思って今日天気が良かったから乗ってみたの。
家の周りを少し走ろうと思って、自転車置き場の前を通った時に気付いたよね。
自転車パクられとる。ないやん。結構ボロボロやったんやお？　確かにあんまり使わんけど、いつの間にかあなたはいなくなっていたの？
悲しいね。悲しすぎて岐阜弁出てまっとるわ。

14

本日明智光秀役の賢志さんの卒業が発表されましたね。
初演の頃一緒に手探りで稽古していた頃を懐かしく思います。色々な思い出があります。
今も昔も変わらず尊敬する大先輩です。
『BASARA』を卒業しても今後役者として同じ舞台に立つ機会はあると思うので（願望です。）別れって感じではないんだけど、やっぱ寂しいな。
役は変われど、今まで携わってきた皆の想いを受け継いでいけたらいいな。
まずは自分のやるべき事を確実にやる。うん。今はそこだ。まだまだ猿飛佐助として突き詰める事は沢山あるから頑張る!!

17

今日はあっつい一日でしたね!!
どーやら明日も良い天気っぽいし、てるてる坊主作った甲斐があったよ^ ^
そして、本日6月17日!!
椎名鯛造30歳になりました!!
三十路。みそじ。なんて響きだ。
まだまだ動ける。体力は落ちていない。
何歳になっても舞台上を飛び回っていたいな。
Twitterなどでも沢山お祝いしていただきました。
みんなみんな、ありがとう。
稽古場でも肉まみれな誕生日ケーキが登場しました。笑
『BASARA』に、もってこいのケーキだね。
皆で美味しくいただきました!!

◆ この月の舞台、お仕事>>>　「鯛造祭 vol.10 ～バスツアーの陣／トークの陣～」 他

18

今日は一日バスツアーの日でしたよー!!
沢山の方に参加していただいてとっても嬉しかったのです。
朝早くからの集合で慣れない火起こしなどして皆体力使ったでしょ？今日の参加者はぐっすりだね。
今回のバスツアーのスタッフさんにも帰り際、良いファンの方たちですね。って褒められたよ。「そーなんです！皆いい子なんです!!」って胸張って言っておいたよ^^　そして明日はトークイベント。初めての2連続。
今日は俺もばっちり寝て、明日また全力で楽しむぞー!!
今日はありがとうございました!!

19

今日は鯛造祭のトークイベントでした!!
ゲストMCに唐橋さんをお呼びして楽しくお喋り＆ゲームをする事が出来ました!!
プレゼントやお手紙、沢山沢山ありがとうございます!!
30歳の節目で記念すべき鯛造祭10回目。次回は『鯛造祭』の名前が変わるかもしれませんが…必ず開催するので待ってて下さいね♪
とてもとても楽しい2日間でした!
ありがとうございました^^

21

今日『BASARA』のビジュアル解禁になりました!!
2回目の猿飛佐助。より彼に近付けているかな？とにかくがむしゃらに頑張ります。
稽古も残りわずか…。集中して時間を大切にします!!

腹減ったなー。何食べよう。
やっぱレタスチャーハンだな。
そろそろ飽きると思います。笑

24

今日は稽古後にニコラジに出演してきました!!見ていただけた方ありがとうございました!!
あっという間の時間でしたね。
終わった後に皆でパシャり☆

今日はジメジメするなー、湿気がすごいね。
明日は一日稽古!!
通し稽古もあるし、頑張る!!

28

劇場入りましたー!!
映像がかっこいいし、ちょっと面白い試みがされていました。劇場でのお楽しみ^^

そしてオープニングの場当たりをしていました。うん、皆かっこいい。オープニングは見なきゃ損だから遅刻厳禁だよ。

今回も千秋楽まで無事駆け抜けてやりますよ。
ほいほいっと。

30

場当たり最終日、無事に終了しました。
明日はいよいよ初日です^^

今回の楽屋の隣はのすけだよー。
うんうん。正式に隣になれてよかった。
明日からね、怪我せずに頑張るよ!!
よし、今日はぐっすりねるぞー!!
では(^^)／～～～

2016.7

初日無事に終わりましたー!!! ご来場いただいた皆さんありがとうございます＾＾

楽しかった。やっぱり本番は楽しいね。体の熱量が上がるよ。見に来てくれる皆さんのおかげ。

そして今日はゲネプロもあったので沢山の関係者が見に来てくれました!!
一番会いたかった洋二郎さん。
初演の頃「かっこいいなぁ佐助。」って見ていた存在だったから。見てもらえて本当によかった。
千秋楽まで怪我なく俺を創り上げる俺だけの佐助と向き合って更なる高みを目指して頑張ります!!

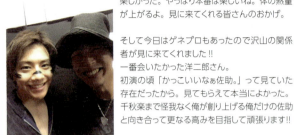

7

今日はお昼の1回公演!!
終演後には七夕イベントもありましたね。楽しんでいただけていたら幸いです。
平日のお昼にも関わらず沢山の方にご来場いただきありがとうございました!!

今日は信長と写メ撮ったよ。アレ？ 信長ってより唐橋さんだね、コレ。笑

今日は夜公演の1公演のみ。
終演後にはトークショーもありました。拙いMCですが務めさせていただきました。短いトークショーでしたが楽しかったです。元親親衛隊の武三役、とも君の誕生日も皆でお祝いできて良かった＾＾ 残って観ていただいた方ありがとうございました!!

いよいよ東京公演千秋楽が近付いてきました。土日で終わって次はいよいよ大阪公演!! 最後まで皆怪我がありませんように。
今日は元親役の白又と写メ撮ったよ。前回とはまた少し違った関係性。『BASARA』は色んなルートがありますからね、それも楽しみの一つです。

9

今日は2公演でした!! ご来場ありがとうございます。
そして、今日は夜公演の後にトークショーがありまして、幸村役の保志総一朗さんがいらしてくれました!! 楽しくトークショーしましたよー。少し興奮気味でトークしました。笑
終演後にちゃんと3人で写メ撮ってもらいました＾＾ ありがたやー。
そして、明日は東京千秋楽!!
全力で頑張ります＾＾

12

今日は一日ロケ。すっごい暑かった。メチャメチャ日焼け止め塗ったけどこりゃ焼けるわ。塗っていないスタッフさん達は一日で腕が真っ赤になっていました。
そしてとても良いロケーションでした。
あぁ、眠たい。明日も一日撮影。ゆっくり寝よう。
洗濯が全然出来なーい!!
部屋が散らかり放題だよ(-- ;)

16

大阪初日!! 2公演無事終了!!
アフタートークもあったりして盛り上がりました。やりたい事を詰め合わせて単純に楽しみました。もはやトークショーではなかったな。笑
大阪公演は後2日しかないけど全力で楽しんでいきたいと思います。

今日の写メは楽屋の隣人。秀翼と。なんか武器取られちゃったけど…。いい奴だから許してやろう＾＾

◆ この月の舞台、お仕事＞＞＞　舞台「斬劇『戦国BASARA4 皇―本能寺の変―』猿飛佐助役　他

19

『D.E.A.D.』に一 抜けはデキな組わっに青感かめよりありよせんが、無事にあも閉けた。ありね。始まるとすぐ始わってしまうなぁ。

そんなに沢山写メ撮っていないけど今日は『BASARA』の生みの親小林さんと。とても素敵なキャラクターを考えて生み出してくれてありがとうございます!!

アクション楽しかったなー。

20

今日はミヤさんが小バロです!!
北海道ロケも終盤もかなりかなります。人神かしあの近りを放送するんだろうな、って想像はできるけどどう編集されているかも楽しみ!!

そしてゲストは渡辺和貴!!
ゆるーい番組なので気楽に見ましょう。
気合い入れて気楽にやります!!笑
今日の写メは和貴と。

21

『BASARA』振り返り書きたいと思います。
今回で2度目の猿飛佐助。前回はただひたすら洋二郎さんを追いかけていた気がします。近くで観ていたし尊敬する先輩なので。意識していたのは事実です。
前回公演の時に役者仲間やファンの皆から言われたのが鯛造の佐助らしくていい。って。それって原作物でどーなんだろ?って思ったりもしたけど『らしさ』は払拭できないし、寧ろそれで良かったのなら気にしなくていいのかな?って少し気持ちが楽になったんです。

そして何より佐助は真田幸村についている忍び。2人の関係性が大事なのかもしれないね。のすけが幸村でとても良かった。
今回洋二郎さんが観に来てくれてありがたい言葉ももらえたし、更に自信に繋がった。もしまた出られるのなら鯛造らしい猿飛佐助をもっともっと追求していきたいと思います。

24

今日は杉江大志君のイベントにゲストとしてお邪魔してきました。とても素敵な会場で笑顔の素敵な大志君のファンの皆さんに囲まれつつ少しだけお話とゲームをしてきました。皆優しく迎え入れてくれましたよ^ ^ 大志君も沢山のファンの方に愛されているね。イベントのゲストってあまり出演した事がないのでとても新鮮でした。いつものクセでついつい自分の話をしちゃいそうになるのをグッと我慢して…笑 まぁ、結構しちゃいましたが(-_-) 楽しい時間を皆さんと共有出来ました。呼んでいただいた大志君ありがとう。
さて、明日から本格的にダイヤの稽古に参加!! 熱い夏の始まり始まり!!

27

今日は一日稽古です。
ちゃんと写メも撮ったよ^ ^
昴と!! 謎に応援スタイル。

ストーリーが分かっていてもジーンとするシーンが沢山ある。仲間の大切さとか勝負事の厳しさとか色んなものが詰まってる作品だよね。『ダイヤのA』。
改めて感じた一日でした。
原作に負けないくらい皆で青春するぞ!!

31

7月最終日ですね。皆さんいかがお過ごしですか?
夏バテとかしていないかな! 僕は平気です^ ^

明日から8月ですよ。こっから更に暑くなるのか…。昨日の花火大会とかそうだけど、夏らしい事多分今年はしないだろうな。

でも浴衣は着たんだよ。この前発売されたキャストサイズの雑誌でね。
奥にいるのは拡樹。もう皆見てくれたかなぁ?

2016.8

2

今日も稽古やってまいりました‼ 休憩時間に本気でピッチングしました。何キロくらい出てるんだろう？ 大して早くはないけれど投げたい所にズバッと決まると楽しいもんだね。
そして今日の写メは廉‼ 栄純として毎日頑張っています。青道として参加しているけれど敵チームにもドラマがあるから応援したくなるよね。
『ダイヤのA』って魅力が沢山。勝者がいれば敗者がいる。そしてどちらにも生き様がありドラマがある。楽しみにしていてくださいね＾＾

4

今日は朝から野球をしてきました‼
もうね、すっごい楽しかった‼ まだまだ下手っぴだからエラーとかもしちゃう時あるけどそれでも面白かった‼
陽射しがメチャクチャ強くて日焼けしやすい俺は汗を拭いては日焼け止めを塗りまた汗をかき…を繰り返していました。その甲斐あってかそこまで日焼けしなかったかな？
途中こんな日焼け対策を講じたけれどボールが投げられないからやめました。笑
憧れのマウンドにも立たせてもらって。ストライクは簡単には入らないし点も取られちゃったけど本当に楽しかった‼ また皆でやりたいな＾＾

11

今日は『山の日』。新たな国民の休日ですね。中学生の頃岐阜の山に沢山登ったなー。岐阜城のある金華山って山なんですけどね、コースが色々あって多分一通り全てのコースは制覇しました。そんなに標高はないんですけど…笑
それ以降なかなか登山してないな。
いつか富士山へ。登りたいよね。

そんな今日の写メは山風なところでパシャリ☆山っぽいでしょ？

12

世間はお盆ですね。お墓参りちゃんと行きたいな。今年は少し遅くなっちゃうだろうな。地方から出てきている皆は実家に帰省しているのかな？
こちらは稽古が最後の追い込み時期に入ってきています！
今日は衣装付けの通しもしたりしてね＾＾ やっぱ気合い入りますよね。
今日は川上役の青峰くん！ 野球経験者で凄く上手いので守備の動きだったり色々と教えてもらっています。オフの日に野球やる時もずば抜けて上手い‼
野球うまくなりたいなー。今日も一日頑張った‼ 明日も頑張るぞ‼

14
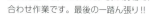

最終稽古が終わりました。後は劇場で照明との合わせ作業です。最後の一踏ん張り‼

今日は弟と写真撮ったよ。
春市、見て学ぶ事も沢山あるからね。先輩のプレイを沢山見るんだよ。
最近野球が好きすぎて、生まれ変わったら野球やろう。
いや、小学生の時少しやったんだけどその時点でチームメイトが強すぎてね…。強豪校だったんです。うちの小学校。空手もやってたし、そこまで打ち込む事はなく終わりました。
甲子園目指している高校生見ると自然と熱くなるよね。うん、とってもいい。

20

今日は2公演‼
朝とんでもなく雨が降っていてびっくりしました。降ったり止んだり忙しい空模様ですね。そんな中劇場に来ていただいた皆さん、ありがとうございます‼

はぁ、野球楽しい。皆で攻めて守って、勝ちにこだわって仲間と共に。
小湊亮介はあまり感情を爆発させないけど、演じている心の中ではすっごい楽しんでる。このメンバーで演じられる事、幸せだ。
今日は鉄壁の二遊間。いい関係だよね、この2人。
明日も2公演‼ ご来場される方は天候に気をつけてご来場ください。

◆この月の舞台、お仕事＞＞＞　舞台『ダイヤのA The LIVE Ⅲ』小湊亮介役／映画「バス停の動かし方」主演・桐野役　他

23

本日は休演日。でも劇場では上映会が行われていました。
盛り上がったかな?? 観に足を運んでいただいた皆さん、ありがとうございます!!
僕はずーーっと家にいましたよ。昨日は雨の中移動したので少々体力使ったのでしょう。ゆっくり休日を過ごしました。
写メは昨日のマエタイでの一枚!!
さぁ、明日は2公演!!
今日ゆっくりしたから明日はまた全力で試合したいと思います!!

24

今日は2公演!! 試合してきました!!
今日も一日楽しかった!!
お昼の公演ではトークショーもあったりして。楽しんでいただけていたら幸いです^ ^
トークショーメンバーでパチリ☆
明日は1公演!!
全力で試合します!! 明日も劇場でお待ちしております。

26

本日も無事終了しました!!
ご来場いただきありがとうございます^ ^
『ダイヤのA』の舞台は声優さんが沢山観に来てくれます。凄く嬉しいんです!! 前回出演した際にも来ていただけた小湊亮介の声を担当されている岡本さんが今回も観に来てくれました!!
お忙しい中ありがとうございます!!
二遊間で奇跡の共演♪ ショート組の方が距離感近い…。悔しいな。笑
明日も胸張って小湊亮介として生きたいと思います!!

28

今日も2公演!! ご来場ありがとうございます!!
折り返ししたんだね…。どんどん終わっていってしまうな。本番中ももちろん、楽屋もとっても楽しいから寂しいな。そんな中今日は薬師高校の監督と撮ったよ^ ^ 最高にかっこいい!! 萩野さんとは朗読劇の『走れメロス』で共演したけど、その時はあまり話出来なかったので今回でかなり仲良くなりました^ ^ かっこいい監督もお楽しみに☆
明日は舞台本番後に『青春ディスカバリーフィルム』の舞台挨拶へ。映画も面白く仕上がっているので楽しみにしていて下さいね^ ^

30

今日は休演日!!ですが、劇場で上映会をしていました!!
上映会後のトークショーに少し出させていただきました。
いやー楽しいトークショーでした! 終始笑っていました^ ^

ご来場ありがとうございます!!
トークメンバーでパシャリ☆

31

今日は2公演!! いい試合が出来ました。
もう後数試合…。終わってしまうのを考えると本当に本当に寂しくなる。考えるにはまだ早いけどもし『ダイヤのA』3年生が卒業したら…。うぅ…。まずそこまで描けるかも分からないけど、切ない。ひとまず描けるように自分に出来る事を真剣に。役を愛して尊敬して誰よりも小湊亮介を大切に演じます。残りの公演も一切手を抜かず全力で頑張ります!!
今日はキャプテンと!! 本人も結城も真面目で努力家。大好きな役者の一人!!
大好きな仲間と共にてっぺん目指して頑張ります!!

2016.9

1

今日は一公演無事に終了しました!!
ご来場ありがとうございました。
明日も一公演!!

そして今日は純の誕生日って事で皆でパシャリ☆　折角お祝いしてるんだからもっと喜びなよ。
さて、明日も頑張ろうかな。
では (^^)／～～～

3

本日2公演無事に終了しました。ご来場いただいた皆さん、ありがとうございます＾＾
さ、明日最終回!!　延長戦です。終わってしまうのはとても寂しいけれど、また皆に会えるって信じているし、見てくれる皆が応援してくれる事を願って、先に進む為にも明日最高の形で幕を降ろしたいと思います!!
今日は薬師の真田!!　明日も正々堂々激アツな試合をしよう!!
今日も一日お疲れ様でした!!

4

本日『ダイヤのA the Live Ⅲ』千秋楽無事に終了しましたー!!　ご来場いただいた皆さん、応援してくれた皆さんありがとうございます!!
明日からジワジワとダイヤロスが来るんだろうな…。今日は皆で打ち上げして楽しいからジワジワ襲ってくるの怖いなぁ。でもまた皆で集まれるように自分に出来る事をやって笑顔で皆に会おう!!　会えるって信じてる!!　今日は青道高校3年生メンバー!!　共に練習して汗を流して涙流して強くなってきたメンバー!
最後の夏!!　まだまだ行くぜー!!　とりあえず打ち上げ行くぜー!!

7

今回は千秋楽が終わってわりとバタバタしていて全員とツーショット撮る事が出来ませんでした…。最後にメチャクチャお気に入りー!　大河。出来すぎる弟を持って大変だよ。いや、本当に!!
1年前より更にたくましくなっていた。謙虚だし。普段のツッコミがキツくなってきたのはお兄ちゃん譲りでしょう。笑
あ、今日の朝「めざましテレビ」見てくれた方ありがとうございます。刀剣男士沢山いるし、もしかしたら映ってないんじゃないかなー?って思ったら凄い目立っていて恐縮でした。
とにかく、ありがとうございます。
さて、イベント準備も少しずつしなきゃだ。楽しみにしておるのだぞ。＾＾　では (^^)／～～～

8

今日は振り返りです。
今回の顔合わせも他の作品にはない『ただいま』感のある顔合わせでした。一人一人喋るんだけどその時皆の笑顔が『おかえり』って言ってくれてる気がしてとても心強かったな。
今回は改めて漫画アニメも見返して、もっと亮介らしさを出したいと思い色々試行錯誤していましたが見れば見る程難しい。どーやってこの色気は出しているんだ?とか。迷子になりつつも今回のお芝居に至りました。
そして今回の薬師戦は強敵揃いでしたね。　継投作戦。いよいよ丹波が帰ってくる。　とても良いシーンが沢山あって、気を抜くと泣きそうになる。アニメ見てて何でもないシーンで号泣いたりしてるからね、なんでだろ?
凄い魅力が溢れている作品だよね。今回もこの作品に出演できた事本当に嬉しいです。　また亮介を演じられますように。また会おうね、亮介。
もっと素敵にあなたを表現します。

14

今日は名古屋に来ています。生まれは名古屋なので名古屋に親戚も沢山いるのです。そしてもう一人の姉のお家にお邪魔してお泊まりです。
こっちには子供が3人。一緒にお風呂に入って遊びすぎていたら姉から「早く体洗いなさーい!!」って。いつもどのくらいお風呂に入ってるか分からないから一緒になって遊びすぎた。
眠たい…。「明日朝起きてなかったら耳元で大声で起こすから!!」と言われたのが怖くてビクビクしながら寝ようと思います。
母親はこの3人の子供を普段から相手して家事をこなしているのか…。世の中の母親に頭が上がらないな。
とっても可愛いんだけどね＾＾
明日はお墓参り。良い休日です。

◆この月の舞台、お仕事＞＞＞　舞台『ダイヤのA The LIVE Ⅲ』小湊亮介役　他

17

今日は『ダイヤのA The LIVEⅡ』の発売記念イベント‼ 短いお時間でしたがお話しさせていただきました。ご来場いただいた皆さん、ありがとうございます。

お手紙にプレゼントもありがとうございます＾＾ 沢山の方に応援していただける作品に関われて幸せです。
今日撮ったチェキ大切にしてやってくださいね。
では(^^)／～～～

20

先日『刀剣乱舞』の取材を受けてきましたよ。よしなりと一緒に。

今回は公演数が前より多くなるので怪我サボ怪我させず。の気持ちを常に心に。いつ、どの公演を見に来ても楽しめる公演を。緊張感を持ちつつ自分のすべき事をする。
そんな心持ちです。
再演だけど、再演だからこその一体感でお出迎えします。
お楽しみに☆

21

今日はマエタイのロケ＾＾
こんな所に行ってきたよ♪
何をしたんでしょー？ 今度の放送で分かるけどね。ってか後ろ見たらヒントって言うか答えがあるわ。
楽しかったなー。でもあれだ、ロケとしての見所があるだろうか？笑　優しく見ていただければと…笑
この後スタッフさん達とご飯食べましたとさ。そこで面白い写真撮ったけどそれはまた明日＾＾

26

今日は大阪へ‼ 今大阪で大『ダイヤのA』展を開催しています。そこでトークショーを行ってきました‼ この3人で短い時間でしたがダイヤの話から全然関係ない話まで沢山してきました‼
その後原画展にもお邪魔して見させていただきました。中には舞台写真まで展示していただいていたので感謝感激‼ 関係者様ありがとうございます＾＾
今回のⅢでは大阪公演が無かったので、こうして大阪へ来れた事も嬉しかった。これからも『ダイヤのA』が皆様に愛される作品であり続けますように。
大阪の皆様、ありがとうございました‼

27

昨日はイベントが終わり、スタッフさん達含めて打ち上げをして大阪に泊まっておりました。そして、USJ に行ってきたよー‼
この前行った時は雨だったし、ハリーポッター混みすぎだしで満足いくものではなかったんですが今回のユニバーサルは大満足‼
夏を思い出すかのような暑さ‼(雨より◎)
ハリーポッターに乗れた‼
最高に楽しい思い出が出来ました‼
大阪でこんなにゆっくりとしたのは久しぶり。あったかな？くらいに思います。
とにかく大満足で東京へ帰ります‼
日焼けしたかなー。ま、いっか。笑

30

今日は『BASARA』のビジュアルが解禁されましたね。

次で3回目の佐助。今回も沢山発見があるんだろうな。楽しみだ‼

『幸村伝』もとりあえず1周クリアして佐助のかっこよさとミニゲーム感を楽しみました。笑

2016.10

1

もう暑くなる事はないかなー。夏に使う服は片付けても大丈夫だろうか？
大阪へ『ダイヤのA』展のトークイベントに行った時、『ダイヤのA』展の会場にもお邪魔して沢山の貴重な原画を見てきました。
亮介、春市と一緒に撮ったよ。
沢山の方に愛される作品に関われて幸せです。

2

海外ドラマってあんまり見ないんだけどね、唯一好きだった『プリズンブレイク』。
ふと時間に余裕が出来たので見直している最中。
やっぱドキドキ感がとても面白い。
そんな今日は全然関係ないけどこの前のマエタイの放送で出た陶芸を見てもらいましょう。一番上手く出来たのはどんぶりの中側の渦巻きね。
焼いたらどんな仕上がりになるのだろう。
とても楽しみ＾＾

6

少しだけ喉が痛い気がする。熱はないし元気だから口でも開けて寝ていたのかな？
普段滅多に風邪ひかないから、たまに体調悪くなると何も不都合のなかった時の自分の有り難みを凄く感じるよね。こんな話してるけど、今は元気だから安心してね。
さて、舞台『刀剣乱舞』のホームページで今回の不動君のビジュアルが公開されましたね。
なんか少し強そう。
初めてのビジュアル撮影の時よりかなりスムーズに撮り終えた気がします。
初めての時は皆探り探りだしね。
前回の公演見れていない方も沢山いると思うので是非楽しみにしていて下さいね＾＾

7

今日は秋の太陽を浴びながら美容院に行ってきたよ。
昔から友達に「鯛造はいつあっても同じ髪型だね。」って言われる。確かにこんな感じ多いけどパーマかけたりしてんのになー。最近はずっと茶色だけど黒の時もあるし…。ってか男が髪型変えたからって男同士で指摘しあってるのも…ねえ、何と言うか。
普通はもっとコロコロ変わるものなんだろうか？明日明後日は家で鯛造祭の作業するから外に出ない（予定）。皆に楽しんでもらえるように頑張ろう。うまくいったら会場にいる間、常に楽しんでもらえると思うんだ。

12

今日はチェキ撮影。
終わらない。笑　3日に分けて撮る事になりそうですね…。
今回のエチュードを意識したようなシチュエーションで撮ったりもしているよ＾＾
楽しく進んでいくけどやはり今日では終わらず。
残念(p´︵`｡)
まだ準備には時間がかかりそうです。
でも丁寧にね、皆に喜んでもらえるものになるように頑張るよ。

14

今日はハウススタジオで撮影でした。
無事にチェキ撮影も全て終了しましたー＾＾
まだ準備は続くけどねー＾＾
動画編集も一番大きいやつが終わったし、少し安心感。もうあと1週間くらいだね。
今回は沢山準備に時間かけている気がするなぁ。その分皆が楽しんでくれたらいいのだけれど。
今日は一人鍋。鍋が美味しくなる季節になってきたねぇ。
皆は何食べるのかなー？

◆この月の舞台、お仕事＞＞＞「鯛造祭　〜エチュードの陣〜」他

17

今日はこの4人で集まっていた♪
なんだかんだぶりだね！！
何で集まっていたのかは詳しくまだ言えないんだけど、とにかく久しぶりに集まった気がする。トークが弾むよね♪
ずっと喋ってた＾＾
ちょっと面白そうな企画が動くかもねー。
多分近い内に発表できるとは思うので楽しみに待っててね。
未だに通信制限がかかっているみたいぞーでした。課金すれば戻るんだよねー。
…締め日まで粘ってやる。

19

今日も撮影ーー！！ 何の現場かというと…!!『最遊記』!!
今回の三蔵一行はショートストーリーだよ。どんな仕上がりになるかは全然予想がつかないけど演じている方はとても面白く撮影しています＾＾
明日も撮影なので気合い入れていきます。
って事で告知!! 『最遊記』連載20周年を記念して、歌劇伝初のオリジナルショートストーリーが映像化！"最遊記歌劇伝 the Movie －Bullets－"
今日は三蔵な拡樹とツーショット!! 長い付き合いだこと。

22

今日は鯛造祭でした!!
何度も来てくれている方、初めての方、お友達に連れられての方、親子で来てくれている方、みんなみんな本当にありがとう!!
初のエチュードの陣でしたが、とっても楽しくイベントが出来ました!!
皆が笑ってくれるのが本当に幸せ。頑張って動画編集して良かった。
最高に楽しい時間だったぜー！ またイベントやったら皆来てね♪
流石に腹減った…。腹へったーー!!! 幸せ。

24

今日はマエタイのロケに行ってきたよー!!
朝早くから山奥へ…。
何をしたかはVTRを見ていただければ分かると思いますが、マエタイ史上初ぐらいの過酷ロケでした。過酷って言っても言う程でもないですが、いつもより体張ってます。笑
あー一眠りたい。そして手が魚臭い。笑
ロケ日和の良い天気でした＾＾

27

今日はマエタイの放送でしたよー!!
お昼には部屋のコタツを出してついでに部屋の掃除をして少しだけ綺麗になり、冬を迎える準備を整えました。
コタツがあるとより一層部屋から出なくなるからな…。これでペットでも飼おうもんなら…。こわいこわい。
そしてマエタイの放送は2回目のゲストとなるのすけ!!
今回はロケ映像無しの珍しい放送でしたよ。
そして今日は3人でパシャり。 放送見てくれた方、ありがとう!!

30

今日は『カフェ・パラダイス』のビジュアル撮影。
どんな舞台になるだろう？
楽しみ。
もう稽古も始まるので楽しみつつ役づくりしていきたいと思います。
稽古場も楽しくなりそうだし、またブログで報告していきますね。

今日はそんなカフェより一枚。
ウェルカム!!

2016.11

2
今日は稽古場へ!!
今回初めましての共演者小野健斗君!!
健斗君は右ね^^
それと玲君。
健斗君は何度か色んな所で会った事はあるんですけどね。お話しするのはほぼ初めてでした。
だんだんとメンバーが揃ってきて稽古場が賑やかになりそうです。

3
今日も稽古へ行ってきました。
順調に全体像を作っていってます。
今日は拳也と写メ撮ったよ。
拳也とはダブルキャストなんです。後輩とはいえお芝居を見ていて気付かされる事も沢山あります。ダブルキャストだから共演ではないので、ちゃんと共演するのは『戦国BASARA』になるかな。
どんなお芝居、どんな殺陣をするのか楽しみにしておこう^^
負けないように先輩として頑張りたいと思います!!

5
今日はちとお買い物へ…。
冬の靴って言ったらやっぱりブーツでしょ!!って事で黒は持っているから白のブーツを手に入れました。こいつとも色んな所へ旅に行けるのかなー。先代(もちろんまだまだ現役)のマーチンさんは北は北海道、南は沖縄まで(途中だいぶ抜けてる県あるけど)地面を踏みしめてきたからね。笑 目指せ海外!! 白いブーツに似合うパンツはなんだろ? 黒? ジーパン? とくにオシャレに興味はない俺だけどオシャレっぽくしたいじゃん。教えて皆。
今日は眠気に度々襲われる一日でした。 明日も一日元気にいきましょー^^

6
今日はいい天気だったなー。
そんな快晴の中『刀剣乱舞』のスチール撮影に行ってきました!!
え?「何でこんな風景なんだ。」って?
それは楽しみにしていてください^^
何かと色々大変な撮影でしたので。笑
また明日から月曜日!!
1週間笑顔で頑張りましょ(o'ω')ノ

8
今日はマエタイの放送でしたー!!
ゲストにゆーたを呼んで、この前のロケ映像を見ましたよ。
編集が大変素晴らしくとても面白かった。笑
次回の放送は未定だけどおそらくアスレチック。
まぁ、いつもの如く色々と正直にズバズバ言っていますのでお楽しみに^^笑
雨が降ると寒いなー。
冬は布団の中が幸せタイム。帰って寝るぞー!!
今日も一日お疲れ様でした!!

14
昨日はお酒禁止だったから今日は誠治郎さんと乾杯。
ビールは苦手だけど可愛い先輩に付き合ってあげよーかな。笑
誠治郎さんは優しい先輩なんですよ^^
昔からとっても仲良くしてくれる。
少しの時間だけど沢山話そう。

◆この月の舞台、お仕事>>> 舞台『カフェ・パラダイス』胃袋鉄平役／「2.5次元フェス(仮)」 他

16

今日はキャストサイズチャンネルにゲストでお呼ばれして出演してきました。ま、いつもどーり。楽しく放送してきました。ゲストが入れ替え制なので龍次郎にも会えました！『ダンガンロンパ』の九頭龍をダブルキャストで出演した共演者だけど、まだ一緒に舞台に立った事はない。ちょっと特殊な共演者。いつか同じ板の上で共演できますよーに。
放送見てくれた方、ありがとうございました！
今日も一日おつかれさまでしたー!!

17

まずはこの写メを見ていただきましょう。
いや、状況よく分からないですよね…。
『戦国BASARA』の告知動画です。
スチール撮影で汗だくになりました。笑
個人的にこの瞬間の自分がどうなってるか知りたくて撮ってもらいました。

23

『カフェパラダイス』無事に初日終了です。
ご来場いただきありがとうございました!! お手紙やプレゼントもありがとう＾＾
明日雪降るの？？ 電車とか大丈夫かな？ なんにせよ明日は寒いらしいから、暖かい格好でお出かけしましょうね。写真は楽屋メンバーで。あ、誠治郎さんも本当はいるんだけどね。撮る時いなかったから仕方ないね。とっても賑やかな楽屋です。楽屋はいつもとても楽しい。
日曜日までと短いですが最後まで楽しみたいと思います!!

25

今日も一日本番終了です!!
ご来場ありがとうございます。
今日の写真は警察官コンビです!! 自由奔放な上司に時々困惑しますが陽気な先輩です。千秋楽までよろしくお願いします、巡査長!!

明日も2公演!!
全力で頑張ります!!

29

今日も元気に稽古へ行ってきました!!
今日は織田刀の4振りが揃いました。
ま、ずっと俺が参加できてなかったから揃わなかった訳ですが…笑 こっからお芝居もガッツリやっていって本番に向かいます。
半年も経っていないくらいなのに、なんだか懐かしい感じがする。
初演を観た方も観ていない方も楽しめると思いますので、ワクワクしながら劇場に来てね＾＾

30

今日は舞台『カフェパラダイス』の振り返り。
ドラマ連動の作品でしたがドラマの方に僕は出演していませんでした。稽古から本番までに演出家さんと相談しつつ、本来の台本とかなり変更があったかもしれません。巡査長とのやりとりも全然台本通りじゃない。笑 相談しつつ作品を創ってる感じがとても懐かしかった。 かなり自分自身に寄せて役づくりしました。 ちょっと毒っ気があるとこなんかね。笑
そして楽屋のメンバーが本当に楽しかった。毎日盛り上がっていました。昼公演と夜公演の間に寝てゆっくりする人もいたりするんですが、僕らの楽屋は常にワイワイ＾＾
またこのメンバーで集まれたらいいな。みんな動けるから殺陣ありの舞台でもいいし、がっつりコメディー作品でもいいし。
また一緒にやりたいメンバー。
劇場に足を運んでくださった皆さん、ありがとう!!

2016.12

3

今日は2.5次元フェス（仮）に出演してきました。午前の時間から沢山の方が来てくださいました。熱気が凄かったよ‼︎ステージ上から見る景色は圧巻でした。楽屋では色んな作品の出演者やスタッフさんと一緒になるので懐かしい方達にも出会えたりしました。チラッとだけ展示されている物も見ましたが、ペダルのスロープも展示されていました。なかなか近くでじっくり見れる機会がないのでご来場の際は是非。明日も開催されていますが、またこういった機会があるといいな。もっともっと盛り上がってほしいですね。その際はまた出演出来るように日々精進致します‼︎

7

今日も一日稽古ー。
殺陣とお芝居の確認をして、そろそろ衣装通しかな。
長い公演だから怪我をしないようにしっかり稽古場で確認して万全を尽くします‼︎
今日の写真は短刀仲間の小夜ちゃんこと納谷とだよー。
寒くなってきたから暖かくしなくちゃねー。
稽古も残り数日、頑張るぞー‼︎

9

今日は衣装を着ての通し稽古でした。髪の毛が長いからね、大変な事もありますが、なびく髪の毛がプラス要素になるように残り少ないですが稽古していきます‼︎
そして稽古の後にマエタイの放送へ行ってきました‼︎ アスレチックの動画を見て新たな企画を行いました。後で見る方もいると思うので多くは語りませんがとんでもない非常識人が…笑 面白かったなー^ ^ 次の放送は多分来年だね。今年も一年見てくれてありがとうございました。また来年も見てくれたら嬉しいな。今日もぐっすり寝てまた明日頑張ろう‼︎

11

稽古全て終了‼︎
最後に良い通しが出来たと思います。あとは劇場に入るだけ‼︎ こっからが本番だね。
そして今日の写真は今回から参加の2人！ 江雪役の瀬戸君と鶴丸役の健人君‼︎
再演からでプレッシャーもあるだろうけど素敵なお2人です！
稽古を無事に終えられたので俺は岩盤浴へ行って少しゆったりしてきます。
ご褒美ご褒美。

13

今日は一日場当たりの日‼︎
明日も一日ありますが、一番集中力を持続しなきゃいけない日。
再演ではあるけれど丁寧にね。
今日は一日中不動くんでした。不動はこの本丸では少し問題児だけど可愛いところも沢山ある、本当はいいやつなんです。
観劇していただいた皆さんに不動の良いところも悪いところも全部伝わればいいな。
好きになってくれとは言わないけど、少しでも悩みや葛藤が伝わりますように。
全公演全身全霊でぶつけていきます‼︎
よーし、やったるぞー‼︎
ふてくされ不動。

16

今日も無事に2公演が終わりました。
沢山の方のご来場ありがとうございます。
お手紙も嬉しいです。力になります。
今日はすぐに寝られる気がする。布団に入るまで分からないけど…。
さぁ、今日の写真はひでくん‼︎ 舞台上でのやりとりも沢山あって舞台上で沢山のものを受け取っています。
この共演者皆そうだけど共演出来て嬉しい。
このまま無事に千秋楽まで進めますように。

◆この月の舞台、お仕事>>> 舞台『刀剣乱舞 虚伝―燃ゆる本能寺―（再演）』不動行光役 他

17

今日も2公演無事に終わりました〜!!
ご来場ありがとうございました^^
観劇していただく皆様には関係のない話しですが、とりあえず明日が山場。明日も怪我なく全力が出せますよーに。 本日の写真は窪寺さん!! 明智光秀。この作品においてとてもとても重要人物です。窪寺さんからも舞台上で沢山刺激を受けています。 素敵な役者さんです。
さぁ! 休むのも仕事だ。 質のいい睡眠をとりたいと思います。

18

無事に公演終わったー!!
体力はゴッソリもっていかれたけど。笑
観劇ありがとうございました。
そろそろ家の洗濯物しないと着るものがなくなる。明日も夜公演の前に仕事があるのでゆっくりは出来ないんだけど、とりあえず下着だけでも洗おう。笑
さてさて今日の写真は、とんちゃーん!!
背が高くてかっこよくて歌も上手い! そして優しい。芝居も殺陣も出来て愛嬌もある。なんなの? 完璧じゃーん。好きだわー。とんちゃん。

23

今日は2公演でした!!
無事に終える事が出来ました^^
ご来場ありがとうございます。
大きい事故がなくここまで公演が出来ている事、とても嬉しく思います。応援してくださっている皆さん、ありがとうございます。 明日も2公演!! 事故なく全力で駆け抜けます!! 今日の写真は薬研!! 短刀仲間だねー。織田刀。 かっこいいんだよなー。薬研としてのきたむーもかっこいいし、ただのきたむーもかっこいい。 あー、かっこいい人ばっかりだ。
明日はクリスマスイヴだよ? 皆はどう過ごすのかな? 楽しいクリスマスをっ☆

24

今日も無事に2公演終了!!
初演から何回くらい本番をやってきたのだろう?
毎回ラストに向かう感情は微妙に変わる。今日も演じていて新しい感情が出てきたし、本当に周りのキャストから受け取る事が多い。 ありがたいな。何度も言ってるけど、このメンバーの中でお芝居出来る事。
さて、本日の写真は一期!! 舞台上で弟想いのお兄ちゃん。最初は一匹狼なのかな?って思ったけど、実際同じ時間を過ごしていると周りをメチャクチャ見てるし、面倒見がいい。俺の苦手な事を自分の時間を割いて教えてくれたり稽古では本当に頼りになりました。 そして多才。絵も上手いんだよ^^

29

明日は東京公演の千秋楽です。早いもので…まだまだ北九州と大阪公演がありますので気は抜けませんが、ひとまずの区切り。明日も変わらず怪我なく刀剣男士として生きます!! 今日の写真は演出家の末満さん。舞台を観る方にとって演出家がどのような存在なのかあまり分からない方もいるかもしれませんが、この舞台で一番の功労者です。末満さんは脚本も担当されているので、それこそ舞台の稽古が始まるずっと前から色々考えている方です。今年出会えて良かった方の一人ですね。一緒に飲むと楽しいし。これからもお仕事一緒に出来るといいな。次何かでご一緒した時には役者として成長した姿で会えるように日々頑張ります。

30

今日は東京公演の千秋楽でした!! 初日から千秋楽まで満席の劇場で刀剣男士として過ごせた事、幸せでした。
年明けまでゆーったり過ごして、また2017年、『刀剣乱舞』の福岡公演から頑張りたいと思います!! 劇場まで足を運んでくださった皆様、ブログやツイッターなどで応援してくれた皆様ありがとうございました^^
今日の写真は『刀剣乱舞』を支えてくれているアンサンブルの皆さん!! 一番運動量が多くて舞台袖を行ったり来たり走り回ってくれています。 大きな怪我なくとりあえず東京公演を終えられてよかった。皆皆おつかれさまでしたーーー!!

TAIZO SHIINA　　　　　　　　　　　　　　　　　　　　　　　　　2017.01~12

> シリーズものの続編の多い一年でした。知った顔が沢山いるので安心です

2017.1

3

今日は甥っ子や姪っ子達と凧上げに行って来ました。天気もよくて風もそこそこ強かったから綺麗に上がったよ。

最初苦戦したけど1回上がると安定するのね＾＾
なんとも正月らしい過ごし方です。
それ以外はのんびりと子供達と遊んでゆっくり過ごしています。

怒涛の年末だったので、こんなにゆっくりするのが嘘みたい。そろそろ正月休暇も終了なので気合い入れ直して頑張りたいと思います。
今年のお正月も大満足でした。

6
今日は福岡へ入りました!!
早速場当たりをしてきましたよー＾＾
劇場が変わるので袖周りを注意しつつ慎重に場当たりしました。
明日は福岡公演初日!!
全力で頑張ります!!
今年初めての不動。
不動捕まえたー。
よし、何かしら食べて明日も頑張ります!!

8

福岡公演千秋楽!!　無事に終わりました。
沢山の方のご来場ありがとうございました!!
後残すところ大阪公演。
大阪で公演が出来る事、大阪に行ける事、とっても嬉しいけど終わりが見えちゃって寂しい気持ちもあります。
ただ最後の1秒まで全力で演じる事は変わりません。

今日の写真はこの6人。何の6人なんでしょう？
舞台を見ていただければ分かると思いますよ♪
福岡でも沢山のお手紙プレゼントありがとうございます＾＾

13
今日は2公演!!　無事に終えることが出来ました。
ご来場ありがとうございました!!
ホテルって凄い乾燥するんだよねー。対策はしているので心配無用ですが…。油断したら多分朝喉ガサガサなんだろうな。
明日は今日より少し早い時間で2公演があるので今日もホテルでゆっくり過ごします。ユニットバス苦手だけど湯船に浸かろうかな。
さて、今日の写真は短刀達だよ。短刀らしく全身で戦う。
誰の戦闘スタイルがお好みかな？明日も集中して頑張ります!!

14

公演が終わって外に出たら雪が!!　こりゃ積もりそうだな。大阪でもこんなに降るんだね。
明日劇場に遊びに来てくれる方は暖かくして遅延などで遅れないようにお越しください。
劇場ももしかしたら少し寒く感じるかもしれませんので。僕らは汗だくなんですけどね。
そして!!　今日は少し自慢させてもらうよ。
不動行光を書いてくださったイラストレーターのminatoさんが観劇に来てくださいました!!
そして不動のイラストをプレゼントしてくれたのです!!
嬉しい!!　大切に飾ろう。また家に宝物が増えた。以上、自慢でしたー＾＾
明日の外は銀世界かな。

16
本日もご来場ありがとうございました!!
35公演が終わり、残す公演は2公演。つまり明日が大千秋楽です。これだけ回数があると流石に「やったなー。」って感覚はありますが明日で終わりとなると寂しいな。明日は夜公演ライブビューイングもあるし、きっと沢山の方が観てくれるんだろうな。
変わらず全力で。怪我させず、怪我せず。
さて、今日の写真は燭台切だよー。あんまり見えないけど、がっつり抱き合ってるからね。笑　安心する大きさだ。笑　今日は明日の為に早めに就寝します。

◆この月の舞台、お仕事＞＞＞　　舞台『刀剣乱舞 虚伝―燃ゆる本能寺―（再演）』不動行光役　他

17

ついに…ついに舞台『刀剣乱舞』大千秋楽を迎える事が出来ました!!
最後の最後まで応援ありがとうございました!! 誰一人怪我をせず乗り切る事が出来ました。簡単な事ではないので本当に嬉しいです。 そして、ラストの写真はやっぱりこの方でしょ!! 拡樹ー!! 座長としていつも堂々と真ん中にいてくれた。自分も疲れているはずなのに、いつも気にかけてくれた。俺が支える立場なのに支えられてばっかりだったな。本当にありがとう。 お互いもっともっと人として役者として成長してまた板の上で会おう。 皆も本当にありがとうございました。

18

今日は東京へ帰ってきて『BASARA』の稽古に合流してきました。
最早今日の朝の出来事が本当に今日なのか?ってくらい前に感じる。色々詰め込んで頭が容量オーバーです。 家に帰ってひとまず落ち着きたい。『刀剣乱舞』の余韻に浸りたい。片付けしたい。殺陣確認したい。台本読みたい。ただいまそんな心境です。 もう『BASARA』の稽古も2週間切っているのでエンジン全開でいかねばなりません。とりあえずこの本番を乗り切るまで体調が崩れませんように。今日は早速のすけと写真を撮ったよ。 真田主従、今回もやってやりますか!!

19

今日はラインライブでした。お初です。そしてMCでした。『BASARA』関連は謎にMCポジションが多い気がする。 見てくれた方ありがとうございます。
舞台楽しみにしていてください。
まだ稽古合流して間もないので、これから皆とどんどん仲良くなって良い作品を創っていこうと思います。
台本読んで明日も稽古頑張ります!!

20

今日は稽古の後にマエタイの放送へ行ってきました!!
2017年初の放送!!
見てくれたかな? いつも自由気ままな放送です。笑
12月は前ちゃんの誕生月だったけど、番組でお祝い出来ていなかったので今日お祝いしました＾＾ 喜んでくれたみたいで、準備した甲斐がありました!! 金ピカのジャージセット!! いやーこりゃ目立つ。笑 とってもお似合い。さ、家に帰って今日の稽古の復習して早めに寝ます!!
今日も一日お疲れ様でした。

21

今日は舞台『刀剣乱舞』の振り返りを書こうかな。

再演なので基本的には同じ演目をやるのですが、今回ある仕掛けにより全く別物になりました。そして別物になったからこそ、主に殺陣の変更が多くありました。稽古期間が短かった為、稽古合流の最初の方はいっぱいいっぱいでした。この作品で僕の演じた不動行光はとても大切な役回り。物語の主軸と言っても過言ではないかもしれない。そんな大役を初演再演と演じる事が出来たのは感謝ですね。初演では感じなかった事、再演の公演中に感じた事色々あるんです。

人間は誰しもが悩みを抱えて生きている。
幼い頃は悩みなんて感じなかった。中学生の頃や早ければ小学生くらいの時に悩みを感じますよね。その時きっと「なんで自分だけこんなに辛いんだ?」って思ったでしょう? でも人と関わると「あ、悩みがあるの自分だけじゃないんだ。」って思う瞬間があるはず。
今回の公演ではまんばちゃんの言葉を聞いてそんな事を思っていました。『ダメ刀』という悩み。形は違えどそれぞれ悩みを抱えているんだ。それを知った時に不動は少しだけ成長出来たんだな。って。
もちろん、不動はそれを成長とは感じていないはずだけどね。そこでの成長があったから光秀を討つ時思い止まったのだと思う。もしかしたら長谷部も? 宗三も?っていう戸惑い。

目標でもあった怪我をせず、させずもクリアする事が出来たし、一番不安だった喉を潰さずに公演をやりきる事も出来ました。
毎公演全力でぶつかれた事を誇りに思います。
また不動を演じられる日が来ますように。
応援してくれた全ての方、ありがとうございました。

2017.1

23

今日も一日元気に稽古へ行ってきました。
細かい修正や殺陣の確認などをしておりました。
もう稽古も1週間くらいしかないのか…。毎日全力で取り組むのみです。
さぁ今日は松永役の松田さんと写真を撮ってもらいました。稽古での待ち時間は少し寒いのでフード被っていて、その状態で写真撮りましょー!って声をかけたら、俺も真似しよう。ってお揃いになりました。 松田さんとは『BASARA』で2回目の共演。今回も仲良くしていただいているので嬉しい限りです。 よし、明日も一日頑張ろう!!

25
今日も稽古へ!!
前半の全シーンを丁寧に当たっていきましたよ。
だいぶ流れが良くなってきました。
しかし外は寒いなー。
完全防寒で稽古場へ行ってます。
そして、今日の写真は黒田官兵衛役の伊藤裕一さん!! 初めての共演ですが、とっても面白いお方です。
どんな官兵衛が舞台上で見れるか楽しみにしていてくださいね^^ あー寒い。

26

今日も一日稽古!!
昨日に引き続き、本日は後半部分の集中稽古!!
見応えのあるシーンが目白押しです。
そして今日の写真は眞嶋秀斗くん!! 伊達政宗役ですね。
彼はとても素晴らしい筆頭ですよ。
稽古の休憩時間は自発的にずっと刀を振り回しています。その成果も如実に出ていますしね。疲れ過ぎて倒れちゃわないか心配になるレベルです。
大将の良きライバルとして最高の役者。 負けてらんないな、大将。

28

色々考え事をしながら通し稽古をして、少しだけ集中力が散漫になってしまった今日の通し稽古。 いかんいかん。盛大に反省中です。
自分が『BASARA』の経験者なんだから皆の不安を舞台上の姿で払拭させなきゃいけないのに、今日の集中力散漫。明日は最終稽古。気を引き締めて頑張ろうと思います。 今回の家康役、中尾拳也。日に日に良くなる彼を見て忘れかけていた初心を思い出しました。とっても真っ直ぐでひたむき。仕上がった体を見たら努力してきたのは何も言わなくても分かる。 見せてやろーぜ、拳也!
ま、本人にはこんな話全然しないんだけどね。

30

昼間は暖かい気候でしたね。
久しぶりに家の窓を全開にして空気を入れ替えました。でも夜は寒くなるのね。
そして明日からいよいよ劇場に入ります。
今回の佐助はどんな感じかなー? お楽しみに。
あ、初めてps4のダウンロード版のゲームをやってみた。
『龍が如く6』、好きなんだよねー。このシリーズ。
また本番入ったらやる暇ないんだろうけど。
買い物に行かなくてもゲーム出来るから楽ちんでいいね。
今日はゆっくりお風呂に入ろう。

31

今日は劇場にて場当たりです。
オープニングから照明音響などと合わせていくんですが、うん。格好良い!! 遅刻厳禁ですよ。
場当たりはずっと衣装やウィッグを付けていなくちゃいけないので体力消費しますが、集中して明日も頑張りたいと思います。
今回の楽屋は隣がのすけ!! 良かった良かった。笑
真後ろにはおっきーがいます。凄い形相でのすけを見てるね。仲良いんだー。

2017.2

 1

今日も物当たりしてきましたよー。
約1ヶ月前と同じ劇場にいるのに、当たり前だけど全然空気が違う。不思議だねー。観劇する方はどんな感覚なんだろう？舞台の袖もその公演によって全然違うから、客席から見えない舞台袖まで違う劇場の感覚。
今日の写真は白又。そこそこ長い付き合いになってきたね。なんだかんだ『BASARA』では関わる事が多いけど…今回はどうかなー？　お楽しみに。　明日も一日集中して頑張ります!!

2

さて、明日『BASARA』の幕が開きますね
劇場、稽古場と応援していてくれた皆様、ありがとうございました!!
今回の見所をボソッと独り言。幸村と佐助の自由時間があったりして…。
そしてやっぱりラストは圧巻だよ。
きっと楽しんでいただけると思います。

今日の写真は武将全員集合写真!!
史実とは少し違うBASARAの関ヶ原。開幕!!

 4

2日目無事に終了しました!!
どんな舞台でもそうだけど、回を重ねる毎に新たな発見がある。ここのセリフで佐助はこんな事を感じているかも？とかね。　佐助は先読みをして動く忍びのイメージがあるので、どんな事を感じて考えているのかを考えるのが楽しいのです。　きっと観劇する方も1回目と2回目では感じ方が変わるのでしょうね。　明日も2公演あるので色々な事を感じて考えると思います。毎日楽しく演じられています。　そして今日の写真は大将!!　2本の槍をこれだけ自然に扱えるのは本当に凄い!!　努力あっての賜物だから本当に尊敬します。

 6

今日は朝から撮影です!!
今『BASARA』で一緒の拳也と、なんとただいま椎名鯛造DVD第2弾を作成中です!!
まだどんな内容かは詳しく言えないけど、今回はバラエティー色強めの作りです。
今日は後少しだけ撮影をして就寝です。　皆が楽しんでくれたらいいのだけど。また詳細は追ってご連絡しますね。　沢山笑った一日でした^^
ちょっと真面目な場面もあったりなんかして。　お楽しみに。

 7

今日は早朝に起きて、激しめに昨日のDVD第2弾の撮影をしてきました。チョイチョイ毒付く俺が見れるかも。笑　もしDVDを手に入れて見る機会がありましたら「そーそー、この時小忙しくしていたなー。」と思っていただければ。　そして夜は舞台本番をやってまいりました。　明日も夜公演のみ。今日は沢山寝れるぞ。また体力回復させてキレッキレで頑張りたいと思います!!　今日の写真はアイル君。何度目の共演だろうか…。とても心強い役者仲間。人の痛みを理解してあげられる心優しきアイル君。お互い『BASARA』で怪我せずに頑張りたいと思います。

 9

今日は2公演!!　沢山の方に来ていただきました!!　ご来場ありがとうございます。

そして夜公演ではトークショーも行いました。ゲームの『BASARA』シリーズで長宗我部元親役の石野竜三さんも交えて、豪華なトークショーでした。ありがたいお話も沢山聞くことが出来て、とても嬉しいトークショーとなりました。

東京公演も残すところ金、土、日となりました。このまま怪我せず大阪へ乗り込みたいと思います!!
明日は1公演!!　頑張るぞー!!

◆この月の舞台、お仕事＞＞＞　舞台「斬劇『戦国BASARA―関ヶ原の戦い―』」猿飛佐助役　他

2017.2

11

あらあら明日が東京千秋楽ですって。
銀河劇場には去年12月から長い間お世話になったなー。『刀剣乱舞』と同じ場所とは思えない感覚です。沢山思い出ができた劇場です。
まだ終わってはいないので気を抜かず明日もバシッと決めて大阪へ行きます!!
今日は松田さんと写真撮ったよ。 貫禄のあるお芝居、声、佇まい。そしてお茶目な部分もあったりします。尊敬ですね。
今日はゆっくりお風呂に入ります

13

今日はお休みだったので唐橋さんの個展に行ってきましたよ^^ のすけと一緒に。
唐橋さんのセンスが光っていました。
やりたい事を形にして出来ている唐橋さんの顔はとても充実している顔でした。
そして会場を後にした僕らは、まるで女子会のようにオシャレなランチを食べて、またまた女子会のようにカフェをして解散しました。
楽しい一日でした。 大阪公演まで体を休めて、また全力で暴れまくります!!

16

いよいよ明日から始まりますね。『BASARA』大阪公演!!
11月くらいからずっとバタバタしていて、この大阪公演で無事に千秋楽を迎えられればちょっとだけ落ち着く。
『刀剣』も『BASARA』も稽古約2週間でバタバタと頑張っていたと思うので、自分にご褒美を画策中です。もうほぼ決まっているんですが、ただ自分だけが楽しむのではなくてみんなにもソレにより少しだけ楽しんでいただけるご褒美を考えています。ワクワク。 とりあえず大阪公演!! 全力で演じて最高の佐助をお届けいたします!! 早速大将と串カツ食べたよ。

20

今日は早速ですが『BASARA』の振り返りを。

個人的には3度目の佐助。3度目の、のすけとの主従。これ程安心感を抱ける幸村と一緒に出来るのは心強かった。

今回は演出家さんに「自由にやって」と言われた自由時間がありました。文字だけで見ると一見投げやりのように感じるかもしれない言葉ですが、信頼してくれているからこその言葉でした。

もちろん本番中も、出番前に3回は繰り返し台詞合わせをして挑みました。のすけも俺も、その場で何とかなるっしょ?ってノリのタイプではないのでその辺りもやりやすかったな。

そして一番大切な役作り。今回は『幸村に仕えている』という点をハッキリ表現したかったかな。ずっと考えていた。パンフレットにも書いたけど、何で幸村に仕えているのか…。結局ね、コレ!!って答えはみつからなかったけど、人が人を思う気持ちに理由が必要なのだろうか。今回の舞台で感じた事でした。お芝居のシーンじゃなくて殺陣の時でも、敵を目の前にして幸村が他の事に気を取られていても敵から目を逸らさなかったり、例え同じ軍の仲間が多少のダメージを受けようが動けない。全ては幸村を守る為。

だけどねー、来ちゃうんだよ松永が。松永が来てからは少し人間らしいかも。この考えが答えな訳でもないし、見た方の感じた事が答えだと思うのでコレは個人的な思いです。
とにかく今回も楽しかった。そして今回「も」と言える事が嬉しいです。
　やっぱり演じれば演じるだけそのキャラクターが愛おしくなるもので。
　また佐助を演じられますように。

19

大阪千秋楽無事終了しました!! 東京大阪へご来場いただきありがとうございました。
本当に沢山の方に観ていただき嬉しかったです。トークショーやお見送りでも皆さんの笑顔を見る事が出来て幸せな気持ちになりました。
キャスト発表はまだですが、次回作も発表されて今後の『BASARA』もとても楽しみですね。
今日は伊藤さんと写真を撮ったよ。また共演したい役者さんです。
そしてまた佐助として皆様にお会いですよーに。

21

う日は朝から『最遊記』の撮影でした。全て撮り終えましたよー!! クランクアップというやつです。DVDのみでしか見れないけれども、今日撮ったショートムービーも面白い事になっていますので、発売されたら是非宜しくお願いします。またやって欲しい!!って声が多く集まられればまた出来るかもしれないしね。にしても眠たい…。家に帰ってきてコタツに入って書いているんですが、最初は足だけ入っていたのに今は腰までコタツの中です。肩まで入ったら寝ちゃいます。危険です。睡魔が…。色々準備しなきゃいけないので寝ませんが、このウトウト感幸せだよね。

22

ご褒美ーー!!
ちょっと飛んできます。
ずっと楽しみにしていた。
どこに行こうか、何をしようか、ずっと考えてその考える時間が楽しかったり、チケット予約してからワクワクしていたり。
完全プライベートで飛行機に乗るのはいつ振りだろう。短い時間だけど楽しんできます。
どこでしょー?
流石にわかんないか。
国内だよ。
では(^^)/~~~

23

ご褒美の旅行も後半戦。しかし、雨ばっかりだ!!!
日本全国あまりいい天気ではないみたいですね。僕は今、沖縄にいます。雨だし風強いし、少し寒い。笑 この時期だから仕方ないのかな。そんなどんより天気でも満喫しようと奮闘しています。タコスを食べたり。サーターアンダギーを食べたり。
え? そんなことより誰と来てるか気になるって?
こいつだよ。こいつ!!
のすけ!!
ちなみにコレは2人でカヤックに乗った時の。幸い雨は一滴も降らなかったのですが寒い寒い。ま、そんな旅行ものすけとだから楽しいんだけど。いつかリベンジしてやる。

26

少しだけ沖縄の思い出話。
とりあえず夜車でホテルの周辺をドライブ。近くに浜辺を見つけて翌日そこで動画を撮ろうという話になりました。
そして翌日浜辺で色々しました。走ったり回ったり。楽しかったなぁ。

で、カヤックに乗ったんですが、色んな色があって「赤と青のカヤックあるよ?」と会話していて自分たちの順番で案内されたカヤックがソレでした。『BASARA』の後だしちょっとだけ嬉しかった。
案内してくれるインストラクターさんがいるのでマングローブの話や色んな説明を受けつつ基本のすけに漕がせました。笑

そして、そのカヤックのお店の方に美味しいタコス屋を教えてもらい行ってみました。タコスはもちろん美味しかったのですが、ホットドッグのパンが美味しすぎて「パンが美味いパンが美味い」と2人して連呼しておりました。

夜は地元のスーパーで海ぶどうやらサーターアンダギーやらを買い込んで部屋飲み。
もう豪雨にあいたくない…。
他にも屋内プールとか温泉にも行ったんだけど、ほとんど写真を撮っていないのであります。笑

こんな感じで時間をゆっくり使った旅でしたとさ。

25

今、しばしの休息を取れています。
家の事しなきゃ。とりあえず部屋を片付けたり鯛造祭の準備にもとりかかります!! 今回も握手の待ち時間に皆さんが暇しないように動画を準備する予定です。少しでも楽しめればいいんですが…。
さてさて本日の写真は『BASARA』の大阪公演限定の共演者。たこ焼きの油引き。笑
幸村との自由時間で使用したんですけど可愛らしいタコさんが付いていたんですよ。この為だけに買ったので本来の使用方法で使う事はないと思いますが。笑 とても楽しかった思い出。
劇場で見れてない方は何が何だかでしょう。ごめんね。
さて、お片付け。

2017.3

2

今日は弟に会ったよ。
何で会ったのかはまた後日話をするとして、ご飯も一緒に食べて色々お話ししていました。
最初に会った時より色んな現場を経験して大人っぽくなっていたな。少しだけね。
そろそろ『ダイヤのA』も始まるし、気合い入れて野球の練習しなくちゃ。(←そこ？笑 何にせよ楽しみだ。
新しいキャストも沢山参加するし、仲良く緊張感は持って作品を創っていきます!!
今回は今まで以上に見せ場があるから楽しみにしていてね^^

3

今日は鯛造祭の打ち合わせをした後、今回も絵を描きました。段々と上手くなっている気がする。気がするだけかな。笑 どんな絵が何になっているのか楽しみにしてて下さいね。そして夜はキャスト・サイズで龍次郎の写真集発売を記念した特別番組にMCとして出演してまいりました。 写真は龍次郎と。 数々の暴言失礼しました。でも個人的にはいつもマエタイをやっているスタッフさん達なので楽しくMCをする事が出来ました。 真面目にやろうとすればきっと出来るけど自分の中で暴走する何かがいるんでしょうね。 見ていただいた方、ありがとうございました。

5

今日は『ダイヤのA』のリリースイベント!! たくさんの方に来ていただいて嬉しかったです。
思い出話をしたりゲームをしたり盛り上がっておりました。
やっぱりこのメンバーは会話が弾むね。次の本番も楽しみだ。
イベントメンバーで写真を撮ったよ。 OxTの大石さんの歌声も素敵すぎた!!
生で聴けたのには感謝です。
ありがとうございます!! 皆さんもご来場ありがとうございました!!

6

今日は『ダイヤのA The LIVE Ⅳ』の顔合わせでした。いよいよ始まるんですね。今回の作品もとても楽しみです!!
そして今日は小湊兄弟の幼少期を演じてくれるお2人と写真を撮りましたよ。
この顔合わせの直前までビジュアル撮影をしていたので髪の毛ペシャンコだけど許してね。笑
とっても可愛らしい2人だった。これからブログでも登場すると思います。
期待して待っていてくださいね^^

7

昼間用事を済ませてから動画編集をガッツリやろうと思ったら、意外と時間がかかり疲れてグッタリしてしまった。
お風呂に入ってから頑張ろうと思っています。
そして昨日顔合わせ前にビジュアル撮影をした時に、空き時間に投球練習を本気でやったら少し筋肉痛だし…。どこまで集中力が持続するか分かりませんが…。
今日の写真はリリースイベントの時に春市と撮った写真。だんだんピンクの髪の毛に違和感を感じなくなってきた。初めて被った時は自分で苦笑いしちゃってたんだけどね。 さて、お風呂に入ろっと。

11

今日は一日家で動画編集作業。結構進みましたよ。
1回データが消えてやる気消沈していたけど、やっぱり動画見てると思い出して楽しいので、少しでも皆にその楽しみを共有してもらいたくてやれています。でもこれで次データが消えたらもうやらない。笑
握手の時に流す動画がくだらなくて面白い。お時間ある方は握手終わった後も会場に残って見てね。特に中身のない内容だけどズクっとくらい出来ると思います。
動画撮影に協力してくれたのすけと。取材していただいた場所から東京タワーが良く見えました。
さて、夜も少し作業をしてグッスリ寝たいと思います。

◆ この月の舞台、お仕事＞＞＞ 「鯛造祭〜革命のエチュード〜」／WOWOWライブ「2.5次元男子推しTV #1」 他

13

今日は一日『ヴィヨンの人』の稽古。やっぱり休憩時間にはキャッチボールをして楽しみました。
この前の試合で去年の夏の課題だったコントロールが随分改善されていたので今の課題は球速。特に練習していないのに何でコントロールの課題がクリアされたか分かりませんが、とりあえずコントロールはいい仕上がりでした。笑 稽古も頑張り、草野球のエースになる為にも頑張ります!!
そんな今日はキャプテンと写真を撮ったよ。結城哲也。
また稽古場でいろんな人と写真を撮りたいと思います!!

14

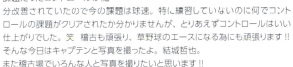

今日もガツガツとシーンがついていきます。
覚えるきっかけが結構あるので帰ってから復習しなくちゃ。
楽しく過ごしております。
今日は座長と写真を撮りましたよ。
いつも現場ではイジられてる廉。
腹筋してたから苦しんでる顔を撮ってやったぜ。

18

今日は一日鯛造祭!!
いつも手作りだけど、俺のやりたい事を詰め込んだイベントです。エチュードもそうだけど最後一人一人とお話しする時間も大切にしています。
最後の方になっちゃう方には長い時間待たせてしまって、ご迷惑おかけするんですが、皆嫌な顔せずに待っていてくれて本当に感謝です。
良い笑顔が沢山見れたよ。 そして今回参加してくれた唐橋さんとフッキーさん。とっても面白い鯛造祭になりました!! そして誕生日にまたイベントを開催しますので詳細は後日ですが、こちらもお楽しみに!!

19

本日は昨日の鯛造祭の余韻に浸る一日となりました。
そして沢山いただいたお手紙もしっかりと読ませていただいております!
なので今日の写真は昨日のイベントの時の。
また3人で何か出来たらいいな。
楽しい思い出を胸に明日も一日頑張りましょう!!
では (^^)／~~~

20

皆さんからいただいたお手紙とプレゼントを見ていてびっくりする贈り物がありました。
わからない方も多いかもしれませんが、毎月放送しているマエタイというキャストサイズの番組で去年誕生日を祝ってもらった時に、スタッフや前内君からのプレゼントで寄せ書きをもらったんですが、番組内で視聴者にプレゼントしよう!!ってなって!!
え? 何でだよー!!ってなってたけど贈る事になったんです。
そしてそのプレゼントを当てた方が鯛造祭に来てくれて俺にプレゼントしてくれた。
巡り巡って今家に飾ってます^^
なんだか心がほっこりしました。
優しいね。ありがとう。明日も一日頑張れる!!

21

今日は体を動かしてきました。
僕の DVD 第2弾の撮影をしてきたのです。
実はもう完成していたんですが、僕のわがままで体を動かしている所も撮って欲しいとお願いして今回の撮影に至りました。次があると思っていないので今撮って欲しいものを!と思ってね。トランポリンやらマットやら鉄棒…思う存分体を動かしてきました!! 先日の鯛造祭でご予約された方は是非楽しみに待っていてください。体を使った挑戦などもあるかもね。笑 今日は薄着で外出してしまった為寒くて後悔しております。皆、風邪ひかないよーにねーっ!!

2017.3

22

昼間は太陽が出ていて暖かったけど、やっぱ夜になると寒いのね…。この時期どんな服装が正解なのか分からない。
そんな今日は一日稽古へ!!
だいぶ順調に全体像が見えてきましたよ。
小湊兄弟の幼少期を演じてくれる子役ちゃんも可愛いーんだ。亮介役の陸君と写真撮ったよ。 兄弟のシーンはとっても演劇的で好きです。楽しみに待っててくださいね。 休憩時間に本気のキャッチボールも出来たし大満足な一日でした。
明日は寒いのかな? どーなの? 何着たらいい?

25

『ダイヤのA』の稽古も残り少なくなってきました。
ファンの方がどう見るか…不安もあるけどこのメンバーなら大丈夫。今日はそんな大事なメンバーの一人良輔さんと。カンパニーのムードメーカー! いつも盛り上げてくれています。
ただ稽古場で『りょうすけ』と呼ばれると、どっちを呼んでいるのかたまに分からなくなる。亮介としてたまに反応しちゃうよね。笑
残りの稽古も時間を無駄にせず大切に皆で創っていきます!!

26

今日の稽古は音響さんと合わせたり、細かい確認をする日でした。音響が入るとだいぶ球場が見えてくる。最終段階に入っていますね。
そして今日の写真は青峰。名前は『ゆうき』なのにみんなから『ノリ』と呼ばれ役と混同されている珍しい一人。野球センスが抜群で草野球をしてもいつも青峰にはボッコボコに打たれる。
青峰を三振にうちとりたい。 大きな目標の一つです。
あー、試合がしたい。

28

今日は稽古の後に『最遊記歌劇伝』のオーディオコメンタリーを収録してきましたよ。懐かしい映像を見ながら色んな感情が湧いてきて、何て言うか…見れてよかった。
オーディオコメンタリーはこの3人で収録しています!! お楽しみに。
あ、髪の毛パーマかけたい願望が強くてメイクさんにクルクル巻いて下さい。ってお願いしてこんなんになりました。笑
やっぱこの2人と話してると楽しいね。俺と唐橋さんでボケてはツッコミそれを拡樹がニコニコ見てる。幸せな時間でした。 ありがとーございます。

30

稽古も佳境です。3月も明日で終わりますね。
今日は一日暖かい日だったね。休憩中に外でキャッチボールしたんだけど気持ちよかった。
でもね、靴にダメージを受けました。布の部分が破れちゃった。最近よく履いていた靴なのに。ショック…。
そして今日は仙泉学園の真木役、本川君と写真を撮ってもらったよ。本川君も野球が上手いんだ。そして大きい。
迫力のある投球お楽しみに。

31

今日は稽古前に草野球やってきましたよ!!
もちろんポジションはピッチャー!!笑 小湊亮介はセカンドなんですけどね…ピッチャー楽しくて^^
半年前くらいに登板した時はストライクも入らないしポコポコ打たれるし心が折れまくっていましたが今回は完投しました!! 完投っていうのは試合の最初から最後まで投手交代せずに投げ抜く事ね。 そして勝利!!
いやー楽しかったねー。球のスピードはまだまだ遅いけどストライク入るようになってきたし。 これからこれから。 またやりたいなぁ。 皆で集合写真!!

2017.4

2

今日で『ダイヤのA』の稽古が終了しました‼
あとは劇場で。楽しみだ‼
そして、今日誕生日だった結城役の悠介と写真を撮ったよ。
いつも野球を教えてくれる優しい悠介。もっともっと教えてもらって上手くなりたいな。
それまでよろしく、悠介‼
舞台本番までもうしばらくお待ち下さいね‼

3

昨日稽古後にOxTさんのライブにお邪魔してきたのです。
歌はもちろんテンション上がるしトークも面白い‼ ツッコミがキレッキレでした。笑
トークからも『ダイヤのA』を愛しているのが伝わってきて素敵だなーって感じました。
僕ら舞台のキャストも作品を愛して真摯に上演したいと改めて思いました。
ライブ後に皆で写真撮りました。
まずは場当たり、頑張りたいと思います‼

4

今日は一日場当たり‼
照明が入って更に世界観がダイヤ色に染まりました。
本番が楽しみだな。
そんな今日は共同演出としても頑張ってくれる大地‼
若き天才だよ。
ダイヤメンバーで飲みに行くと隣に座ってる率が高い大地。仲良しなんだー。
明日も一日場当たり頑張りたいと思います‼

5

場当たり全て順調に終えました。
今日は可愛い可愛い子供達と一緒に写真を撮ったよ。陸と英之助（ひでのすけ）。楽屋の隣にヒデが座っているんだけど、横顔見ているとホッペをツンツンしたくなって今日はぷにぷに触ってたけど何も反応してこなかった。笑　うっすら笑っていたけど。
すっごい柔らかいんだ。癒された。 さぁ‼　明日はいよいよ初日‼
見てもらうのが楽しみすぎる‼　お楽しみに‼

6

やっと本日『ダイヤのA』初日でした‼
楽しかったなー。ご来場いただいた皆さんありがとうございました‼　これからの方は楽しみにしていてね＾＾
そして今日は小湊亮介の誕生日。カーテンコールで皆にお祝いしてもらったよ。
子供亮介と一緒に写真も撮ったよ。素敵な一日になりました。
きっとあっと言う間に千秋楽を迎えてしまうと思うので一つ一つのシーンを大切に演じていきます。
明日も一日頑張るぜ‼

7

２日目無事に終了です‼
ご来場ありがとうございます‼
今日はお昼の公演でアフタートークをしましたよ。写真はアフタートークの４人で。一応MCポジションでやらせていただきました。
もうね、相談もされずに当たり前のように台本にMCって書いてあったよ。笑
信頼されているのかな？　ありがたい事だと受け止めておきます。
明日も2公演‼
全力で頑張ります‼

◆この月の舞台、お仕事＞＞＞　舞台『ダイヤのA The LIVE Ⅳ』小湊亮介役　他

2017.4

10

5日目も無事に終了です!! 本日も沢山の方のご来場ありがとうございました!!
今日は夜公演だけだったのでゆっくり休みつつ、午前中にケータイをiPhone7に変えてきました。ちょくちょく調子が悪かったので。今は快適です!! そして今日は雅成が観劇しにきてくれたよ。『ダイヤのA』では直接共演は出来なかった(千秋楽はした)けど『刀剣乱舞』で仲良くなったんです。 相変わらずいい男だな。お芝居も真っ直ぐで普段は関西弁で面白い。最高だね。 楽しんでくれたみたいで良かった良かった。

12

今日も一日ありがとうございました!!
さぁ!! 明日は東京千秋楽!! もう初日から1週間経過したんだね。 毎日楽屋でもワイワイしているから本当に楽しい日々を過ごさせていただいてます。 そして今日の写真はアニメで小湊亮介役を演じている岡本信彦さんと! 毎回観劇に来てくれるんです。ありがたいですね。ありがたい感想もいただけて幸いです。明日で東京公演は終わってしまいますが、まだ大阪公演があるので大阪公演を観劇される方はもう少し楽しみに待っててくださいね。 明日も変わらず頑張ります!!

13

今日は舞台『ダイヤのA』東京千秋楽!!
無事に終える事が出来ました!!
いざ大阪へ!! しばらく開くのでイメトレしつつ万全の状態で挑みたいと思います!!
東京公演最後の写真はアニメで沢村役を演じている逢坂さんと青道メンバー!!
とても良い東京千秋楽でした! 観劇しに来ていただいた皆さんありがとうございます。大阪でも頑張ってきます＾＾

16

昨日の夜はDVDを見ていました。『刀剣乱舞』!! まだほぼほぼ台詞覚えていた。流石に再演だし、長い公演だったので体に染み付いているんでしょうね。特典映像も盛り沢山みたいですが、本編しかまだ見れていない。また時間ある時にゆっくり見てみようと思います。
で、見にくいだろうけどパーマはこんな感じになりました。また自撮りするだろうから正面からはお楽しみに。そんなにいつもと変わらないけど。
今日の夜は次の舞台『白蛇伝』の台本をしっかり読んで世界観を掴もうと思います。

17
夕方からの雨予報…お昼はギリギリもってくれました。どうしても降ってほしくなかった。何故なら今日は野球の日だったから!!
というわけでダイヤメンバーで野球してきたよ。
またまたピッチャーをやらせてもらって7対4で勝つ事ができたー!!
1年前に比べてコントロールがかなり良くなったので楽しくて仕方ない。バッティングの方でもヒット打つ事が出来たし。大満足!!
大阪公演も全力で頑張れます!!

19

大阪来たよー!!
舞台公演で大阪に来れるのは嬉しいな。
早速お好み焼きと串カツを食べたよ＾＾
手に持ってるのはうずらの串カツ! 美味しかったー!!
大阪公演も全力で頑張ります!!
いやー、楽しみだ!!

21

今日は2公演!! やりきっくきました!
観劇いただいた皆さんありがとうございます＾＾
後2日で大阪も千秋楽。最後まで楽しく野球が出来ますように。
今日もお昼の公演の後トークショーに参加致しました。演州家の浅沼さんも参加していただいて…浅沼さんに翻弄されつつ楽しいひと時を過ごす事ができました。
トークメンバーで写真を撮ったよ。

22

今日の写真は『ダイヤのA』小原川君ふん寺嶋先生が書いてくだけさった真木に立ち向かう青道メンバ。
再現ってみたよ。なかなか難しい構図でした。特に倉持。笑

26

今日は『ダイヤのA』の振り返りを。

今回の作品では小湊兄弟の過去編を盛り込んでいただきました。原作を知って自分のキャラクターで一番やってみたいお話でした。
高校生の小湊兄弟があるのは小学生時代があるからこそ。そこを子役に演じてもらう。やっぱり不安でしたよ。でも稽古が始まっていざそのシーンを作り始めていくと子供達が凄くて「あ、これなら大丈夫だ!!」って安心に変わりました。
稽古の最初の方で、俺だったらこの台詞こんな感じで喋るかなー。っていうのは録音しておいたんだけど、家で練習してくれたのかな？ しっかりと作り込んできてくれました。
本番が始まると楽屋が一緒なので一緒にいる時間も長くなり、かなり仲良くなる事が出来ました。皆で一緒になって遊んでいた時間は本当に楽しかったし大切な思い出です。あわれ、2人とも可愛すぎて。

そして本編の方では今回小湊亮介は足を怪我してしまうんですが、舞台の特性でもあるどこでも見れるからこそ、何気ない動きの中に違和感だったり気にする仕草を織り交ぜました。お手紙など読んでいると気付いてくれた方もいて嬉しかった。

そして倉持との過去のシーン。あそこも凄く好き。大人になると1年違いってほぼ同世代じゃん!!ってなりがちだけど高校時代の1年って確かに凄く大きかった。先輩は偉大だった。スポーツをやっていた方なら経験あるかもしれないけどね。そんな事が凝縮されていたシーンのようにも感じたなー。

まだまだ小湊亮介を演じたい!! そんな気持ちです。
俺たちは誰だー 王者青道!!!!!

27

今日は一日マエタイの日でした。
ロケをして夜は放送。どちらも楽しかったです。
夕方あたりからお酒を飲んでいたので少々酔っ払っていましたが。笑
ゲストで畠がまた来てくれたよ。人生ゲームしたり難しい問題に挑戦したり。
見てくれた皆さんありがとうございます!!
次回はロケ映像が見られると思うのでそちらも楽しみにしていてください♪
とにかく一日バタバタ動いていたので今日もゆっくり眠れそうです。

28

どうやら家で台本覚えるのが苦手なようです。ま、昔からそうだったんですけどさ。小さい部屋でいいから机しかないような部屋が欲しい。
昨日ね、一日中マエタイのロケだったんだけどボーリングにも行ったんだよ＾＾
酔っ払いながらのボーリングだったから超盛り上がってた。笑 カメラマンは帰って放送の準備などをしていたので自分達で撮りあっていたけど、ほとんど撮ってない気がする。笑 その時の写真。ちょっと顔赤いね。結果はいつか放送されるであろうマエタイを見ていただければ…。さて、台本覚えるぞー!!

2017.5

1
今日は一日、『白蛇伝』の稽古へ行ってきました。稽古後には行ける人で親睦会に行ってまいりました!! まだ全員とは話出来てないけど少しずつ仲良くなっていこうと思います。さて、今日の写真はイセダイ。『白蛇伝』での役は許仙です。早くに両親を亡くし、親戚の薬局で働いている。ある日、空から降ってきた白蛇を助ける心優しい青年。登場人物で妖（アヤカシ）が多い中、人間側の登場人物です。シャオチンが勝手にライバル視している相手ですね。必然的にやりとりが多くなるのでお楽しみに^^ 明日も一日稽古だ。頑張るぞー!!

5
子供の日ですね。結局家に帰ってくるまで鯉のぼりを見る事なく終わりましたが…。暖かい一日でした。こんな日には野球がしたいですね。あー、ボール投げたい。さて今日の写真は、そり君!! 『忍たま』で同じ善法寺伊作役をやっていたそり君。2人も揃って…不運が起きなきゃいいけど。笑 そり君の役は薬剤店主:王琳。「寿元堂」という薬店を営む許仙の親戚。口は悪いが思いやりの深い人柄。数少ない人間側の登場人物。シャオチンと絡みあるかな？ お楽しみに。ゴールデンウィークにお仕事の方もいるでしょう。今日も一日お疲れ様でした!!

7
見てみてー!! スパイク買っちゃった^^ もう立派な趣味だなぁ。野球道具が揃ってきた。グローブもあるしね。なかなか野球出来ないけど楽しめる時は全力で楽しみたいと思います!! その為にも舞台稽古も全力で頑張ります!

8
さて本日の写真はたっちゃん!! 伊阪達也さん!! 『戦国BASARA』などでも共演していますね。年も近くて仲良しですよ^^ そして今回の役所は…仙人:黒風仙。白娘の義理の兄。いつも優しく厳しく白娘を支え、背中を押してくれる存在。人間側です。こうして紹介していくと、思っていたより人間側の登場人物いるかもなー。パイニャンの義理の兄という事なので、必然的に絡みはあります。優しく、厳しく。果たしてシャオチンにはどっちで接してくれるのか…。お楽しみに。お仕事、学校始まった皆さん！一週間頑張りましょう!!

10
今日も稽古へ!! 何だか急に肌寒いじゃん。でも明日はまた暑くなるっぽいよ。体調崩さないようにね。今日の写真は初共演の秋沢健太朗さん。今回の役は僧侶:素道。法海の弟子として旅に同行し、妖退治を行っている。法海共々法力を操る。スドウじゃないよ、ソドウだよ。そして健太朗は『忍たま』で留三郎役を演じています。おっ!! は組じゃん。笑 今回の舞台で絡みがあるかは見てからのお楽しみですが…ここだけの話ね、内緒だけど、俺…結構色んな人と絡みます。

11
聞いて聞いて!! 今日ね、稽古前に草野球してきたよーー!! 雲一つない空（厳密に言えばあるんだけど…）とんでもない快晴の中!! 楽しかったーー!! 勿論ピッチャーをやらせていただいた訳だけど。結果はね、6回中5回投げて1失点!!（←上出来!!）チームも勝ったぜー!! 俺は本川チームに所属しておりました。まだまだ球速が遅過ぎるし、バッティングは良いとこ無しだったから課題は沢山あるけど、なにより楽しい!! またやりたいなー。その後稽古へ。我ながら体力すげーな…と思います。笑 あー楽しかった。

◆ この月の舞台、お仕事>>> 舞台『幻想奇譚 白蛇伝』少青役／TOKYO MX「Actors Navi」他

12

今日は、舞台『刀剣乱舞』再演の Blu-ray&DVD 発売イベントでした!! 平日にもかかわらず沢山の方にご来場していただきました!! ありがとうございます。
久しぶりに会うメンバーが沢山いて、とても楽しかったですよ^^ イベントメンバーで集合写真!! 新作の稽古も順調に進んでいるみたいなので本番まで僕も楽しみにしています。 明後日は大阪で発売イベントです。
お越しになる方はお楽しみに^^

15

昨日の大阪からの帰りに皆でニンテンドースイッチで遊ぼうと思ってたけど結局ほぼ寝ていました。
短い滞在時間でしたが、たこ焼きも食べれたんだよ。
拡樹と。
そして今日は一日、『白蛇伝』の稽古!!
そろそろ大詰めです。 明日通し稽古をする予定ですが、どーなる事やら。不安点は沢山あるので家に帰ってから一人でイメージ通し稽古をしたいと思います。

21

今日で『白蛇伝』の稽古もおしまい。良い通し稽古が出来たと思います。うむ。
そして今日のキャスト紹介は,,、兼ちゃん!! 役はですね、僧侶：法海。
深い徳を得た高僧。釈迦如来の命を受けて人間界を荒らす妖を退治している。とても偉い坊さんですね。アヤカシを退治…シャオチン退治されちゃうの? 見てのお楽しみ。 兼ちゃんとは何だかんだ長い付き合いです。あまりお芝居の話をした事はないですが、大好きな役者さんの一人です。
劇場に入ってからもやる事は沢山あるので気を抜かず頑張ります!!

22

今日は暑い一日だったねー。 昼間は外にいたからすっごい汗かいたよ…。日焼けも多分した。これは防げない。
そして舞台『天下無敵の忍び道』の顔合わせをして夜はマエタイの放送でした。写真はマエタイの放送の時のやつ。
ゲストは太陽!! 今日も自由に楽しんで放送してきました!! 見ていただいた方、ありがとうございます^^
さて、明日からは『白蛇伝』がいよいよ劇場入り!! 場当たりは体力勝負です。集中と脱力を上手く使って本番初日に体力を残しつつ頑張ります!!

24

ゲネプロ終わったよー。
稽古場での通しを経て、課題だった部分もクリア出来たし、良いゲネプロが出来たと思います。
明日はいよいよ初日ですね!!
しっかり寝て体力回復させます!!
ロビーに沢山お花が届いていました^^
色鮮やかでお花の香りが充満しているロビーは素敵ですよ。
皆さんありがとう。
シャオチンの初自撮り。 明日観劇予定の方はお楽しみにっ!!

25

初日終了!! 大きな事故もなく演じきる事が出来ました。 シャオチンが構えている写真、使っていいみたいなので載せますね。 そして今日はコニーが観劇にきてくれたよ。 今度の『BASARA』でまた一緒だね^^
よろしく、コニー!!

2017.5

26
本日2日目‼ ご来場ありがとうございました‼ 今日も無事に終える事が出来ました。そして今日の写真は楽屋のお隣さんのkimeruさんと！ いつも優しくしてくれるkimeru様。今日はメロンパンを買ってきてくれました。とっても美味しい美味しいメロンパン。ご馳走様でした＾＾
楽屋も隣、パンフレットも隣、誕生日も一緒。性格も少し似てるところがある。不思議だね。
明日からは2公演‼ 頑張ります‼

27
本日は2公演！ 無事に終了しましたよ。ご来場いただきありがとうございました‼
今日で折り返した訳ですが、まだ演じていて新たに湧いてくる感情や発見があるので面白いです。常に新鮮に演じられるように、その時を生きたいと思います。 さて本日の写真は緑童役の健心。彼はカエルのアヤカシ。動きが機敏。 初めての殺陣らしいんですが運動は得意なんでしょうね、メチャクチャ飲み込みが早い。身体の使い方も上手いので見ていて気持ちが良いです。 さて、明日も2公演‼ 頑張っていきます‼

28
本日も2公演、無事に終了です‼ クタクタだぁー。舞台上でお芝居している時はとっても楽しいし疲れも感じないんだけどね。
毎日色んな共演者の方達にも見に来てもらっています。なかなかバタバタしていたりして写真撮れていないんだけど…先日『忍たま』で共演させていただいていた、光さんが見に来てくれて忍たま達で写真撮りました。 光さんは本当に憧れの人。優しいしアクション、アクロバット超かっこいいし。あんな歳のとり方をしたい。いつまでもクルクル舞台の上を舞っていたいな。 怪我せずさせず、明日も頑張りたいと思います‼

29
今日も2公演無事に終了です‼
ご来場ありがとうございます。早いもので明日千秋楽でございます。最後の最後までシャオチンとして舞台で生きたいと思います。
今日はマエタイの社長、前内くんが見に来てくれたよ。
と言うことは…は組が2世代揃ったよ。笑 なかなか無いレアな感じ。笑
前ちゃんとは月1以上で会ってるし、役者として共演する機会よりマエタイとして共演してばっかりだから舞台の現場で会うのは少し違和感。笑

30
本日、千秋楽‼
平日の昼間にも関わらず沢山の方にご来場いただきありがとうございました‼
終わってしまうと早いですね。寂しいけど、『白蛇伝』の世界とはこれでお別れ。楽しかった。
今日は共に作品を創った皆と打ち上げしたいと思います‼
お花にお手紙、プレゼント本当にありがとう‼

31
今日から、劇団シャイニング from うたの☆プリンスさまっ♪『天下無敵の忍び道』の稽古に合流しました‼『白蛇伝』の役とのギャップが激しすぎて面白すぎる。
あーお芝居好きだなー。
まぁ、まずセリフを覚えるとこから始めなきゃいけないんですけどね。一番辛い時期だったりする。早く覚えよ。そしたら楽しみばかりだ。
仲の良いキャストも沢山いるし、今日は植ちゃんと写真撮ったよ。仲良しなんだー＾＾
そして今日は23時から東京TOKYO MXで『Actors Navi』の放送ですよ。
どんな仕上がりになっているか本人も知らないので息抜きで楽しみたいと思います。

2017.6

1

今日は朝取材を受けてからの稽古でした!!
ゆっくりする時間はあまりないですが、ありがたい事です。
体調面は何も問題ないので安心してくださいね＾＾
すっごい元気です!! 笑 そして今日は初めて羅刹チームが揃いました。オリジナルキャラなので、この3人がどんな風に絡んでくるのか…。お楽しみにっ!!
面白いものが出来そうです。
写真は植ちゃんが、わざわざ椅子に乗って撮ってくれたよ。「書いておけ」ってうるさいから書いておくよ。笑　ありがと、植ちゃん＾＾

2

今日は舞台『白蛇伝』を振り返ってみようかな。
基本、ネタバレとか気にせず書いてます。
ノヤカンと人間の恋愛を描いた作品。たくさんのメッセージが詰め込まれていました。もともと僕の演じた役は女性設定なので元となる作品と設定は異なります。

そして久しぶりの菅野さん演出の舞台でした。今回も沢山の事を学べました。白蛇を綺麗な舞で表現したり、映像に一切頼らない演出方法は楽しかったな。
役的には基本明るくて、お調子者な所があってとても愛おしいキャラクターになりました。シャオチンの最後のセリフで「今度は人間でもいいかもな。」この台詞が凄く素敵で考えさせられる一言でした。
人間に生まれ変わっていて欲しいな。

ご来場いただいた皆さん、ありがとうございます。また会えたらいいな。

3

本日も稽古へ!!
殺陣の精度を上げたり、お芝居を確認したりと充実した稽古が出来ました!!
そして、今日は雅成と写真を撮ったよ。
舞台『刀剣乱舞』で一気に仲良くなったよね。公演期間も長かったし、地方公演もあったし。
今回も一緒にご飯とか行けたらいいな。

4

今日は殺陣稽古!!
長い一日でした。
今日はぐっすり寝れそう。
そして今日の写真は翔二郎と!
大江戸バックドラフト以来の共演だね。
セシル丸…どんな絡みがあるのか、お楽しみに!!
さて、今日やった事、家で復習しなくちゃ。
その前に腹減ったなー。
ご飯食べてから頑張ります!!

5

今日も一日稽古へ。
徐々に出来上がっていっております。
鯛造祭の準備もしていかなくちゃ。
今回は動画が撮れそうにないかな…。
さて、本日の写真は廉!!
ダイヤでの彼しか知らないので野球をやっていない廉は少し変な感じはするけど。笑
毎日一生懸命頑張っていますよ。

7

今日は舞台『刀剣乱舞　義伝　暁の独眼竜』を観劇してきました!! かっこいい!の一言です。皆に感想伝えたかったけど、終演後はなかなかバタバタしていて全員とゆっくり話す事はできませんでした。ネタバレになっちゃうから楽しみにしている方も多くいると思うので沢山語れないけど、存分に楽しみました!! この本丸に不動もいるんだよなー。って思いながら観劇していました。　大満足。
とりあえず拡樹と写真撮ったよ。　まだ誕生日じゃないのに「おめでとう」って言われた。「きっと忘れるから」だって。笑　拡樹らしい。大丈夫。期待してない。笑

◆この月の舞台、お仕事＞＞＞　「鯛造祭～あめが降り、かみなりおちる、ろくがつの、とおく昔に、うぶごえあげた～」／「劇団シャイニング from

2017.6

11

汗だくになりながら稽古終了です。
今日は後半部分を通したよ。
素敵なシーンが目白押し。
稽古場で隙をみてご飯を食べようと思っていたら全然隙のない一日でした。
気が付いたらお腹減っていたよ。当然だわな。
さて、昨日美容院へ行き、髪型はこんな感じになりましたよー。
連続でパーマかけてやりました。
初だなー。またしばらくはクルクルしております。

15

今日も通し稽古!! 全身ではないものの少し衣装を着て動きを確認しつつの通しをしました。
メチャクチャかっこいい!!
ただ着ているだけで体力は奪われていく。笑

ビジュアルも公式サイトでアップされましたね。
羅刹流の若手筆頭忍者。羅刹に心酔しており、その望みを叶えるために暗躍する。

まだ稽古場で試したい事があるので明日も暗躍したいと思います。

17

今日6月17日椎名鯛造31歳の誕生日を迎えました!!
稽古場でも皆にお祝いされて幸せな気持ちでした^^
素敵なケーキ!
こうして現場でお祝いしていただけるのは本当に幸せな事です。
そして明日は皆と楽しくイベントが出来る! 楽しみましょう^^
昨日の間に動画編集を終わらせたので今日はぐっすり寝ます!!
皆も早く寝るんだよー。

18

今日は鯛造祭でした!!
楽しかったなー。みんなにお祝いしてもらえたし、幸せいっぱいです!!
ゲストに来てくれた、おっきーもソリ君も感謝感謝!!
写真は1部2部にゲストで出てくれたおっきーさん!! エチュードスーパー上手かった!!
楽しかったなー。幸せ空間。
また会いましょう^^

20

今日からいよいよ劇場入り!!
場当たりをしてきました。
着々と初日を迎える準備が整ってきています。明日もしっかり一日かけて場当たりをしていきたいと思います。
衣装を一日中着ているのでなかなか体力勝負ですが、休める時にしっかり休んで集中して頑張りたいと思います!!
本当は羅刹流の3人で写真撮りたかったけどバタバタしていて撮れなかった。
明日は3人で撮れるといいな。
帰って皆からのお手紙読んで寝ようかな。では(^^)/~~~

22

初日、怪我なく無事に終了しました!!
楽しかったなー。あー、お芝居大好き。
観劇していただいた皆さん、ありがとうございました。素敵な初日でした。
取り急ぎ今日は羅刹流の3人で。
これから観劇の方もお楽しみに☆

ゆっくり寝るーーー!!

24

本日2公演!! 怪我なく無事に終了しました。
ご観劇ありがとうございました。
早いもので東京公演は明日が千秋楽!!
変わらず信羅を演じます。

そして今日の写真は楽屋メンバー全員で根本を囲む会。笑
なんじゃそら。笑
皆仲良し。
明日も一日頑張るぞー!!

25

東京千秋楽!! 無事に終了しました!!
最後まで怪我なく演じる事が出来ました。観劇していただいた皆さん、ありがとうございます＾＾
楽しかった。
そして次は神戸公演ですね。
羅刹流として、更に頑張りたいと思います!!
今日はスリーショット!! 頑張ってくれた体を休ませてあげたいと思います。
みんな、ありがとう。

26

今日は一日ゆっくり。寝れるだけ寝てやりました。それから買い物行ったり久しぶりにゲームしたり…ゆったりと過ごしております。
またすぐ神戸公演が始まるので、それまで休養。
久しぶりだなー。時間がゆっくり過ぎてゆく。
でも、体は疲れているはずなのに動かしたくなる。野球やりたいなー。
今日の写真は羅刹流と才念さん。
明日は少しやりたい事があるんだー。

28

今日は神戸に入って場当たりしてきましたよ＾＾
明日は神戸公演の初日です!!
楽しみにしていて下さいね。
そして今晩は羅刹流でのご飯会。
明日から頑張るぞー!!の決起集会!!
怪我なく初日を迎えられますよーに。

29

今日は神戸公演初日でした!!
新鮮な気持ちで演じる事が出来てとても楽しかったです。神戸の皆さんありがとうございました。
今日は信羅のソロショット!!
サイドは両方編み込んでいるんですよ。
オシャレでしょ？
お気に入り＾＾
よっしゃ!! 明日も頑張るぜー!!

30

本日神戸公演2日目!!
いつもお手紙やプレゼントもありがとうございます。しっかり届いておりますよ＾＾
皆さんの感想読むのが楽しいです。よく気付くなーって所だったり、やっぱり殺陣を褒めてもらえるのはとても嬉しいです。ありがとう。千秋楽まで怪我なく100％でやりきりたいと思います。
そして今日の写真は衣装の一部。細かい所までこだわって作られています。スタッフさんの熱意を感じますよね。甲冑も決して動きやすい訳ではないけど、動きやすいように工夫が施されていて感謝しかありません。強そうだし!!
この衣装はかなりお気に入り＾＾
明日も羅刹流、圧倒的に演じます!!

2017.7

1

本日も2公演!! 無事に終了です!!
ご来場ありがとうございました。
楽しい日々も明日がラスト!!
最後の最後まで信羅として役を全うします。
最近、楽屋、終演後のご飯などで羅刹流3人が仲良くなりすぎて別れがくるのが少し寂しい気もします。明日も圧倒的に…。
そして今日の写真はこの前の逆サイド。
こっち側は黒と白の編み込み^^ カッコいいだろー?笑

4
今日は『天下無敵の忍び道』振り返り。

出演が決まった時に何が嬉しかったって、共演者ね。もちろん、馴染みの植ちゃんや、雅成も嬉しいけど根本さんがいるじゃん!!
舞台での共演は俺の初舞台『遙かなる時の中で』で共演して以来。あの時は芝居も殺陣も何も出来なくて迷惑ばかりかけていた。あれから約10年。成長した姿を見せたかった。

本番見ていただいた方はサイコパスな印象をお持ちになられたかと思います。最初は全然違ってね、ただ強い忍びでした。この役に至ったのにも色々あって、一番自分の中で大きかったのは、羅刹流での話し合いでしたね。メチャクチャ話した。こんな過去があったんじゃないか。こいつの事こんな風に思っているんじゃないか。とかね。その過去を羅刹流の3人で共有して通し稽古に挑み、演出家である伊勢さんに提示する。「もっとやっていいよ。」って言葉をいただき本番での、あのキャラクターに行き着いたのです。

今回の作品の殺陣は植ちゃんと闘うシーンが沢山ありました。ギリギリを攻める時が多々ありました。お腹を蹴るシーンなんかはホントギリギリ。でも植ちゃんは信頼して、お腹を無防備にしておいてくれる。全力で蹴ってるから普通反射で手とか出がちなんだけどね…。信頼関係がないと出来ない殺陣。舞台上でワクワクした。翔ノ助の言葉を借りるのなら「血が騒いだ」これに尽きるね。皆さん、本当にありがとうございました。最後に…難しいだろうけどまた皆で集まれたらいいな。

濃密な時間を過ごせました。観劇してくれた皆様もありがとう。

6

今日は一日友達と遊んでいます。
今日はすっごい良い天気で炎天下の中キャッチボールして、ノックして野球を楽しんでいました。汗ダク。地元の皆野球が上手いんでとても楽しかった!!
わざわざ神戸公演の時にグローブ持ってきといて良かった^^
その後バッティングセンターにも行ってお風呂入って最高の休日でした。
別の友達も合流して、時間の許す限り男子会です。 では (^^)/~~~

10

ダイヤのビジュアル撮影をしてきました!! 今回も素敵な写真を撮っていただけましたよ。 分かった事は昨日やっぱり日焼けしていたという事。どーにかならないの? この体質…。日焼け止めかなり塗ったんだけどねー。 結構落ち込むよね。普通の生活なら全然問題ないんだけど、仕事に支障出るレベルで細胞が黒くなろうとするから…。 そして撮影では、久しぶりに大河に会って兄弟してきました。 さあ! 今夜は家の布団でぐっすり寝れる…と思いきや、そんなにぐっすり出来なさそうなんですよね。何故なのかは、また明日のブログで答え合わせね。皆も今日一日良く頑張りました!!

11

今日は朝早くから起きて、マエタイのロケ!!
久しぶりの泊まりロケですよー。
どこに行っているのかはマエタイの放送でのお楽しみ!!
朝からバタバタ動いていてもう眠気との戦い。
どんなロケ映像になっているかな?
テンション高いかな? 低いかな?
まだ少し行くところがあるみたいなんで楽しく行ってこようかな。

13

今日は『戦国BASARA』の顔合わせ＆稽古でした！！
当たり前のように佐助を演じさせていただいているが、決して当たり前ではなく、奇跡的に何度も演じさせていただいている。若い役者の中でこの役を奪ってやりたい！って思っている人もいると思う。だから毎回全力で出来うる全ての事をやっていきたいと改めて思いました。
尊敬する俳優がずっと演じていた猿飛佐助。舞台上で佐助とやりあった事もある。初心を忘れず向上心持って取り組みます。

早速殺陣をつけていただきました。自分のものにして、舞台上で跳び回りたいと思います！！

15

今日は昴のりイベントにゲストでお邪魔してきたよー！！ 持ち込み企画でガッツリ鯛造祭式のエチュードしてきました。やっぱり楽しいな。人それぞれアプローチの仕方があって勉強になりつつ楽しみました。色んな人と沢山エチュードしてみたい。 ちょっと遅めの誕生日って事で昴の顔入りのケーキでお祝いしたりもして。楽しいひと時でした。 同じ6月17日生まれ、昴の方が一つ先輩だけど、タメ口でも許してくれる優しい先輩。 MCをしてくれた良輔さんにも感謝。2人の絆が見えた気がしました。 素敵な方々です。

17

昨日の話なんですが、雅成に誘われて鯨とかけやんとご飯に行って来たよ。ご飯食べながらずっと笑っていたよ。鯨ちゃんとは『弱虫ペダル』でしか一緒になっていないけど共演1回でも、とっても仲良しです。鯨はツッコミが上手だから一緒にいると俺がボケる事が多い。それを見て、雅成とかけやんが沢山笑っていた。 笑顔が沢山溢れる良い食事会でした。 東京にも沢山仲間が出来たなー。
仲間達と会って話をするのは楽しい。 とても貴重な時間だなー。

18

今日は『BASARA』の稽古へ。
晴れていたのに、急にゲリラ豪雨がありましたね。地域によってはヒョウも降ってきたとか。稽古場に居たのでしばらく雨に気付きませんでしたが…外にいた方は大変だったろうな。 さてさて、今日は健人写真を撮ったよ。健人とは『刀剣乱舞』でも一緒でしたね。どんな殺陣や芝居を見せてくれるのか、楽しみ＾＾ そしてオープニング、今回もカッコよくなってきていますよ。遅刻して劇場入ると勿体無いかもよー。

21

今日は朝、『ダイヤ』新旧二遊間で話してきたよ。写真はその3人。今日の対談はパンフレットに掲載されます。お楽しみに。
そして皆でお昼ご飯を食べてから『BASARA』の稽古へ行ってきました。新たに、どんどん殺陣もついてきました。頑張らねば。
今の楽しみは、マエタイのロケ映像を見る事。
25日の放送を楽しみに頑張る！！

22

今日も『BASARA』の稽古へ！！
7月とは思えない暑さだね。もっと暑くなるのかな？ 耐えられないよ。
学生さんはそろそろ夏休み？ 小学1年生になった甥っ子と遊びたいなー。
人生初の夏休み。

さてさて本日の写真は等身大のステッカー。
これは何ぞ？って思うでしょ？
楽天コレクションのグッズなんだけど…どこに貼るんだろうね？笑　面白い試みだよね。

2017.7

26
今日は三成役の、おっきーと写真撮ったよ。
殺陣バリバリやって汗だくになっておりました。今回は戦うかな？どうかな？
さて、昨日のマエタイの放送でも言いましたが、次のマエタイ放送は8月4日です。そう、すぐです‼笑
次回も長崎ロケ放送回です！昨日の放送のロケの続きが見られるよ。やっぱ楽しかったなー。
ロケ（旅行）好きだわー。笑

27
ちょー切った。髪の毛ちょー切った。
どのくらい切ろうかなー？って悩みながら美容室に行って、少しずつ切っている間に「もっといこう、もっといこう！」って言ってたら結構切ってた‼
サッパリだよーー‼しばらくはシャンプーも楽だし、殺陣する時に邪魔にならない‼また伸びたらパーマでもかけてあげるね。
今日が涼しかったのか…髪の毛切ったから涼しいのか…。多分今日という日が涼しかった。でも体感温度変わりそー。

28
今日は朝からキャストサイズさんの企画で野球をしてきました‼ピッチャーをやらせていただきましたよ。
暑かったけど、やっぱりとても楽しかった‼
上田チームに属して試合しました。日焼け止め、こまめに塗り直したけどきっと焼けたよね。夏は焼けちゃうのを諦めるか、引きこもるしかない。
無理！体動かしたい‼
そして稽古ではキャスト揃って一幕通し。明日からは後半をガッツリ創る作業みたいです。もうあまり時間もないからね…。ギア上げて頑張ります‼

29
稽古場に楽天コレクションで、くじになっているアクリルフィギュアが置いてありました。

さて、稽古も順調に進んでおります。
昨日の野球で右肩が筋肉痛だけど…思い返すと楽しい思い出ばかり。

30
今日も稽古でしたよー。もうすぐラストまでいくかな。しっかり復習しておかないと通し稽古の時にテンパりそうだ。
今日は伊達役の秀斗と写真を撮ったよ。
アレだ、髪の毛切り過ぎたな。笑
ま、すぐ伸びるんだろうけど。本番入ったらウィッグの生活がしばらく続くでしょ？本番終わる頃には良い感じになってるだろうな。
殺陣はすこぶるやりやすくて良いんですけどね。笑
明日も一日頑張りましょ‼

31
今日は暑かったなー。
そんな今日も稽古でした‼
明日から8月だね。
夏が本気を出してくるよ。
そんな今日は片倉の旦那と写真撮ったよ。
今回はどんな絡みがあるのか…。
お楽しみに。

2017.8

2

今夜は少し涼しいなぁ。
稽古終わりは大体のすけと喋りながら帰ります。
今日も一日終わりました。
明日はいよいよ通し稽古だって。課題の見つかる良い通し稽古になるといいな。
貪欲に頑張っていこうと思います!!
そして、今日の写真は今回ゲスト出演してくれる浅井役の桜田航成!! 本日の稽古でも大活躍していました。ゲストの出番にも注目ですよ^^
刮目せよっ!!か。笑

3

今日は通し稽古だったよ。
個人的には大きな問題はなくて、とても良い初通しでした。
こっから殺陣のクオリティーを上げていって更に俊敏に、更に佐助らしく動こうと思います。
劇場で皆様に見ていただくのが楽しみだ!!
そんな今日はコニーと写真撮ったよ。
今回の毛利はダブルキャストです。健人とコニーのどちらも素敵な毛利だよ。雰囲気似てるんだよねー。

5

今日も通し稽古!!
いよいよ明日がラスト稽古です。細かいミスを修正してラスト通しに挑みます。
そして、今日は北条氏政役の寺山君と写真を撮ったよ。テラとは舞台では初共演です。他の現場や共通の知り合いはいるので初めましてではないんですけどね。
クスっと笑える瞬間などもあるのでご期待を^^
さて、ご飯食べようかなー。
今日は、お肉を焼くよ。家でね。焼肉行きたいなー。

8

朝、『ダイヤのA』の合宿から帰ってきてそのまま『BASARA』の場当たりへ。
なかなかハードな移動でしたが、夜までなんとか体力もちました。
昨日、ピッチャーとして結構投げさせてもらったけど筋肉痛にもならずに元気いっぱいです。
今日も怪我なく無事に終えられてホッとしてます。明日も一日場当たりなので、集中して頑張りたいと思います。写真は佐助。今回も颯爽と戦場を駆け抜けます。飛んだり走ったり…。是非お楽しみに^^

9

本日も場当たり終了です。
劇場に入ってから千秋楽までで、衣装やウィッグを着けている時間が一番長いのが場当たりです。やっぱり大変なんだけど、本番を安全に公演する為には必要な作業なので、集中して頑張っています。スタッフさんが一番休憩なくて大変だと思いますけどね。
さて、本日の写真は…。 楽屋の鏡越しに見える景色。
毛利が2人。これは場当たりでしか見る事の出来ない景色。本番はどちらか1人だからね。 明日も一日集中して頑張ります!!

11

斬劇『戦国BASARA 小田原征伐』
初日無事に終わりました!!
ご来場いただいた皆様、ありがとうございます。
明日も変わらず大将と全力疾走!!
怪我なく最後まで駆け抜けられますよーに。
お昼のゲネプロでは仲間が沢山来てくれましたよ。 全然写真撮れなかったけど…瑛久とは撮れた^^ 歴代の役者に会ったりすると歴史を感じるなぁ。
よし、明日も頑張るぞ!!

◆この月の舞台、お仕事>>> 舞台「斬劇『戦国BASARA―小田原征伐―』」猿飛佐助役 他

2017.8

12

本日2日目!! 無事に終える事が出来ました。
今日も沢山のお客様にご来場いただきありがとうございました。明日のお昼はトークショーに出るよ。夜はお見送りもするよ。来てね＾＾
今日の写真は伊達政宗役の秀斗!! 熱さが素敵な伊達だよ。普段は優しくてちょっとだけ天然な秀斗。ギャップが可愛いね。そして本日はカプコンの小林さんと、大谷役の将司のお誕生日でした。舞台上でお祝いしたよ＾＾ 美味しいケーキもいただいちゃいました。よーし！ 明日も頑張るぞー!!

13

3日目も無事に終了しました！
ご来場ありがとうございます＾＾
今日はお昼にトークショー、夜はお見送りとイベント満載でお届け致しました。
お手紙プレゼントしっかり届いていますよ。いつもありがとう＾＾
夜公演には誠治郎さんが見に来てくれた。写真も撮ったよ。楽しんでくれたみたいです。よかったー！
明日は休演日、体を動かさずに癒すぞ。

16

今日も一日雨模様でしたねー…。雨だと移動がより疲れる（´-`）そして、今日も夜公演のみ。
今日の写真は『戦国BASARA』シリーズで真田幸村役を演じている声優さんの保志総一朗さんとのお写真!!『最遊記』の悟空の声優さんでもあります。自分が演じた役の声優さんとお会いできるのは嬉しい事です。明日も頑張ろっ!!『ダイヤのA』の稽古場にもできる限り参加していますよ。全ての作品に全力で!! 絶対良い作品にするのでこちらもお楽しみに!!

18

本日の本番は夜公演のみでした。例のごとくお昼は『ダイヤのA』の稽古場へ。体力的にはまだ大丈夫なので心配なさらずに。
今日も沢山のお客さんに足を運んでいただきました。ありがとうございます!!
今日はゲスト武将も参戦してくれました。又兵衛役のアイルくん!! 少しだけ真田主従とも絡みました。明日は浅井長政が参戦します＾＾ お楽しみに!!
今日もぐっすり寝れそうです。

20

東京千秋楽!! 無事に終える事が出来ました!!
東京公演、沢山のご来場ありがとうございました。沢山のお手紙プレゼントもありがとうございます。
さぁ、大阪の地へ!!
まだ戦は終わっていないので、油断せずいきたいと思います!!
大阪公演を楽しみにされている方は、もう少々お待ちください。
写真は先日のお見送り会の写真。

22

今日も『ダイヤのA』の稽古してきましたー!!
少しずつ形が見えてきました。まだまだ模索中な部分はとても多いですが…。
しっかりと復習して明日の稽古にも参加せねば。殺陣とかの動きとは全然違う、団体での動きが多いので皆で息を合わせるのも大事になってきます。
『BASARA』の事も頭に置きつつね。
そろそろ荷造りもし始めなくちゃ。
今日の写真は降谷役のちゃんとも!!

23

今日も稽古へ!!
楽しいですよ。新たな作品を生み出す作業は。
演出家さんである御笠ノさんも役者である俺たちの意見を真剣に聞いてくれるし、悩んでくれる。正面からぶつかって、より良い演出を見出してくれています。
稽古は短いですし、個人的な事を言えばまだ『BASARA』の本番を控えているので時間は本当にないのですが、最大限の努力をして稽古に挑んでいます。
今日の写真はこの作品の主人公である、沢村役の小澤廉。皆に日々イジられながら頑張っています。笑　明日も頑張るぞー!!

25

大阪公演初日無事に終了しました!! ご来場ありがとうございました!! 朝から場当たりをしての本番!!
なかなかバタバタした一日でしたが無事に終える事が出来てよかったです。
ご飯を食べる時間を上手く作れなくてお腹ペコペコ。これから沢山食べます。
今日の写真は家康役の拳也！　ちょいちょい天然が発動するけど可愛い後輩です。無手でのアクションも頑張って日々上達しています。
明日も無事に終えられますように。今日はぐっすりと休みます。

26

今日はね、お昼の回で『戦国BASARA』シリーズ100回出演だったみたいで皆に祝ってもらいました。
長く続くシリーズでこれだけ出させていただいているのがとても有り難く、幸せな事です。
お昼にはトークショーもあり、色々とお話しさせていただきました。
ファンの方からの沢山のお手紙や、プレゼントもありがとうございます!! 暖簾のプレゼントもあったので、せっかくなので付けてみたよ。皆の楽屋だけど今日だけは許してね＾＾
明日はいよいよ千秋楽!!
楽しみに劇場に来てくださる皆を、笑顔でお待ちしております!!

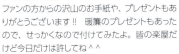

斬劇『戦国BASARA 小田原征伐』本日、大千秋楽を迎える事が出来ました!! 沢山の方のご来場誠にありがとうございました!! 何より怪我なく終える事が出来て一安心です。　一息つく間もなく今度は『ダイヤのA』!! 皆を待たせているので最初からエンジン全開で挑みます!! 初日まで10日ほど…。自分で出来ます!って言ったからね。何も心配しないで劇場に遊びに来てください。　そして、『BASARA』の方は来年3月に新作が上演されるのが発表されましたね。　また、のすけ演じる幸村と主従が出来たらいいな。
こんなお茶目な事してくるんですよ。笑　何してくれてんだい!!

29

今日は『BASARA』の振り返りを。

今回の『BASARA』で佐助としては4作品目ですね。
のすけ大将との掛け合いは何も心配事がありませんでした。最初台本を読んだ時には自由時間がなかったので、演出家のよりこさんに「今回は真田主従の自由時間ないんですねー」って聞いたら「作る作る」と言われたのが驚きでした。そんな無理矢理作る必要もないんですけど…笑　結果2人で楽しく考えて作れたし皆も楽しんでくれていたようなので、出来て良かったです。

そして何と言っても今回で『BASARA』シリーズ100回を迎えられた事。
8年前に始動した『BASARA』から参加させていただいて、役が変わり通算102回。

長く続けているのが偉いとかでは無いんですけど、長く続けていないと経験出来ない事なのでこれを経験出来た事は嬉しいです。随分と年齢的にも先輩の立場になるわけです。もっとしっかりしなくちゃな。

舞台の内容は小田原征伐…色んな人物の同盟や裏切り。様々な想いが錯綜する舞台でした。

最後に生みの親であるプロデューサーの小林さんと!! 100回をお祝いしていただきました!!

2017.9

2

『ダイヤのA』稽古全日程終了致しました。
1週間前、まだ『BASARA』の本番中だったのに不思議な感じ。
毎日集中して頑張って稽古したよ。最高な稲実戦をお届け出来ると思うので楽しみにしてください。
稽古後に何人かで。
では(^^)／～～～

4

今日も一日ゆったり。少し用事があったのでバタバタ動いていましたが…。
今日の写真は、昨日終演後に唐橋さんとご飯へ行ったときの写真。唐橋さん電話中だったけど撮るよーって撮りました。笑 来年の『BASARA』でまた共演出来るので楽しみ。 あまり長い時間喋れなかったけど、色々と話しましたよ。また鯛造祭があったら出てほしいね。唐橋さんのエチュード好きよ。 ご馳走にもなってしまいました。 ありがとう、みつる。 笑 さて!! 荷造りしなくちゃね。荷物は極力少なく。でも2週間。リュック一つで事足りるな。

5

今日は神戸に入りました。
そして場当たり。
順調に初日の場当たり終わりましたよ。
写真は楽屋で撮れる人と^^
明日も一日場当たりです。
楽しみだなぁ。
稲実戦、皆で大切に描きます。
もうすぐだね。あと少し待っていてね。

7

『ダイヤのA』無事に初日が終了しました!!
ご来場いただきありがとうございました!!
初日の開演前、緊張よりもワクワクが大きくて楽しみで仕方ありませんでした。
そして本番中ずっと楽しくて楽しくて。
そのまま初日が終わりました。
今日の写真は春市役の大河と。
凄い弟だよ、まったく。

8

神戸公演2日目も無事に終えました。
ご来場ありがとうございます!!
今日はお昼にトークショーもありました。このメンバーで楽しくやらせていただきました!!
お手紙、プレゼントもいつもありがとうございます^^
ホテルでじっくり読ませていただいております。
明日も一日頑張りますっ!!

10

本日神戸公演無事に千秋楽を迎えました!!
ご来場の皆さん、ありがとうございました!!
次なる地は広島!! 初めてだなー。どんな街かな? どんな劇場かな? 楽しみです!! 今日の写真は栄純役の廉。 最近だと『天下無敵の忍び道』で一緒でしたね。『ダイヤのA』で出会って違う現場で一緒にやれたのは嬉しかったな。そして、また『ダイヤのA』で会える。嬉しい事です。 神戸公演は『天下無敵の忍び道』と同じ劇場だったし。「すぐ帰ってきたね」って劇場入った時に会話したよ。笑
広島でも熱い闘いをお届けしますのでお楽しみにっ!!

◆この月の舞台、お仕事>>> 舞台『ダイヤのA THE LIVE V』小湊亮介役 他

11

今日の役者は一日お休みだったので広島観光してきましたー!!
フェリーに乗って宮島へ行ってきました。
皆で厳島神社を見て、島を見学してきました。修学旅行みたいで楽しかった。
さて、告知でーす。鯛造祭がまたまた開催されます!!
MCは…なんと!! 恒例の唐橋充さんです!! そして唐橋さんの他にも…ふふふ。お楽しみに!! いやー、楽しみすぎる^^
お時間ある方は是非いらしてくださいね。広島公演も頑張ります!!

12

今日から広島公演が始まりました。
ご来場ありがとうございました!!
作品を楽しんでいただけていたら幸いです。
そして、ツイッターに載せた写真もせっかくなので…。
宮島へ行った時に鹿と鼻キスしたよ^^
宮島の鹿は大人しい子達ばっかりでした。
では(^^)／～～～

13

広島公演2日目が無事に終了しました。
ご来場ありがとうございます。
広島公演は明日で終わりますが、次の地福岡が待っています。福岡の皆さん少々お待ちくださいね^^
今日の写真は成宮鳴役の成弥と。
大したエースだよ。
稲実との熱戦を楽しみにしててください!!

18

本日、北九州公演無事に千秋楽を迎えました。ご来場いただいた皆さん、ありがとうございます!!
そして、怒涛の地方公演巡りも終了となりました。残す公演は東京のみです。あぁ…久しぶりに自宅で寝れる。ホテル生活も嫌いじゃないけど期間が長いと疲れちゃうからね。なんだかんだ、休みになる日もあったりしたので、その地その地を満喫して過ごしました。楽しかったなぁ。さて本日は終演後にトークショーもありました。多くの方に残っていただきありがとうございました!! 写真はトークショーメンバーと。トークショーも楽しめました。よっしゃ!! 帰るぜー!!

19

昨日は東京の自分の家でゆっくり休む事ができました。寝なれたベッドは安心するね。いつもより沢山寝れました。
さぁ! 明日からは東京公演がスタートします!! 東京公演を待っていただいた皆さん、お待たせ致しました!! 拓土は今回からの参加ですが、元々野球をやっていたというのがあって動きには説得力があります。性格も真面目なので稽古からとても頑張っていました。
明日から千秋楽まで頑張りたいと思います!!

21

本日も無事に2公演が終了致しました!!
ご来場ありがとうございます!!
毎日沢山関係者さんが見に来てくれています。過去作品の出演者だったり声優さんだったり、ありがたい。
皆楽しんでくれています^^
そして、前回のⅣで小湊亮介の幼少期を演じてくれた陸も見に来てくれたから、春市と挟んで写真撮ったよ。陸ありがとう。
明日も2公演!! 頑張るよー!!

2017.9

23

本日も無事に2公演終了です。ご来場ありがとうございました!!
明日いよいよ、神戸から始まった本公演も千秋楽です。ご声援ありがとうございます。
明日はライブビューイングもあるので見ていただける方多いのかな?最後の最後まで全力で頑張ります!!
今日の写真は浅沼さんが観に来てくださった時の写真。浅沼さんがダイヤに誘ってくれなかったら見れない光景が沢山ありました。明日もその一日になる!
全員野球で稲実戦を戦います!! 劇場、映画館でお待ちしております!!

24

本日『ダイヤのA』大千秋楽でした!!
神戸、広島、北九州、東京。
沢山のご来場、ご声援ありがとうございました!!
お手紙やプレゼントも沢山いただきました。
本当にありがとうございます!!
毎日楽屋も本番も楽しくて、時間があっという間に過ぎていきました。
ここまで出来た事に感謝。応援してくれた事に感謝。
大切な仲間と打ち上りたいと思います!!

25

昨日は打ち上げを途中で切り上げて帰ってきました。
そして、今日から『弱虫ペダル』の稽古に合流!!
少し遅れて参加なので頑張って追いつきます。
身体は平気…頭を休ませたい。
そんな今日は雅成と写真を撮ったよ。
稽古場で会った瞬間にハグされた。笑
人懐っこい雅成。真面目な雅成。面白い雅成。雅成。
初めましての方もいるので徐々に仲良くなっていこうと思ってます。

26

今日もペダルの稽古へ行ってきました!!
久しぶりに走るとやっぱり疲れるね。笑 汗だくでした。
さて、本日の写真は青八木先輩役の諒と。走った後に撮ったので髪の毛ボサボサ。
昨日皆さんからダイヤの時にいただいたお手紙を読んでいて、とても嬉しくなったり寂しくなったりして情緒不安定でした。
近い内に振り返り書きますね。どこからどう書けばいいのか…。ちゃんとした文章になるのか不安だけど待っていてください。今日も一日お疲れ様でした!!

28

今日は『ダイヤのA The LIVE5』の振り返り。

最初演じた時、小湊亮介という人物は、努力を見せず弱音を吐かず、自分にも人にも厳しい人。という印象でした。この根底部分は変わってはいないのですが、今回演じて更に深いところまで掘り下げる事が出来ました。
それは「小湊亮介は高校球児」って事。この時何を考えて何に笑ったり怒ったりしているんだろう?と考えているうちに「まだ高校生だもんな。」って答えにたどり着いたんです。

例えば高校1年生のシーン。体が小さい事にコンプレックスがあり、その部分をカバーする為に努力を怠らない。頑張れたのは間違いなく仲間が近くにいたから。
そして2年になり先輩になったら後輩が出来る。倉持に対して「ヘタクソ」って言えるのは1年生の時に「もう無理!!」ってくらい自分自身努力をしたから言えた事なんだろうな。自信がついた高校2年。
そして3年生になり弟が入学してくる。ここで初めて先輩であり、兄である小湊亮介が完成します。
倉持に足の怪我を指摘された時少しイラっとしました。何に対してなんだろう?きっと一番は心配なんかされたくなかったのかな。特に足は体重が常にかかっているので試合後半は本当に痛かったと思う。守備で倉持に助けてもらった時、舞台では台詞はありませんでしたが、思いを込めて胸を叩きました。
「助かったよ」

結果が分かって演じていても辛くて悔しくて毎回涙が溢れてきました。好きなんだ。このチームが。キャストが。このカンパニーが。そして『ダイヤのA』が。
小湊亮介の青春を生きられた事が本当に幸せでした。
最高に楽しかった。ありがとう。

2017.10

1

本日は大阪での『ダイヤのA』リリースイベントでした!! 東京と同じメンバーでトークしたりゲームをしたり、楽屋みたいなノリで楽しくイベントしてまいりました。
東京はゲームで総合優勝出来なかったんですが、大阪では総合優勝する事ができました!! 良かった良かった＾＾　今日も昨日のメンバーで写真を!!
イベント内で想い出を絵に描いてトークするコーナーがあって、その絵もちゃんと写真撮ってあります。それはまた明日ブログに載せますね。　ただいま、東京。

2

今日は昨日予告したようにリリースイベントで描いた絵を皆様にお見せ致しましょう。

まずは、壁に穴を空けて落ち込む大河。見れば見る程クセになる絵ですね…笑
さて続きまして、春市2人。
骨格までそっくりというのを簡素な絵で表現しました。…しました!!

そして早替えの様子を疾走感ある見事な絵で表現しています。していまぁす!!

以上3点が画伯の絵となります。
どうでした？　味があるでしょ？
最後の絵は勿論小湊亮介です。
言うまでもないと思いますが（真剣）
いやー、楽しかったなー。笑

5

今日は舞台『ピカレスク◆セブン』のビジュアル撮影に行ってきましたよい＾＾　メイク濃いめで今までにない雰囲気で撮影していただいたので俺自身楽しみ。少年社中のメンバーさん達にも全員ではないですが、会えました。面白くなりそうですよ!! そして明日から鯛造祭の一般発売です!!　一人で来ても全然楽しめるよ、なんなら帰る頃に友達出来るかもよ？　気軽に遊びに来てね＾＾　そして今日の写真は…ここまでの話と関係ないけど、『弱虫ペダル』の稽古後に総北メンバーとご飯に行った時の。皆と早速馴染めたみたい。笑
弱虫ペダルも全力で頑張るぜーー!!

7

今日は稽古帰りに諒と2人でご飯を食べに。
今日の稽古の反省会をしつつ美味しくご飯を食べて来ました!! お腹いっぱいだ。
帰りに写真を撮ったよ。
今回のレースは青八木さんと一緒にいる事が多いのです。
さぁ!!
明日は『最遊記歌劇伝』のイベント!!
一緒に楽しみましょうねー＾＾

8

本日は『最遊記歌劇伝　Bullets』のDVD購入者イベントでした!!
拡樹はいなかったけど太陽とふっきーと唐橋さんの4人で沢山話をしてきました!!　撮影してから1年くらい経つんですね。撮影が懐かしい。
そして、『最遊記歌劇伝―異聞―』が2018年の秋に上演されます。異聞なので三蔵一行は出てこないと思いますが、作品が立ち止まってはいない証なので嬉しい事です。また悟空の姿で皆さんの前に立ちたいな。
今日の写真はイベントメンバーとの写真!! 唐橋さんは何故そんなところに収まっているのでしょう？笑　恥ずかしがり屋かな？　今日も良い一日でした。

◆この月の舞台、お仕事＞＞＞　舞台『弱虫ペダル　新インターハイ篇～ヒートアップ～』鏑木一差役　他

2017.10

9

今日は一日稽古です!!
そろそろ通し稽古が始まる時期です。家で確認できる事をして備えたいと思います。
今回もこのハンドルで頑張ります!!
ペダルはストレートでもミュージカルでもない動きが沢山あるので慣れるまでは大変。早く今回の動きに慣れて考えずに動けるようになりたいな。

稽古も残り少なくなってきたので一日一日大切に過ごそうと思います。
明日も頑張る!!

11

今日も一日稽古へ!!
何だか暖かい日が続いていたので半袖で行動しております。週末は天気が悪くなるみたいなので、また少し涼しくなるのかな?
もう稽古も残り僅か。
そんな今日は雅成との写真。
後ろで何やってんだろ? 本人にも分からないみたい。笑
毎日笑いが絶えない現場です。
明日も一日頑張ります^ ^

12

今日の稽古は全体の細かい所チェック。
大切な時間でした。
沢山汗かいたな。ゆっくりお風呂に入ろう。
ここで油断して風邪ひいてられないからね。
今日の写真はたーちゃん。
相変わらずキレッキレのペダリングです。
もうね、貫禄。
沢山教えてもらおうと思います。

14

今日の稽古は衣装を着ての通し稽古!!
他の舞台と違って衣装が動きの邪魔をする事はなく、むしろジャージよりも動きやすいのでその心配は皆無です。
更に本番を意識した稽古になってきました。 いよいよ始まるんだな。頑張ろっ。
さて、本日の写真は古賀役のもっさんと水田役の賢斗!! もっさんとは『ダイヤのA』で敵チームでしたが今回は同じ総北高校!!
賢斗は前にペダル出た時にも共演してますね。相変わらず面白いお芝居をする男です。 今日も冷え込んでるね。そろそろ上半身裸で寝るのやめとこかな。笑

16
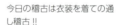
これからマエタイの3周年記念2時間スペシャルです!!
月1回以上必ず会う人。
ロケの時俺が黙ってると沢山喋ってくれる。たまに面白いけど基本つまんない。でも優しいんだ。 周りに「鯛ちゃんを甘やかしすぎ!」ってよく言うけど、あなたが一番甘い。その優しさに甘えて3年。今日も変わらず甘えたぜ、前ちゃん。
いつもと変わらず、でも積み重ねてこれた事に感謝しつつ2時間楽しみます。
3年前俺の事知らなかった人も見てみたらいいじゃない。きっと振り返ったりすると思うし。 時間ある人、全員しゅーごー。

19
本日、舞台『弱虫ペダル 新インターハイ篇〜ヒートアップ〜』初日を迎えました!!
怪我なく無事に終える事が出来て良かったです。
沢山の方にもご来場いただきました。 ありがとうございます。
久しぶりの『弱虫ペダル』。刺激が沢山です。
鏑木一差、千秋楽まで演じきります!
終演後、鯨に「おかえり」って言われた。
少し嬉しかった。ずるいキャプテンだよ。ただいま。

21

本日3日目、無事に終了しました!!
ご来場いただきありがとうございました＾＾
台風が近付いてきているみたいですね。何事もなく本番が出来ればいいのですが、天候の事はただただ祈るしかないですね。
さて、本日の写真は今回出演している1年生達！ だからといって特に本編で絡みがあるわけではないのですが…。 1年生でインターハイに出場できるのは本当に凄い事ですよね。高校時代の1年間って本当に大きいので。この3人は皆スゲーんだ＾＾　明日も2回公演!!　全力で頑張ります!!

23

本日東京千秋楽、無事に終了しました!!
ご来場ありがとうございました＾＾
熱く全員で走りきりましたよ!!
今日は原作の渡辺先生にも観劇していただけました。楽しんでいただけたみたいです。
そして、素敵なプレゼントもいただきましたよ!!
忙しい中本当にありがとうございます!!
大阪も頑張ります!!

25

明日から大阪公演が始まります。
今回の作品を初めて観る方が沢山いると思うので楽しみです。
今日は出来るだけ早めに寝て明日に備えたいと思います。

そして、今日の写真は雅成と。
真面目なんだよなー。「雅成は真面目だね」って言うと否定されるけど、努力の男なんです。
今回は雅成の後輩役。
明日も元気いっぱい走ります!!

26

大阪公演初日!!
無事に終了致しました。平日にもかかわらず沢山の方のご来場ありがとうございました!!
今日も元気いっぱい走ってきたよー＾＾
今日の写真は真波役の力!!
爽やかなお顔をしてらっしゃる!!
走ってる時もスーパー爽やか!!　キラキラしてるね。
明日はイベントも開催されますね。来られる方はお楽しみに!!

29

『弱虫ペダル』大千秋楽!!
無事に全公演終了しました!!
応援してくれた全ての皆様、ありがとうございました!!
また色んな気持ちは振り返りで書きたいと思います
とりあえず、総北で一枚!!
良いチームだった。皆好き。

31

今日は新しい事の打ち合わせに行って来ましたよ。渋谷の近くで打ち合わせだったのですが、今日はハロウィンなので、きっと夜には人で溢れかえるんでしょうね。苦手なので早めに渋谷を後にしました。笑
本日の写真はまだまだ『弱虫ペダル』。段竹を演じてくれたパズルライダーの智平さんと。 総北新世代、始動の時に一緒した慎ちゃんは今回いなかったけど、いつも段竹を感じながらインターハイを走れました。仲間って大事。

2017.11

1
今日は芝生の広場で鯛造祭のチェキ撮影してきたよー＾＾
今回も沢山用意したから皆に行き届くといいのだけど…。落書きもするよ。
そして着ている「417」Tシャツは今回鯛造祭の物販として売られるよ。ピンクもあるみたいだから会場で是非見てみてね。
芝生の広場には家族やカップルが沢山いて皆幸せそうでした。笑 いいね、ピクニック。

2
さて、本日は舞台『弱虫ペダル』の振り返りを。
今回は舞台袖で見る機会が多かったので、改めて仲間の素晴らしさを知る事ができました。全力でペダルを回して袖に来た仲間を全員でフォローして、また舞台上へ送りだす。自分が経験した事がある辛さだからこそ、全員でフォローできる。舞台上では敵と味方に分かれるかもしれないけど、一歩袖に入れば皆が仲間。凄く素敵な光景でした。
稽古場では鯨がとても頼れるキャプテンでいてくれたし、今回は見て学ぶ事が沢山あったな。
そしてそして、やっぱり演出家のシャトナーさんの発想力は凄い!! 表現の仕方は自由なんだと考えさせてくれます。でも観ている方に的確に情景を説明する。やっぱり凄いです。
応援してくださってありがとうございます!! また皆さんに会えますように。

3
今日は恋電の撮影をしてきました。今度のイベントの物販で写真が出るみたいなのでお楽しみに!!
寝起きから、眠たそうなのまで(範囲狭いっ!!)沢山撮っていただけました。
そして、夜は『BASARA』のファンミーティング!! 今回も声優さんと斬劇キャストが入り混じってお届け致しました!! 保志さんとチームを組んで運動会しました!! 主従です!! 緊張したけどとても楽しかったんです＾＾
写真は本番後にカプコンの小林さんと夜の部チーム!! また呼んでいただけるように頑張ります!! 沢山応援してくれてありがとうございます!!

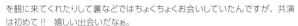

5
今日も『ピカレスク◆セブン』のプレ稽古へ!! 色んな事を皆で話し合い沢山笑いました。
そして、初めて共演する鈴木勝吾君とも会えました。舞台を観に来てくれたりして裏などではちょくちょくお会いしていたんですが、共演は初めて!! 嬉しい出会いだなぁ。
本稽古が始まるまでにはまだまだ時間がありますが、こうして顔合わせの前に会えた事はありがたい。
皆の役も面白いですし、発表もお待ちください。

10
昨日の夜に動画が完成して、自分良く頑張った!!って事で今日は自分へのご褒美!! 朝から草野球してきました!! あまり写真撮れなかったんだけど、ダイヤメンバーもチョロチョロいたんだよ。痛恨のミスで帽子を忘れて前髪が邪魔でゴムで上げてるけど。 少しだけピッチャーもやらせてもらえて、少し打たれたけど見事0点に抑える事が出来たよ。やっぱ体を思いっきり動かすのは楽しい!! 守備がなかなか上達しないけど…ピッチャーばっかりやり過ぎたな。 今シーズン最後の草野球。今年は夏忙しかったから…あまり草野球出来ず。来年はもっとやりたいな!!

11
今日は鯛造祭でした!!
楽しい一日だったなぁ＾＾ 握手会での皆の笑顔も最高に素敵でしたよ!!
ありがとぉ!!
エチュードも沢山出来て笑顔の溢れる一日になりました。
今日は笑顔で沢山寝れそうだ。
沢山のお手紙にプレゼントもありがとうございます。時間をかけてしっかり読ませていただきます。
ほんと最高の時間でした!!
ありがとうございます。

◆この月の舞台、お仕事＞＞＞　「鯛造祭〜黄金の右足〜」／写真集『別冊月刊 椎名鯛造』 他

12

今日は比較的ゆっくり過ごす事が出来ましたよ。二度寝したりなんかして。笑
皆さんからのお手紙を少しずつ読んでおります。昨日寝る前に、エチュード、こうした方がスムーズだったのかなぁ?とか反省してました。
ほとんど遊びでやっているけど、どこかで本気なんだろうね。笑
さて、あまりのんびりしている時間はないのです。
色々準備しなきゃならない事があってね…。

15

はいさーい(´ ▽ `)ノ
ロケから帰ってきましたー!!
気付いている方も沢山いると思いますが、マエタイのロケでした。今回は3周年のお祝いって事で思う存分楽しんできましたよー!!
マエタイのロケはいつも楽しいんだけどね。笑
どこへ行ったのでしょうか?
ヒントが沢山ありすぎて分かるかな。
また映像は放送で見れると思うのでお楽しみにっ!!

16

東京は日差しが出ていても寒いね。とか南国の人っぽい事言ってみる。
昨日までは太陽が出れば暑いくらいだったんだけどなー。
ほらこんな感じ。
北海道は今日雪なんだってー。驚き!!
さて、今週の土曜日は恋電のイベントですね＾＾どんなイベントになるかなー?
いつもとは一風変わったイベントになると思います。
皆で楽しみましょう!!

17

普段より時間が多く取れるので家で映画を観たりしています。
さて、明日は恋電のイベントでございます!!
きっと楽しくなる事でしょう!!
今日の写真は…マエタイで行っていた場所でパシャリ。
流石に場所がお分かりですね。笑
今月の28日…放送で流れる事でしょう。
では(^^)／～～～

18

今日は恋電のパジャマミーティングでした!!
雨の中でしたがご来場いただいた皆さんありがとうございます。楽しい時間でしたね。笑
収録した台詞を、実際に皆さんの目の前で読むのは恥ずかしかったけどね…。 MCを務めてくれた高井君と。地元が一緒だったので控え室で超地元トークしていました。 あまり多くないからね、岐阜出身。しかも家がそこそこ近くって。岐阜は大きいからさ。
イベント中、高井君を沢山困らせてしまいました。笑 楽しかったけど。
また阿南刀次として何か出来たらいいな。 今日は良い夢が見られそうです。

19

本日は大阪の鯛造祭で販売されるチェキを撮影してきましたよ!!
天気はそこそこ良かったけど風が冷たかった。日本庭園や公園などで撮影してきましたが、日本庭園がメチャクチャ綺麗だったので自撮りで写真を撮ったよ。池の水に反射してなかなか綺麗でしょ?
日曜日だから人も多かったけど、順調にチェキを撮れました。
もし大阪の鯛造祭参加される方は運試しで(どんなチェキが出るかは分からない)是非お手に取ってみてくださいねー。 また落書きもするよ。お楽しみに!!

2017.11

22
岐阜には海が無いんやお。
子供の頃は、よぉけ川で泳いで遊んどった。
山登りして遊んだりもしたなぁ。
一番遊んだのは鉄棒やけど。
子供の頃泳いどった川と写真。
上流の方へ行くと綺麗で冷たくて夏は気持ちいいんやお。
今日も穏やかな時間が流れとる。
今日のブログは岐阜弁やで読みにくいやろ？笑

24

昨日は姉の家に泊まっていました。
一番上の子が今年から小学生だから、朝早く起きて登校をお見送りして、下の子達を幼稚園のバスに乗せて家族や親戚と会っている間にしばしの休息…。すぐに下校の時間になって永遠に遊ぶ時間が続きます。体力が凄すぎる!!
帰ってきてから宿題を見てあげて…なんだか懐かしい気持ちになりました。

前は「たいじょーくん」としか言えなかったのに成長して「たいぞー」になりました。厳しく「さん」を付ける教育をせねば。笑
今から全員をお風呂に入れる!!
気合い入れて頑張ろ。

26

本日はアニメイト吉祥寺店で『別冊月刊椎名鯛造』のお渡し会でした。
足を運んでくれた皆様、ありがとうございます!!
何度も見てあげてください。

お店のご好意で俺のブースを作ってくれていたので帰りに写真を撮ってきました。
いやー、ありがたい。
また機会があれば、こういったもの出せたらいいな。

27

今日からいよいよ始まりました!! 『ピカレスク◆セブン』。
久しぶりに緊張した顔合わせ、からの本読み。凄かった! 全員凄かった!!
そして、今回の役が発表されましたよ! 俺の役はピーターパン!!
役を聞いた時にニヤニヤが止まらなかった。少年社中さんの公演で『ネバーランド』という作品があるんですが、僕はその時ピーターパンの影を演じたんです。
今回は作品は違えどピーターパン!! これから稽古を1ヶ月!! どのように作品が出来上がっていくのか今は想像できないけど、このメンバーなら確実に面白い作品が出来る!! そう確信しております。 劇場でお待ちしております!!

28

今日は稽古へ行ってきました!!
まだ本格的な稽古ではありませんが、皆で集まって話しているだけで面白い。
やっぱメンバーがすげぇや!!
楽しみすぎる!!
そして今日はこれからマエタイ放送!!
ゲストに朔が来てくれるよ!!『弱虫ペダル』しか共演がないけどマエタイに来てくれて嬉しいよ。
どんな放送になるかな？ 是非お時間ある方は見てね＾＾

29

今日も稽古へ行って来ましたよ!!
役の設定などの外枠が見えてきたので、そこを踏まえて稽古しました。まだ全体がどうなっていくのか不透明な部分はあるけど絶対面白い話になる!! 毎日楽しいよ＾＾
今日の写真はトクガワイエミツ役の秋人!! お久しぶりの共演。すでに魅力的なイエミツ!! これからどんどん出来上がっていくのが楽しみです。
ピーターパンと絡みはあるのかなぁ？ どーでしょ？ 物語全然想像出来ないよね。
原作物ではない楽しみ。答えは劇場でっ!!

2017.12

1

『斬劇 戦国BASARA 第六天魔王』にて椎名鯛造『戦国BASARA』を卒業致します。初演から関わらせていただいて、役が変わって戻ってまいりましたが、この度卒業といった事になります。悔いの残らないように最後まで真田幸村に仕える忍びとして演じようと思います。沢山の方と出会えた事、感謝です。そしてそして、3月10日13時公演終演後に「椎名鯛造卒業記念祭」を開催することとなりました。一個人の為にこのような催し物を開催していただける事、誠に恐縮ですが、とても嬉しいです。まだ少し先の事ですけどね。全身全霊で戦国を生きます。写真は松本寛也さん！豊臣ヒデヨシ役です。

2

本日は舞台『天下無敵の忍び道』のリリースイベントでした!! 沢山の方に来ていただけました!! ご来場ありがとうございます。
僕自身まだ見れていないんですが、ずっと心待ちにしていたDVD!! なにやら特典映像の方でも暴れまわっているみたいなので、本編と共に楽しみたいと思います。そして今日は皆で着物を着ました。カッコイイ衣装を用意していただけました。トークはこのメンバーなので、そりゃ盛り上がりましたよ。楽屋でもワイワイ＾＾　さて、明日は鯛造祭in大阪!! こちらも全力で楽しもうと思います。会場でお待ちしております!!

3

鯛造祭in大阪!! 無事に終わりました。
何だか唐橋さんと2人だけなのは久しぶりな気がしました。

そして今日のイベントも楽しかった＾＾
エチュードも楽しかったし、トークもアットホームな空気で、大阪に来れて良かったなーって思いましたよ。大阪の方、大阪へ足を運んでくださった皆様!! 本当にありがとうございます。また必ず大阪で鯛造祭を。

イベント週間も終わり、明日からは稽古を頑張ります!! 舞台もお楽しみにっ!!
写真は唐橋さんと。

4

『天下無敵の忍び道』のリリースイベントの時に羅刹流の3人でも写真撮っていたんだ。七五三とか色々言われつつ、普段なかなか着る機会のない着物を着れたのは嬉しかったな。

週末がバタバタと過ぎていき、また新しく一週間が始まりますね。今週も色々と楽しみな事があるので元気に頑張りたいと思いますっ!!

5

今日も稽古へ!! じわじわとシーンが出来上がってきています。予想通りキャラの濃い方が多いので稽古を見ているだけでも面白いです。
さてさて本日の写真はこちら!!
稽古前にマエタイのロケ…。あれ？何故、悠介が…!?
そして前ちゃんがグローブ?? この真相は12月12日のキャストサイズの番組で明らかになると思います!! 朝から楽しかったぜ!!
明日も一日バタバタしそうだけど、楽しく過ごそうと思います!!

6

今日も稽古へ!!
だんだんとシーンが出来上がっております。まだまだ動き出したばっかりって感じですけどね。
そして今日の写真は少年社中メンバーの堀池さん!!
ファントム役です。
あまり詳しく言えないけど、堀池さんのファントムも濃いです。まぁ、普通の人なんてこの舞台にいないんですけどね。笑
明日は一日気合いを入れて挑まなければならない日!! また詳しくは後日!!

◆この月の舞台、お仕事＞＞＞　「鯛造祭〜黄金の右足〜in大阪」／「キャストサイズチャンネル『お好きに忘年会2時間スペシャル！』」他

2017.12

9

今日は一日体力を使いました。オープニングをつけたり、殺陣をつけたり。忘れないように復習しておかなくちゃ。
さてさて、本日の写真は少年社中のメンバーである竹内尚文くん!! なお君の役はハンゾウ。忍びかな? 何かな? 少年社中メンバー最年少!! なお君は殺陣が上手なんです。
絡みあるかな? ないかな? この作品、役名だけだと全然想像できないよね。笑
明日も長い一日になりそうなので、気合い入れて頑張ります!!

11

今日も一日稽古!!
筋肉痛が凄い!! 何故か右足だけが筋肉痛なのです。はー痛い痛い。今日は芝居稽古中心だったので筋肉を休める事が出来ましたが、明日はまた酷使する事になりそうです。
夜はキャストサイズさんの『お好きに忘年会2時間スペシャル!』にも出演しますよー。 今日の写真はマクベス役の鈴木勝吾君!! 初共演です。会ったことは何度もありますけどね。勝吾のマクベスかっこいい!! シーンも少しずつ出来てきていますよ。 お楽しみに。

12

今日も稽古へ行ってきましたよー!! 新たに殺陣をつけたので忘れないように復習しっかりしなくちゃ。
そして!!
遅い時間からですがキャストサイズさんの番組ご覧いただきありがとうございました!!
現場に到着したら思った以上に盛り上がっていてびっくりしました。
マエタイチームで写真を撮ったよー。 あー楽しかったぁ。
明日も一日頑張ります!!

15

今日も一日稽古へ!! 振りの確認をしたり新たにシーンを作っていったり。
そろそろラストシーン!! 今日の写真は相馬圭祐君。圭ちゃんの役は魔女②。そして圭ちゃんとは同い年。普段はちょっと恥ずかしがり屋さんな圭ちゃん。お芝居になるとビックリするくらいのポテンシャルを発揮します。
役者だなー。って思っていつも稽古見てます。

17
今日は舞台『刀剣乱舞 ジョ伝 三つら星刀語り』を観劇してきました。
今回のお話も凄い凝った脚本で、後半に「あぁーなるほど」の連続で、とても楽しませてもらいました。殺陣かっこいいし皆素敵だったよ。 楽屋に行ったら雅成がいた。 俺の髪の毛がわしゃわしゃしてるけどパーマかけた訳ではないよ。
雅成はいつも会うとハグしてくれる。 ハグ成。 雅ハグ。 どっちでもいいか。笑 そんな懐っこい雅成が好き。他にも沢山仲間に会えたよ。
大阪、福岡と皆頑張れーー!! 俺も頑張るからよーー!!

20

今日の稽古は通し稽古!!
楽しくやりきる事が出来ました。ネバーランドを背負って生きます。
今日の写真は織田ノブナガ役の圭くん。
『BASARA』で俺が蘭丸を演じていた時以来の共演。まさか少年社中さんの舞台で共演できると思っていなかったので嬉しい。
圭くんのノブナガ素敵よ。
かっこいい!!
さぁ、ご飯を食べよう。 今日も一日充実した日でした。

21

今日は『ピカレスク◆セヴン』の宣伝番組で生放送をしておりました。ご視聴いただいた皆さん、ありがとうございます!!
写真は敦史!! 敦史とは随分長い付き合い。
今回の敦史の役は悪の秘密結社の大首領役。放送を見てもまだまだ謎が多くあると思いますが、とんでもない熱量でお届けできる舞台ですのでお楽しみに!!
個人的にも色んな話が聞けてとても楽しい放送でした。明日からの稽古も全員で頑張っていこうと思います!!
今年も後10日!! 風邪など引かずに頑張りましょう。

24

クリスマスイブですね。
特に何事もなく稽古は進みましたが…街がクリスマスムードになるので、夜ご飯を一人で食べるとかの日常がなんだか寂しく感じるよね。
皆は楽しい夜を過ごしているのかな?
せめて少しでもクリスマス気分を味わう為に稽古場にいるキリスト様みたいな人と写真撮ったよ。
唐橋さん。フック船長役ですね。
鯛造祭に参加された方であれば説明は不要でしょう。仲の良い大先輩。
今回もメリハリのあるお芝居をしてくれていますよ^^ お楽しみに!!
メリークリスマス!!

25

こんばんは(´ ▽ `)ノ
今日はクリスマス!! メリークリスマス!!
そんな本日はマエタイの放送ですよー!!
しかも前ちゃんの誕生日。
今日ぐらいは放送中優しくしてあげなきゃね。笑
前回のキャストサイズの番組で持ち込み企画のロケ映像がトラブルで流れなかったので今日流せると思います!!
22:00からだよ。是非!!

27

今日は衣装通してきましたよー!! 本番を意識して。個人的には大きなトラブルはなかったよ。
フック船長と絡む事が多いので、こっからの稽古で更に息を合わせるように練習していきます。
唐橋さんとだから稽古も楽しいな。普段ふざけている事が多いけどお芝居になると真剣になるんだよ。凄い人だ。 帰りに誰かと写真撮ろうと思ったけどメイクしてたり衣装着ていたので諦めました。 なので今日の写真は先日のマエタイでの一枚。プレゼントを早速使ってくれた前ちゃん。笑
スピード社だからね、品質は間違いないよ。笑 さて、明日も一日頑張りましょ!!

30

今日は年内最後の稽古でした!!
良い通し稽古をする事ができました。毎回同じシーンで笑ってます。笑える面白いシーンなどもあるので楽しみにしててくださいねー^^
さて、本日の写真はぬらりひょん役の川本さんです。川本さんも少年社中メンバーです。 ぬらりひょんが作品にどう絡むのか…なかなか想像できないでしょ? 結構ピーターとフックにも絡んできたりするので要注意人物(?)ですよ。 人物ではないから要注意妖怪かな。笑
仕事納め。明日はゆっくり過ごそうかなー。 皆さんも良い年末を。

31

2017年最後のブログ更新だね。今年も1年間ブログをご覧いただき、ありがとうございました。
今年も様々な現場に立たせていただきました。ありがたい事です。
東京に出て来てから今年で10年経ちました。2008年の1月25日に初舞台をサンシャイン劇場で踏みました。あれから10年…2018年1月サンシャイン劇場の舞台に立ちます。 不安と緊張で押し潰されそうになっていた初舞台の初日を鮮明に思い出せます。でも仲間がいた。スタッフさんが支えてくれていた。今でも繋がりのある仲間達。積み重ねてきた過去が今になっている気がしています。 当たり前に過ぎる毎日だけど一日一日大切な日々。
2018年も前に進むよ。2017年最後の一日はゆっくりとそんな事を思いながらお風呂に入っていたよ。
また明日からの新しい一日と新しい出会いを信じて。
今日も良い一日で、今年も良い一年でした!!

TAIZO SHIINA　　　　　　　　　　　　　　　　　　　　　　　2018.01~09

和田雅成と250日
くらい一緒にいた気がする
1年。
刀剣乱舞の記憶が多い。

2018.1

1

2018年になりました!!
皆さま、あけましておめでとうございます!!
昨年はありがとうございました。
もう間もなく『ピカレスク◆セブン』が始まりますが、今日はお正月休みでした。明日は稽古に行ってくるので短い休みでしたが、最終調整して劇場に入りたいと思います。
正月らしく今日はお餅を食べたよ。あずきでね。後半少し飽きてきちゃったけど美味しかった。まだ沢山お餅あるんだ。次はどう食べようか…。皆はお正月らしい事しましたか？さぁ、明日から頑張りましょ。本年もよろしくお願い致します。

2

仕事始め!!
本日は『ピカレスク◆セブン』の最終稽古へ!!
しっかりと通し稽古をやってきました。後は劇場に入るだけです。最後の通しも良い形で終われたと思います。本日の写真はトクガワイエヤス役の大高さん!!
役者としても人としても大先輩です。大高さんのお芝居を見ていると『お芝居の自由さ』を感じる事が出来ます。稽古で沢山試行錯誤しつつお芝居を楽しんでいる。そんな印象です。遊び心って大事。締めるところは大迫力で締めてくださるし、とても勉強になっています。劇場でどのように仕上がるのかとても楽しみです。

3

明日からいよいよ場当たりが始まります。今日はスタッフさん達が素敵な世界を舞台上に作ってくれていると思うので稽古はお休みでしたよ。
早く劇場で全貌を見たいな。照明も楽しみ。明日ワクワクしながら皆様より一足お先に『ピカレスク◆セブン』の世界に浸ってきますね。さて本日の写真は少年社中の大黒柱!!毛利さん!!今回の作・演出です。最初の『最遊記歌劇伝』の時に出会い、それから少年社中さんの公演に何度か呼んでいただいています。毛利さんの描くファンタジーは子供心を忘れない素敵さがあります。今回の作品はファンタジーだけど少し大人。楽しみにしていて下さい!!怪我せず明日頑張ります!!

6

本日『ピカレスク◆セブン』初日でございました!!
無事に終える事ができましたよ。
まだ始まったばかりなので気を緩めずに千秋楽まで全員で頑張ります!!
ゲネプロからの初日!!充実した一日でした。
とりあえず初日乾杯!!
隣は社中メンバーの太郎ちゃん。
短い時間ですが楽しみます!!

7

本日は2公演!!ご来場いただいた皆さん、ありがとうございました!!
役者仲間もチラホラ駆けつけてくれて嬉しい。ありがたい言葉もいただけて感謝ですね。
写真はゲネプロに駆けつけてくれたのすけ。のすけも楽しんでくれたようです。
『BASARA』よろしくね＾＾
明日は1公演!!お昼だけ。
お昼だけの1公演は経験した記憶がないけど…。もしかして初めてかな？

昨日はゆっくりお風呂に入れなかったから今日は長風呂しよっかなー＾＾

8

本日は1公演!!無事に終了致しました。
今日は成人式なんですね。少年社中さんも20周年!!このタイミングで関わる事が出来ているのは何だか嬉しいですね。新成人の皆さん、おめでとうございます。
成人式から10年経っても居酒屋やコンビニなどで年齢確認されるので、イライラしないで身分証を提示しましょうね。最近は減ったけど、たまにまだある。昭和生まれってのを見てお互い少し気まずい。笑
そして今日の写真は昨日観に来てくれた、和田和田納谷。笑 偶然にも刀剣男士が沢山。楽しんでくれたようで嬉しかった。明日からも頑張れる!!

◆ この月の舞台、お仕事＞＞＞　「少年社中×東映 舞台プロジェクト『ピカレスク◆セブン』」ピーターパン役　他

9

本日の公演はお昼1回!!
足を運んで下さった皆さん、ありがとうございました。本日も無事に終える事が出来ました。
今日は初めてのスペシャルカーテンコールでした。平日だけなのでお時間ある方は是非どうぞ。
さて本日の写真は観劇しにきてくれた小野健斗君。相変わらず背の高い健斗。かなり見上げて話しました。久しぶりだったなぁ。
また共演できますように。
明日は2公演!! しっかり寝て体力回復させたいと思います。

10

今日は2公演!!
ご来場いただきありがとうございました。
スペシャルカーテンコールも楽しんでいただいてますか??
さて、本日の写真は同じ楽屋で同い年の圭ちゃん!! うるさい楽屋で一人静かに俺たちを見守ってくれています。
うるさ過ぎて嫌われなきゃいーけど…笑

13

本日は2公演!! 無事にピーターパンとして舞台上を駆け回ってきました!!
体力は使うけど毎日楽しくやっています。
楽屋でも、舞台上でもね。
今日は少年社中さんの作品『贋作・好色一代男』で共演した柏木佑介が観に来てくれたよー。
毎日のように知り合いが観劇しに足を運んでくれる。ありがたし。
また佑介とも共演できるといいな。

16

今日は『戦国BASARA』のビジュアル撮影をしてきましたよ。
かっこよく撮れてるかな? お楽しみに。
卒業公演になるので皆に観に来てほしいな。
本日はこれからマエタイの放送です!! 年明け1発目!!
ロケ映像が見れるみたいよ＾＾ 随分引っ張っちゃったけど、やっと皆に見てもらえるね。楽しみにしててねー。今日のゲストの廣野凌大くん。
初めましてー＾＾ 楽しもうっ!!

18

今日は割とゆっくり過ごす事が出来ました。と言っても掃除をしたり洗濯したりしていたら時間は過ぎ去っていきましたが…。

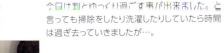

いよいよ大阪公演が始まりますね。
2018年が始まってもうすぐ3週間。パンフレットの撮影をしたのを随分昔に感じます。その時の少し懐かしい写真が出てきたので見てください。
椅子に足を乗せて座っていたんですが、撮影が終わったら完全に痺れていて動けませんでした。笑
そんな苦労をして撮影したパンフレットも、是非劇場でお手にとってみてください＾＾

大阪、愛知と頑張りますっ!!

20

本日、大阪公演初日!!
無事に終了しました!!
ご来場ありがとうございました＾＾
ロビーの物販に売ってる小ちゃいピカレスクセブンと。
大阪は明日でラストになってしまいました。
2日間だと早いですね…。
残り公演数も少なくなってきたので一回一回大切に演じます。

2018.1

26

今日から岡崎入りしましたよー!!
順調に場当たりも終えて、いよいよ明日は大千秋楽!!
12月からこのカンパニーで長い事一緒にいたなー。またしばらくお別れになってしまうのは寂しいけれど、続けていればすぐに会えるし、それまで各々頑張りましょう!!
今日の写真は細貝の圭ちゃん。圭くんとも長い付き合いだこと。
また共演出来たらいいな。
とにかく、明日全力で全てを出します!!

27

今日は舞台『ピカレスク◆セブン』大千秋楽でした!! ご来場いただきありがとうございました。
いやー、終わってしまいましたね。
また振り返りは改めて書かせていただきます。
とにかく今日は共に頑張った皆と打ち上げだあー!!
写真は唐橋さんと。この方がフックで良かった。心から感謝。
そして、観劇してくれた皆様にも感謝!!
ありがとうございました!!

28

昨日は舞台に関わった皆と、満足するまで打ち上げをして本日東京へ帰ってまいりました。久しぶりの東京。笑 やっぱり家は落ち着くね。
あまり落ち着く時間もなく、今日はアイル君の番組のニコ生に出演してきました。『BASARA』メンバー7人とワイワイしゃべり倒してきました。ご視聴や会場に足を運んでいただいた皆さん、ありがとうございました!! 楽しんでいただけたかな? 僕らは楽しかったです。
『BASARA』もそろそろ始まるので、気合い入れて頑張ります!!

30

さて、本日は『ピカレスク◆セブン』の振り返りを。今回は登場人物全員が悪!! という事で、俺の役はピーターパン!!

あれ? 悪じゃなくない?って思ったのは俺だけじゃないはず。ピーターパンは子供を攫っていくから悪なんですって。確かにね。

少年社中さんの作品で『ネバーランド』という作品があります。とても大好きな作品。そこで演じさせていただいたのがピーターパンの影。そして『ネバーランド』からもう一人、フック船長。唐橋充さんです。唐橋さんとタッグを組めれば怖いものなしです。
稽古が始まり沢山ディスカッションして、あの舞台上のフックとピーターパンが出来上がりました。
普段は敵同士だけど、手を取り協力していく姿は親子のような感覚でした。自暴自棄になるピーターパンを優しく包み込んでくれる。そこには確実に『愛』がありました。

作品自体はマクベスとイエミツの熱量が凄まじくて舞台袖で聞いていても心揺さぶられるものでした。少年社中さんらしいファンタジー、スピード感で、演じていてもとても楽しかったです。
今後も末永く役者として関わっていきたい! そう改めて思いました。
何が悪で何が正義なのか…もしかしたら人間全員『悪』であり『正義』であるのかもしれない。表裏一体。人はちょっとのきっかけで悪にも正義にもなり得る。自分を貫き通す心の強さ。この舞台で色々考えました。答えは出なかったけど、とりあえず『頑張る!!』。シンプルだけど、やっぱりいい言葉だね。
最後に少年社中さん、20周年おめでとうございます!! これからも世の中に素敵な作品を生み続けてください!!

29
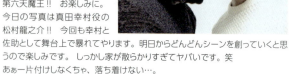
本日は斬劇『戦国BASARA』の顔合わせ&読み合わせへ!!
今回の作品も熱い作品になりそうですよ!!
第六天魔王!! お楽しみに。
今日の写真は真田幸村役の松村龍之介。今回も幸村と佐助として舞台上で暴れてやります。明日からどんどんシーンを創っていくと思うので楽しみです。 しっかし家が散らかりすぎてヤバいです。笑
あぁー片付けしなくちゃ、落ち着かない…。
とりあえず今日は寝ちゃうかなー。笑 いつになる事やら(-_-)

2018.2

本日は一日稽古へ!!
オープニングの殺陣をつけていただき沢山動いてきました。ぐったり。笑
今回もかっこよく頑張るよ＾＾
そして今日の写真は桜田とのツーショット!!
彼は浅井役ですね。「正義!!」だの「悪!!」だの熱くしゃべっていました。
ほんと、『BASARA』のキャラは濃いな。
殺陣を復習して今日は早めに寝ます。

今日は ロふっき さんと都内のアニメイトを回っておりました。アクターズナビのイベントでございます。
明日も一日色々な所へ行かせていただきます。
お越しいただく方は寒いので暖かくしていらしてね。
合間にもふっきーさんと色々お話しできて、とても充実した一日でした。
ツイッターの方でも実況しながら移動してました。
明日も余裕があれば実況します＾＾

今日は一日だけ『ピカレスク◆セブン』の世界に戻って撮影してました。
DVDをご購入いただいた方には楽しんでいただけると思います。詳細はまたご連絡します。
寒かったし、時間かかったー!! でも、とっても楽しかった。
お昼休憩に唐橋さんと。お弁当食べるフック船長。笑
明日は佐助になって稽古だ稽古だぁー!!
日々充実。今日も一日お疲れ様でしたー!!

今日も稽古へ!!
昨日は家に帰って久々にご飯食べて、すぐに寝てしまった。朝方起きるだろうなー。って思ったけど、ちゃっかり起床時間まで寝てしまったよ。
おかげで今日は元気いっぱいでした!! そして今日も沢山動いてきました。
体を動かすのはやっぱり楽しいね。怪我なく集中して頑張ります。
今日の写真は小十郎役のまーくん。前回の作品では共に行動する事が多かったけど今回はどうかな？ 絡みはあるかな？ お楽しみに。

今日も稽古へ!!
今日はね、幸村と佐助の大切なシーンを稽古したよ。凄くお気に入りのシーンになりそうです。
のすけとのシーンは色々とやりやすい。良い役者だなー。って今日も思いました。

そして写真は全く関係ない『ピカレスク◆セブン』より…。マクベスと構えあっています。
よーく見ると後ろに誰かいるんだよ？ 分かったかな？
今日も家で復習復習っと!

発売されてしばらく経ちましたが、『ダイヤのA The LIVE V』を見ました。
熱い夏を思い出しますね。特典映像も野球合宿の様子が収められていて懐かしくなりました。それと同時に凄い野球がしたくなりました。まだまだ寒いからね、早くあったかくならないかなー？ たまにはダイヤメンバーでご飯に行きたいなー。みんな元気かなー？
皆さんも是非特典映像も含め楽しんでくださいね＾＾
今日も寒かった。一日お疲れ様でした!!

◆この月の舞台、お仕事＞＞＞ 「キャストサイズチャンネル『(鯛)●●ファクトリー公開企画会議』」 他

2018.2

11
今日も一日稽古へ!!
今日の稽古は一つ目の山場!!
演出家のヨリコさんのもと、皆もアイデアを出しつつ少しずつシーンを創っていきます。
大変だけど、楽しいよ＾＾
そして、今日の写真は左近役の秀翼。帽子被ってマスクしてっから誰か分からないよ。笑
さて！ 明日はマエタイイベントですよー!!
皆で楽しみましょうね。

12
今日は一日マエタイの公開企画会議でした。イベント日です。約2年ぶりのマエタイイベント!! とても楽しかったです。
沖縄の動画も最後まで見ることができたし。
全部面白かったな。 見ながら改めて、ありがたい事をさせていただいてるなー。と感じましたよ＾＾ 企画会議に参加してくださった皆さん、ありがとうございます。
写真は前ちゃんと。 次のロケは何処へ行くのかな？ お楽しみにっ!!
一番楽しみなのは俺自身だけどねー＾＾

16
本日はゲスト武将さんが稽古場にいらっしゃいましたよ。
佐助と絡むかは本番観てからのお楽しみですが、今回はゲストがゲストらしく暴れておりました。
白又と近くにいた秀翼と。
白又の坊主頭は形が綺麗だからとても似合っていたよ。
そして、いよいよ稽古はラストスパートへ…。
頑張ります!!

18
本日は舞台『弱虫ペダル』のBD＆DVD発売記念イベントでした!! 久しぶりに仲間に会って楽屋も本番中も賑やかで楽しかったー!!
沢山の方に足を運んでいただき、とても盛り上がりました!! ご来場ありがとうございます。
写真は総北高校メンバーで!!
映像を見て振り返ったりしたら懐かしかった。
『弱虫ペダル』に携われてよかったな。
BD＆DVDお持ちの方は何度も見て楽しんでください。
ありがとうございました!!

19
今日はマエタイの放送でしたよー!!
あー、楽しかったぁ。久々に笑い過ぎて疲れたよ＾＾
写真は今日のゲストのSpi君と。初めましてでしたが、面白くて優しくて素敵な方でした。
ロケ映像の予告編も流れましたね。これまた面白い事がメチャクチャ起きていたので楽しみにしていてください!!
さぁ！ そろそろ『BASARA』の稽古も通し稽古な時期です!!
気合い入れて頑張ります。

20
今日は一日稽古!!
初めての通し稽古。いやーボロボロでした。次の通しには今日出来なかった事、全てクリアできるようにしよう。
いやー、情けない情けない。 作品自体は熱量も凄まじくて面白い作品になります。ちょっと驚くと思うよ。 さー、本日の写真はアイル君!! 立ち姿から台詞の抑揚までカメレオンのように似せる事ができる役者さん。器用だなーっていつも稽古を見ています。繊細な性格をしているので周りの状況を察知して気を遣える素晴らしい役者さん。俺の機嫌の良い時、悪い時も察知してくれます。笑
俺は分かりやすい方だから、バレてるの。 大切な仲間。

21

今日の稽古では健人バージョンのゲスト稽古をしたよ。ゲスト武将は毎回同じシーンで出てくるのか？ 違うのか…？ まだ何も言えませんね。
そして写真を！ 祐介を交えて。おっ、たまたまの刀剣男士達だね。笑
今日はいつもより少し早く帰宅できた。ゆっくりしよう。脳内通し稽古をして準備万端にしておかなくちゃ。
次の通しでは安心したい。やるぞー!!

22

今日は殺陣を確認したり、より良い通し稽古をする為の準備をしたよ。きっと次は良い通しになるハズ!!
今日の写真は秀斗と。お互いの役を意識して撮ってみたよ。笑 今回の伊達政宗もカッコいい。主従関係も素敵!! こっちの主従も負けてないけどね＾＾
秀斗が段々と六爪流と仲良くなっている姿を見ると微笑ましい。努力の賜物。彼は努力を惜しまない。見習わなくちゃなー。
よしっ！ 明日も良い一日だったと言えるように頑張るぞ!!

24

今日は衣装通しをしましたよ!!
いよいよ本番が近付いてきた。って感じする。本番に向けて今日も良い通し稽古が出来たし、更に明日高みを目指します!!
考えてもあんまり実感ないけど、最後の佐助。悔いのないように、責任持って努めます!!

今日の日中は気持ちの良い天気だったなぁー。少し春を感じたよ。やっぱり夜は寒いけどね。
さぁー！ 明日も頑張るぞい!!

25

今日で『BASARA』の稽古が終わりました!!
稽古場で色々生まれて精査して、劇場に持っていく有意義な稽古ができました。理想的な稽古。
今回はそれができたからとても楽しかった。
後、のすけとのペアは本当にやりやすい。本番も2人で楽しんで最高で最強な真田主従をお届け致します!!
今回も沢山の驚きが詰まっています!! お楽しみにっ!!

27

今日は一日場当たりです。順調に進みましたよ。
明日も一日頑張ります!!
今日はまたまたのすけと。ちっちゃい幸村に顔面押された。笑。

さてさて、本日発表になりました。舞台『刀剣乱舞』の最新作に出演が決定致しました!!
責任を持って演じきります!!
いやー、楽しみだー。

28

本日も一日場当たりでございました。劇場に入ってスムーズに行かない所、丁寧に場当たりをしておりました。
そんな今日は信長を演じる唐橋さんと。年末からずーーっと一緒。笑 役者の先輩としても、人生の先輩としても学ぶ事が沢山あります。最近は「劇場が乾燥してる乾燥してる」とよく騒いでおります。なので観劇に来られる方は乾燥対策を是非してきてください。乾燥しやすい季節ですからね。でも今日は遅くから雨降るみたいですね。少しでも緩和されたらいいな。 皆さま、雨に濡れて風邪などひかれませんように。俺もパジャマ着てサッサと寝ます。

2018.3

1

今日も一日場当たりをしておりました。
いよいよ明日は初日!!
皆さんに楽しんでいただけるように最後までしっかり準備して挑みます!!
劇場で待ってます。

今日も一日疲れたなー。お風呂入って早めに寝まーす。
では (^^)／~~~

2

『斬劇　戦国BASARA』本日、初日の幕が上がりましたー!!
沢山の方に足を運んでいただき、とても嬉しかったです!!
ありがとうございました。
トラブルもあったんですが、カンパニー力で最善の方法を模索しての初日でした。楽しかったなー。観た方にも楽しんでいただけていたら幸いです。明日から千秋楽まで全力で楽しみながら、皆様を楽しませたいと思います!! お手紙、プレゼントもありがとうございます!!
今日は俺様の大将と!! 最高の漢だよ。大好きだ。

4

今日も2公演、無事に終了しました!!
ご来場いただいた皆様、ありがとうございます。
夜公演の後にはお見送りもしましたよー^^
この3人で。
明日は久しぶりにゆっくりできそうです。
今日は思う存分寝てやろう。
そしてまた火曜日から舞台上で暴れまわってやります!!
では (^^)／~~~

5
今日は休演日。
気持ちよく二度寝してみました。幸せでした。
昼過ぎから外に出たんですが、風が強い一日でしたね。雨も少し降っていたので持っていかれそうになっていました。
だいぶリラックスしました。
早く仲間達に会いたい。明日すぐに会うんだけどね。明日も全力で頑張ろっと!!
今日の写真は昨日ゲストで参戦してくれた毛利役の健人。
ゲストシーンも面白かったなー^^　他のゲスト武将もお楽しみに!!

6

今日は1公演!! 平日にも関わらず沢山の方に来ていただき、ありがとうございました!!
終演後にトークショーもありました。短い時間でしたが、ご参加ありがとうございました。
今日の写真はおっきーと。
今回は怪我をしてしまいましたが、皆でフォローしながら本番を重ねています。
千秋楽までチームで頑張りますっ!!
明日も劇場でお待ちしております!!

7

今日も1公演!!　全力で暴れてきました!!　ご来場ありがとうございます。
今日はね、誠治郎さんが観に来てくれたよ。
『BASARA』では共演こそないものの、公私共に仲良くしてくれる誠ちゃん^^　ありがとう。楽しんでくれたみたいですよー。
さて、本日より告知となりました! 映画『刀剣乱舞』に不動行光役として出演させていただける事になりました!! 楽しみすぎる!!
皆様も是非楽しみにしててくださいねー^^

◆この月の舞台、お仕事＞＞＞　舞台「斬劇『戦国BASARA―第六天魔王―』」猿飛佐助役　他

今日は2公演!! 楽しく演じさせていただきました。ご来場ありがとうございます。
しっかし雨がよく降るねー。
そして夜公演の後にはトークショーも開催されました。残っていただいた方、ありがとうございます。
今日の写真はトークメンバー!! ゲスト武将の鹿之介役の龍丸とおっきー。
明日は1公演!! 残りの公演も少なくなってきたので大切に大切に演じます。
では (^^) ／～～～

本日は2公演!!
お昼の公演の後には卒業イベント。卒業証書をいただきました。笑 久しぶりだったなー。 とても素敵なイベントになりました。
そして楽屋に帰ったらとても沢山のお手紙やプレゼントが置いてありました。心が温かくなりました。 卒業イベントはやりましたが、まだまだ明日と、千秋楽公演が残っているので、持てる力を最大に使って猿飛佐助を演じようと思います!!
明日で東京千秋楽かぁ。東京で佐助の衣装を着るのは最後なのかな？ 流石に少し寂しく感じるな。でも楽しんで最後まで頑張るよ!! 本当に良い一日でした。

11

本日、東京千秋楽!!
無事に終了しました!!
沢山の方にご来場いただきました!!
ありがとうございます。
まだ大阪公演がありますので気は抜けませんが、東京公演は全員でやりきりましたよ!!
今日の写真は伊達政宗役の秀斗と。
大阪でも楽しみつつ暴れてやります!!
お楽しみにっ!!

いよいよ始まりました!! 大阪公演!!
大阪の皆様、ご来場ありがとうございました!!
楽しく公演する事が出来ました!!
初日の今日は大将と!!
あと2日で終わってしまうけど、最後まで楽しく演じます。

明日、明後日は2公演なので早めに休みたいと思います。
では (^^) ／～～～

本日、『斬劇 戦国BASARA 第六天魔王』、無事に千秋楽を迎える事が出来ました!!
沢山の方のご来場ありがとうございました。 本っっ当に楽しい本番期間でした。
またゆっくり振り返りは書きますね。伝えたい事、心境や裏話、書けるだけ書きたいと思います。
とりあえず今日はゆっくり休もう。
仲間とご飯を食べて公演を思い出して楽しく会話でもします。大将と。
俺様たち最強だろ？ 2人で1人!! 楽しかったぜ、大将!!

本日、東京へ帰ってきました。
昨日の夜は仲間とご飯を食べて、大いに盛り上がりました。
とても楽しかった!!
今回の『BASARA』ではサプライズで毎公演、森蘭丸役としても出演しました。9年前に初めて『戦国BASARA』の舞台を上演した際に務めさせていただいた役です。佐助も蘭丸も、どちらも大切で思い入れのある役。 唐橋さん信長と。
東京初日の時にネタバレしないように協力してくれた皆さん、ありがとう。おかげさまで毎日新鮮に驚いてくれる方が多くいらっしゃいました。 楽しかったな ^ ^

2018.3

23

今日は『BASARA』の振り返りを。

前回に引き続き松村龍之介と真田主従を演じられた事、とても幸せでした。そして信長役の唐橋さんがまた出てくれた事。今回で卒業してしまいましたが、悔いなく演じる事ができました。
卒業を公式に発表して、舞台に立たせていただけた事。スタッフさん達の愛を感じました。

終わってしまってしばらく経った今、実感しているか…と聞かれると、完全には実感していません。きっと次回作が動き出したりした時に寂しさを物凄く感じるんだと思います。

ただね、悲観はしていません。猿飛佐助というキャラクターは、ファンの方一人一人が持っている印象は微妙に違うと思います。椎名鯛造が演じる佐助を愛してくれた方もいれば、きっと不満に思った方もいらっしゃると思うので。だから新しい猿飛佐助が発表されたら『BASARA』ファンの一人として楽しみだし、期待しています。きっと新たな世界が見られるんだろうな。とても楽しみ!!
そして、『BASARA』といえば僕は森蘭丸も演じていました。前回の公演の時に卒業が決まっていたので、「森蘭丸としても板の上に立たせてください」とダメ元でプロデューサーに直談判してみました。脚本に組み込んでくれたスタッフ陣は愛が溢れていて感謝しかありません。とても特別で思い入れのある作品になりました。
8年ぶりの蘭丸も楽しかったなー。
楽しい思い出が沢山!!
舞台は儚いけど、だからこそ楽しみがある。観ている側も演じる側もね。
改めてそんな事を感じました。
椎名鯛造の猿飛佐助を見守ってくださった皆様、ありがとうございました!!

26

最近は映画『刀剣乱舞』の撮影をやっております。
朝と夜はまだまだ冷えるから暖かくして寝ないとな。宿が寒いんだ。
作品は絶対みんなに楽しんでもらえると思います!!
今日は鶯丸役のちゃんともと。とても素敵な鶯丸だよ。撮影の本番じゃない時はたまに天然炸裂して可愛いちゃんともが出てるけど、撮影現場は終始和やかな雰囲気です。 不動と鶯丸の絡みがあるかは映画を見てからのお楽しみ!!
明日も朝から一日頑張ります!!

28

今日も撮影!! 楽しみにしてくださいな^^
今日の写真は撮影前の拡樹と。帽子被ってたから変な髪型になってる。笑
早くみんなに観てもらいたいけど、何より自分自身楽しみ!!
自分が関わってないシーンは撮影現場すら見れてないからね。舞台との大きな違い。
みんなもワクワクして待っててね!!

29

本日も撮影!!
相変わらず朝早くから皆で頑張っております。
映像の現場は数える程度しか経験がないけど、チームワークばっちり!! キャスト皆仲良し!!
今日の写真は雅成とたむー。
毎日くだらない事で笑っています。
今日も沢山笑った。
明日も頑張る!!

31

本日は『ダイヤのA』のリリースイベントでした!!
凄い沢山のお客様が観に来てくれました。
ありがとうございます。
イベントは振り返りは少なかったけど、キャスト皆で楽しくイベントができました。 今日の皆で写真を撮ったよ。
大阪には残念ながら行けないのですが、東京だけでも参加できて幸せでした。
沢山のお手紙にプレゼントありがとうございます。
では(^^)／~~~

2018.4

1
今日は『薄桜鬼』の稽古へ行ってきましたよ。新たに参加するシリーズ作品。今まで繋いできてくれた皆のバトンをしっかり受け取り、更に進化させられるように尽力します。そして今日の写真は演出家の西田さん。今までにも沢山お世話になってきた西田さん。数々の演出家さんとお会いして、一緒にお仕事をさせていただいておりますが、西田さんから得る事は沢山あり、今回も色々見て学ぼうと思っております。かなり影響を受けている演出家さんの一人です。とてもとても楽しみだ。

2
今日は映画『刀剣乱舞』の撮影でございます。なにやら遅ーくまでの撮影らしいので『体力』温存しながら頑張りたいと思います。4日に放送のマエタイのゲストも決定致しましたよ‼ 大河がまた遊びに来てくれるみたい＾＾湯沢ロケの後半は色々面白ハプニングもあったりしたので楽しめると思いますよ。一緒に楽しみましょう‼
そんな今日の写真は大河と。先日のリリースイベントにて。

4
今日は『薄桜鬼』の稽古へ。体を動かしてきました。久々に汗かいた気がする。笑 刀剣の映画では汗をかかなかったので、『BASARA』ぶり。
そして『薄桜鬼』のビジュアルが発表されましたね。山崎烝。決して目立つ存在ではないけど、俺にしかできない山崎を稽古で創りあげたいと思います。殺陣も、『らしく』動けたらいいな。

さて、本日は22時よりマエタイ‼
ロケ映像の後半ですよ。
皆さんと一緒に映像を見ます。
笑わずにロケ映像を見る事は不可能だと思う。
それくらい楽しかった思い出。

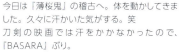

5
本日はミュージカル『薄桜鬼』の顔合わせ。そんな顔合わせの本日は主演で土方役の雅成と。真面目な男。本当に真面目。ひたむきに努力して結果を出す。自分を過小評価する男。ありがたい事に沢山現場で一緒になって、この男の色んな姿を見てきた。殺陣やお芝居で悩んで悔しがる姿。真面目故に人とぶつかっている姿。無邪気に笑う姿。そして舞台上で一際輝いている姿。今回も土方歳三として物語のど真ん中で生きる彼を見られるのが幸せです。やってやろーぜ！ 雅成‼ そして本日4月5日は『最遊記』の悟空の誕生日。また演じたい。絶対演じたい。待っててください。 お誕生日おめでとう‼

6
昨日はのすけの初冠番組『のすけの寄り道』通称『のすみち』にゲストで出演してきましたよ。『BASARA』の思い出を話したり、大喜利したり、あっという間の1時間でした。また呼ばれたいなー。
そして本日4月6日は『ダイヤのA』の小湊亮介の誕生日。自分に厳しくて負けず嫌いな高校3年生。彼から学んだ事は沢山あります。そして俺自身野球が大好きになりました。俺の希望ポジションは投手だけどね。笑 2日連続愛すべきキャラクターの誕生日。なんかいいね。

8
今日も稽古へ‼ 少し稽古開始が遅かったので稽古前に髪の毛を切ってきました。スッキリスッキリ。本番が始まるとウィッグ生活が続くから、気が付くと凄い伸びてるんだよね。
そんな今日は斎藤一役の納谷と。納谷とは刀剣以来の共演ですね。キレッキレの殺陣。蹴りのスピードや正確性では負けるだろうな。あっぱれあっぱれ。一回ばちばちに戦ってみたいな。疲れそうだけど。
そんなこんなで今日も一日お疲れ様でしたー。

◆この月の舞台、お仕事＞＞＞　「新生ミュージカル『薄桜鬼 志譚』土方歳三篇」山崎烝役／「スマートボーイズPresents『ニコ生・スマボch』」他

2018.4

9
今回の演出家さんである西田さんは初演の『戦国BASARA』でご一緒して、そこからも何度かお仕事でご一緒している演出家さんです。初演の『BASARA』。懐かしい。
そして、今日の写真はそんな初演の『BASARA』で共演した一内さん。通称かべたん。 初演の『BASARA』Tシャツで稽古に参加しておりました。このTシャツ…俺は実家の何処かで保管されているだろうな。
あの時出会って続けていたからこその再会。 きっとこれからも素敵な出会いと再会が繰り返されるんだろうな。楽しみじゃないか。

10
ようやく落ち着いた時間が取れたので、今更ですが『BASARA』の時にいただいたお手紙を読ませていただきました。ファンの方のお気に入りシーンが大体一緒で、しかもそのシーンは俺も好きなシーンだったので読みながら「うんうん。分かる分かる。」ってお手紙読ませていただきましたよ＾＾　そのシーンは戸隠の里での幸村とのやりとりなんですけどね。
中にはカーテンコールまで楽しんでくれている方もいて、目一杯ジャンプしてよかった。とかね。 お芝居を通してもっと楽しんでもらえる為には何が出来るんだろう…って考えてました。 そんな今日は先日の『のすみち』の違う写真を。

12
今日も必死です。考える事や覚える事が多くて現実逃避しそうです。いやいや、しませんけどね。向き合って頑張ります。
今日の写真は沖田役の山﨑君。稽古場で「やまざきー」って呼ばれると、どっちなのか分からなくなる事があります。 ダイヤの時も「りょうすけー」って事がありましたね。稽古場あるあるなのかな？
最近毎日雅成が俺のブログ読んでくれているらしい。今日もかっこよかったよ。雅成。

14
今日も一日稽古!! ブラッシュアップの日々です。
出来て嬉しかったり、出来なくて悔しかったり感情が忙しい毎日です。すぐに本番はやってくるので日々集中して頑張らねば。 出演者の皆がそうだと思うけど、起きてから寝るまで『薄桜鬼』の事が永遠にグルグルしてる。もう少し、もう少しな気がするんだ。あとちょっと頑張ってみるね。 さて、本日の写真は永倉新八役の岸本勇太さーん。しんぱっつぁん!! 初めましてですね。 あのね、肌が綺麗。もうびっくりするくらい綺麗。何故そんなに綺麗なのか聞きたいけど、まだ聞けてないです。いつか聞けるといいな。笑

16
今日は衣装通し。衣装を着るとまた大変な事もあるけど動きを遮るものは特にありませんでした。後ろの髪の毛がたまに自由に暴れるけどね。
笑　少しだけ長めなので。 もうここまで来たんだなぁ。もうすぐ稽古も終わってしまうじゃないか…。 まだまだやりたい事は沢山あります。時間の許す限り突き詰めたいと思います。 さぁ、今日の写真は小鳥遊潤一君です。彼は原田左之助役です。今回の『薄桜鬼』がデビュー作とか。それはもう必死に稽古に食らいついています。 懐かしい。舞台のデビュー作。10年経っちゃったか…。初心を忘れず、これからも努力を積み重ねていきたいと思います。

17
本日は『薄桜鬼』最終稽古!! 稽古期間早かったー。時間の流れに体と頭が付いていってない感覚。『BASARA』の千秋楽から約1ヶ月か…。間に、映画『刀剣乱舞』の撮影があったからか…なんか異常に濃かった。 さてさて、今日の写真はこの方!! 藤堂平助役 樋口裕太!! 初めましては「忍たま」のミュージカルでした。 彼は全てのパラメーターが高い!! お芝居もダンスも歌も殺陣も。必死になって振りを確認する、汗だくの俺を見て涼しげに笑ってるやつです。「なんだよ?」って聞くと「必死っすね。笑」って笑顔で返してくる男。でも振りを聞くと丁寧に教えてくれる優しいやつ。 いよいよ今週末より上演!! お楽しみにっ!!

21

本日初日でした‼『薄桜鬼 志譚』。ドキドキよりワクワクした初日でした‼
西田さん演出で、雅成が先頭に立ち、俺たちが新たに創る薄桜鬼。「どうだ‼」ってワクワクが止まりませんでした。楽しかったな。
不安も沢山あったけど、無事に終わったので充実感に包まれて寝られそう。
観劇していただいた皆さん、ありがとうございました‼
明日からも頑張ります‼

22

神戸公演2日目終了しました‼
本日も沢山の方にご来場いただきました。ありがとうございます。お手紙やプレゼントも、いつもいつもありがとう。
早いもので神戸公演は明日でラスト‼
本日はもう一つの衣装パターンの山崎君。
実は舞台裏で結構着替えをしていてバタバタしてたりします。衣装さんが愛情込めて作ってくださった大切な衣装。皆の衣装にも注目してみてくださいね＾＾
明日も一日頑張ります‼

24

東京へ帰ってきました。まだ東京公演もありますし、劇場が明治座に変わって変更点も出てくると思うので、気は抜けません。
明日は明日で楽しもうと思います。
今日の写真は土方さんと。神戸期間中にも雅成と沢山話せた。人間としての芯の部分の『志』に似たものを感じる雅成。常に上を見据える姿に尊敬の念が止まない。もっと彼を見ていたい。そんな風に感じます。きっと山崎も土方の事を尊敬していて人として好きだったんだろうな。
舞台上でそんなセリフはないけど、感じていただけたら幸いです。

25

今日の朝は雨風が強くて外に出たくない天気でしたね。出ましたが…。ロケに行ってきました。マエタイロケ。
ギュッて詰め込まれていました。なんか色々やった。一つ一つは楽しくて好きな事だったりしたけど、終わってみて冷静に考えると「一日でやりすぎやっ‼」ってなる。笑 まぁ、なんだかんだ楽しかったんだけどね。次のマエタイでも面白いロケ映像が見られると思います。 今日は前ちゃんとのショット。ちょうどいい壁があった。でも、この写真みてなんか気持ち悪いなぁって感じてました…立ち位置が逆なんだね。
今日もぐっすり寝れそうだ。 明日も一日頑張りましょう。

28

本日、『薄桜鬼』明治座公演初日でした‼ とても素晴らしい劇場で、超満員の中お芝居が出来てとても気持ち良かったです。
楽屋も迷子になるくらい沢山あって、表も裏もとても素晴らしい劇場です。 本日の写真は楽屋をシェアしている大鳥圭介役の橋本汰斗君。たいととたいぞう。たいたいコンビだね。あれ？全然面白くない。疲れてるのかな？ 早めに寝ます。
とにかく、今日はとっても素晴らしい一日になりました。 観劇してくださる皆様のおかげです。あと3日。怪我には気をつけて思いっきり演じます。

30

本日も2公演、無事に終了しました‼
凄いね、毎日超満員の劇場。お芝居中は客席を見ないのですが、カーテンコールでいつも見渡しています。凄まじい光景です。こんな光景が見られて幸せです。
そして今日はヒデ君が見に来てくれたよ‼ 山崎みたいな格好してた。笑 忍術ポーズ一緒にしよー。って言ったら俺の指中途半端だった。また『刀剣乱舞』で一緒になるのが楽しみだ‼
いよいよ明日で『薄桜鬼』は幕を閉じます。最後の最後まで真摯に役を全う致します。

2018.5

1

本日『薄桜鬼』無事千秋楽を迎える事が出来ました。ご来場いただいた皆様、ありがとうございました。ライブビューイングでも観てくださってありがとうございました。
誰も欠ける事なく走り抜ける事が出来て安心しました。
カーテンコールでの雅成の顔を見て疲れが吹っ飛びました。皆そうですが、とても良い表情でした。 無事で良かった。仲間達と宴に行ってきます。
あ、公演前にお知らせでビックリさせてすみませんでした。フリーになっても変わらず応援してくれると、鯛造喜びます。 新たな門出‼ まだまだ頑張ります‼

3

今日はミュージカル『しゃばけ』を観劇してきました‼
6日の日曜日にゲスト出演するので予習も含めて観に行ったのですが、普通のお客さんとして楽しんじゃいました。
楽しかったなー。
ゲストののすけもとっても良い感じに盛り上げてました。
んー、緊張するなー。でも頑張ろう‼
誠治郎さん植ちゃんのすけと。
自分らしく頑張ります‼

4

今日はミュージカル『薄桜鬼 志譚 土方歳三 篇』の振り返りを。

まずはDVDを見てみようと2013年に上演された土方歳三篇を見ました。最初に感じたのは「土方大変じゃない?」って事。早替えはあるし、出番多いし…。「主演である土方歳三は誰が演じるんですか?」と聞いたら「和田雅成です」と。一番近くで見たいし、出来る事なら『支えたい』。素直にそう思いました。
そして稽古合流して、いざ稽古開始‼
毎日少しずつ痩せていく雅成を見守っていました。

ところが‼ ここへ来てまさかのダンス‼
オープニングがヤイサじゃなくて新曲のダンス‼
新曲なので歌詞も新しい、ダンスも新しい。
もう一気に雅成の事とかどーでもよくなった瞬間。笑 どーでもよくなったは言い過ぎたけど、自分の事に必死‼ 全然覚えられない。周りはどんどん上達するのに稽古動画見ても一人だけ踊れていない。悔しくてしょうがなかった。
本番には間に合わせる事が出来たのかな? それは観劇してくれた皆さんのジャッジ次第なのですが、やれる事はやりました。
初日を終えてからは少し心にも余裕ができてきたので、途中忘れかけていた雅成の元へ。舞台上で堂々と凛々しく歌い上げて、激しい殺陣をして…かっこよかったなー。土方さん。

勉強になったミュージカル『薄桜鬼』。まだまだ僕らは経験不足だし、スキルも足りない。もっともっとエンターテイメントを盛り上げる為に個々のスキルを上げなきゃいけないんだな。と感じた作品でした。芸事をやっているので、当然ですがゴールなんてないんだな。と。
日々勉強。日々積み重ね。そんな事を感じる公演になりました。

6

今日はミュージカル『しゃばけ 参』のゲスト出演でした。
ご来場いただいた皆さん、ありがとうございました。作品として面白いので世界観を壊さず、ゲストらしく参戦致しました。 良く知った顔ぶれの方々がいて、安心して出演できました。
初めましての方々も皆よくしてくれて、居心地の良い世界でした。
主演である、植ちゃんと。しっかりとした座長。周りがよく見えていて素敵な役者さんです。 沢山のお手紙にプレゼント、本当にありがとう。
またお会いできる日まで。さようニャら。

7

夕方からよく雨が降ってますね。明日も一日雨模様だとか。
そして寒い‼ 着る服が難しいなー。

さて、本日の写真は昨日のゲスト出演した『しゃばけ 参』よりミケとプチ。写真左のプチ役の松山君は『BASARA』のアンサンブルとしても出演してくれていたので、お久しぶりでした。
今日で東京千秋楽でしたね。大阪公演も皆さん頑張ってください‼

◆この月の舞台、お仕事＞＞＞ 「新生ミュージカル『薄桜鬼 志譚』土方歳三篇」山崎烝役／「ミュージカル『しゃばけ』参〜ねこのばば〜」ゲスト 他

9

本日も稽古へ!! ザクザクと動きがついていきます。稽古を見ていて、本当に豪華なメンバーの中でお芝居が出来るんだなー。って感じです。とても幸せな事ですね。主演を張る役者ばかり。皆の魅力を見て学ぼう。舞台にその人が立つとパッと明るくなる。ついつい目がいってしまう。よく華があるって表現するけど…『華』ってなんなんだろう？ 今回の舞台で少し答えが見つけられたらいいな。 今日の写真は今回の主演、拡樹。説明は不要だね。長い付き合い。今日缶ジュース奢ってくれた。笑 俺の事子供と勘違いしてんのかな？ ま、嬉しかったけど。あんがと。 明日も一日頑張ります!

10

今日も稽古!!
今日の写真は琢磨!!
和田が2人います。
和田の覇権を争って紛争が起きてます。嘘です。
早く台詞を覚えなくちゃ。
殺陣も順調についてきていますよ。公演数が多いので怪我のリスクが低くて派手に見える殺陣をやりたいな。殺陣師の栗田さんは少年社中さんの舞台や『最遊記歌劇伝』などでも殺陣師として入ってくださっています。なんなら『最遊記歌劇伝』では出演もしてくれていましたね。 よし、明日も一日頑張るぞ!!

13

今日は昼過ぎからすんごい雨だね。 稽古終わって、どうなってるかなー？って外に出たら、やっぱり凄い雨だった。そんな一日。
今日の写真は玉ちゃん。
小烏丸役ですね。久しぶりの共演。俺の初舞台『遙かなる時空の中で』で初めましてでした。 玉ちゃんとの思い出はヨーロッパでの思い出が多いな。『NARUTO』をやった時に玉ちゃんサスケで俺がナルトだったんだよ。ヨーロッパでしか公演してないので見た事ある方は本当に少ないと思いますけどね。 1ヶ月間ヨーロッパにいたんだけど本当に楽しい思い出ばかりです。

15

今日も稽古!!
今回の作品はわりと早い段階で通し稽古が出来るんじゃないかな？ 楽しみだな。
本日はこれからマエタイの放送ですよ。今回のロケ映像は…こんなところです。
どうだったかな？ 楽しかったかな？
地味だったかな？
見てのお楽しみ。
お時間ある方は是非!!

16

今日は一日夏みたいに暑かった!! 外にいすぎたら日焼けしちゃうよ。稽古室内だけど。てなわけで今日も一日稽古でした。

昨日はマエタイ放送見ていただいてありがとうございました。3人で「はい、チーズ」
あ、笑うの忘れてた。笑
次回放送もお楽しみにっ!!

18

今日は 口稽古お休みでしたよ。プライベートな事が全然出来てなかったので、歯医者行って綺麗にしてもらったり、車の免許更新に行ったり…何だかんだバタバタしておりました。明日からの稽古に備えて台本チェックしなきゃいけないけど、眠たい。少しだけ寝ちゃおうかなー 免許の写真見て思ったけど、クマが凄いな。どーやったら治るの？ 教えて女子力の高い人!! そして今日は写真撮ってないよ。なので明日から大阪で始まるミュージカル『しゃばけ』の激励という事で…ねこまたを。 皆頑張れー!!

2018.5

20

今日も一日お稽古!! 今回はどんな物語かな? 不動行光は少しは成長したのかな? まだ皆を困らせているのかな? 色々想像しながらお待ちくださいね。 今日は体を使ったので筋肉痛になるかもなー。ゆっくりお風呂に入ろうと思います。
さて本日の写真は骨喰藤四郎役の三津谷亮くん。みっちゃんって呼ぶ事が多いかな? それか三津谷くん。骨喰は脇差。今回短刀は不動行光だけなのでその次に短い刀が骨喰。仲間がいなくて寂しいよー。皆カッコよくクルクル刀回してる。 機動力で勝負だね。 骨喰と絡みはあるのかな? お楽しみに!!

22

はぁーー。今日も一日疲れたよー。
まだまだ沢山覚えなきゃいけない事がある。経験を積んだら覚えるのって早くなるんだろうか。台詞にせよ、殺陣にせよ、ダンスにせよ、覚えは昔から早い方ではない。頑張らねば!! 壁だね。大きい壁。
今日の写真はこのお方!! 壁ちゃん。…あ、間違えた。とんちゃん。笑 大きい体に、愛嬌のある笑顔。人懐っこい性格。皆から愛されるとんちゃんだよ。とんちゃんの役は燭台切。 カッコよくいこう!! 明日の稽古開始までまだまだ時間ある。今日やった事しっかり覚えて明日に挑む!!

23

やねねば。やらねば。昨日の目標は達成できた。今日も高い高い目標がある。壁。登りきったらどんな景色が見えるかな。一日が短く感じるよ。
さ、本日の写真はこのお方!! 壁さん。 あ、間違えた。笑 大般若役の川上将大くん。 2日連続のボケは面白くないね。笑
将大も大きいんだよ。でっかい人がいっぱいいるよ。何食べたらそんなに大きくなるのか…希望を持っていた中学生の俺に「牛乳沢山飲んでも、でっかくなんねーぞ!」って伝えたい。笑 話が逸れたけど、将大は礼儀正しい子。堅っ苦しくなくていーんだぜ! 仲間なんだから。 ラストスパート頑張るぜ!!

25

本日も稽古!! 諸々確認する事が出来て良い一日でした。キャストも毎日一緒なので随分と仲良くなってきましたよ。
写真は玉ちゃんの筋トレ風景。 わちゃわちゃしてるね。笑 公演期間が長いのでキャスト同士のチームワークはかなり大切になってきますのでね。色んな所に美味しいご飯食べに行きたいな。もしご当地の美味しい物食べたら報告するね^^
明日も良き一日になりますように。

28

本日の稽古は最終稽古。昨日の通しを踏まえて殺陣の精度を上げたりお芝居の確認をしたりしました。
稽古の最後に刀剣男士で写真を撮ったよ。
皆それぞれ頑張りました。
後は劇場に入って調整して、いよいよ本番!!
長い公演期間ですので、集中する時はしっかり集中して、怪我なく毎公演万全に本番をやりたいですね。
そして今日はこの後、中河内くんのニコ生番組『鬼ハソト中ガウチ』にゲストとして参戦致します!!
是非ご覧くださいな。
皆さんと楽しく時間が過ごせますように。

30

今日は一日お休み!! 完全なる休日。何をしようか悩んだんですけど、体のメンテナンスdayにしました。お昼まで家で過ごして…マッサージを受けてリラックスしてきました。 途中寝そうになりながら。笑
そして、昨日の夜ですが仲間達と会っていました。その仲間達とは『ダイヤのA』メンバー!! 皆忙しい中ジワジワ集まってくれて…。最終的にはこんな感じになっていました。 この後ちゃっかり2次会も開き、また皆で集まろうね!!と約束して解散しました。 楽しい夜だったなぁ。
明日からは集中しなきゃならない日が続くので、頑張ります!!

2018.6

2
本日初日!! 無事に幕が開きました!!
ご来場いただいた皆さんありがとうございました!! ライブ中継も楽しんでくれたかな?
今日の写真は同じ楽屋の雅成。今回の織田刀、長谷部と不動。今回の『悲伝』でどのように話に関わってくるのか…。
是非ネタバレをグッと我慢して感想などコメントでいただけると嬉しいです。
明日も2公演!! 頑張ります!!

4
3日目も無事に終了しました!!
今日は拡樹の誕生日だったので皆でお祝いしたり、ちょっと特別な一日でした。
ご来場いただいた皆さん、ありがとうございます。
とりあえず皆には、俺は6月17日が誕生日だからね!!と伝えておきました。笑
さて、本日はとんちゃんと写真を撮ったよ。
ナチュラルに肩に手を回すイケメン。かっこいいかよ!!
明日は2公演!! 全力で頑張りたいと思います!! 今日も一日お疲れ様でした。

5
本日は2公演!! 無事に終了致しました。
ご来場ありがとうございました!!
明日、明治座公演は千秋楽を迎えますが、まだまだ地方公演、凱旋公演があるので長い旅路です。気を抜かずにカンパニー全員で走り抜けたいと思います。
さて、本日の写真は健人!!
どんな驚きが待っているかな? 不動と絡みはあるかな?
明日の為にもゆっくり休養を取りたいと思います!!

7

今日はいつも通り朝に起きて二度寝してから、次の仕事関連で動いていました。まだまだ発表できないけど、色々と進行中だから楽しみにしててね^^
しかし二度寝は気持ちがいいねー。 洗濯物も2回回せたし、天気良かったし。
夜はマエタイの放送でした!! ご視聴いただいた皆さん、ありがとうございました。久しぶりのタロット占いも中々的をついた結果だったので面白かったよ。
今日はゲストで来てくれた小南君と。優しそうな、爽やかなイケメンでした。ちょっと天然っぽさを匂わすイケメン。いつか舞台で共演してみたいな。

11

今日は一日ゆっくりしておりました。もうすぐ京都へ旅立つのでその準備などをしておりました。
3週間。何を持っていけばいいんだろう?
荷物は多くしたくないし…悩みどころです。
今日の写真は久しぶりにマエタイで取材を受けた時のもの。浴衣着たよ。
キャストサイズさんの雑誌だよ。楽しみにしててねー^^

13

今日は京都劇場で一日場当たり!! 劇場が変わると微妙な変更点が出るので修正しつつ丁寧に場当たりをしました。
いよいよ明日から京都公演が始まりますね。
頑張らねば。
今日の写真は楽屋のメンバー紹介!! 今回は3人楽屋だよ^^
おなじみの雅成とみっちゃん。もう、ずっと雅成と一緒。雅成のゴミ捨て担当です。机の上にゴミを置いてくるのです。捨ててあげるのです。
あー、優しい俺。笑

◆この月の舞台、お仕事>>> 舞台『刀剣乱舞 悲伝―結いの目の不如帰―』不動行光役／「キャスト祭ズ vol.3」他

2018.6

14

本日、『刀剣乱舞』京都公演初日でした!! ご来場いただいた皆さん、ありがとうございました。
劇場が変わって少し変更になった点もありましたが、皆怪我せず終えられました。
明日からも気を抜かず、一公演一公演大切に演じます。
今日はへし切と。俺があんまり写ってないけど…。あっちのブログには写ってるのかな？ 最近雅成との関係が年齢の上下関係逆転してきたよ。そろそろ俺敬語使うかもしれない。笑 明日も一日楽しく過ごしましょう!!

15

京都公演2日目も無事に終わりましたよ。
今日も沢山の方のご来場ありがとうございます。明日は京都で初の2公演。体力的にはキツくなるかもしれませんが、皆さんが楽しみに待っていてくれるので、毎日楽しく演じております。
今日の写真は玉ちゃん。玉ちゃんとは長い付き合いだ。
お手紙、プレゼントいつもありがとうございます!!
ちゃんと手元に届いておりますよ^ ^ ありがたやー。

16

今日は2公演!! 無事に終わりましたよー。
ご来場ありがとうございました!!
久しぶりの2公演。楽しんでいただけたかな？
そして31歳最後の舞台でした。明日32歳。全然実感ないけど。笑
とりあえず、皆に明日誕生日だからー。ってアピールしておいた。
変わらず明日も2公演じさせていただきます。
今日の写真は琢磨！『ダイヤのA』で長い間共演していて、今回『刀剣乱舞』で共演出来るのがとても嬉しい。 明日も頑張るよー^ ^

17
本日32歳の誕生日でしたー!! 沢山沢山お祝いしていただきました。0時過ぎた瞬間ホテルの部屋に、皆お祝いしに来てくれたり、殺陣返しという朝の練習時間みたいな時間があるんですが、その時にサプライズでお祝いしてくれたり。本当に嬉しい一日でした。 ファンの皆が時間をかけて悩んで選んでくれたであろうプレゼントも沢山届きました。32歳なのに…こんなにお祝いしていただける環境がありがたくて一人一人お礼に回りたいくらいです。 出来ないからブログで感謝を綴ります。届け感謝の「ありがとう!!」
板の上で大好きなお芝居と一緒に誕生日を迎えられた事が最高に幸せでした。

21

本日は2公演!! ご来場いただいた皆さん、ありがとうございました!!
楽しんでいただけているかな？ 僕らは毎日楽しく演じていますよ。
京都の生活にも慣れてきて、劇場周辺はどこにどんなお店があるのか大体把握してきました。笑 まだまだ京都公演は続くので、もっと深く知っていこうと思います。 今日の写真は前山。共演していた『忍たま』の時から時間が経ち、刀剣乱舞の現場で立派な先輩として前山がいるのが何だか不思議な感覚です。 明日は夜公演のみ。今日はゆっくり過ごそーっと!!

23

本日は2公演!! 無事に終わりましたよ。ご来場ありがとうございます!!
毎日同じような日々ですが、新たな発見があったりして面白いですよ。 これだけ長い公演期間なので色んなエピソードがあるんですが、今後どこかで皆さんにお話する為にしっかりメモしてます。笑 きっと忘れちゃうからね。すでに結構な量です。笑 今日の写真は将大。Switchでマリオテニスの相手をしてくれる一人。俺は今回Switchを東京に置いてきちゃったので、借りてやっているんですけどね。 楽しいぞ、マリオテニス!! 笑 上手いこと息抜きもしつつ明日も全力で頑張ります!!

24

本日は2公演。無事に終了しました!!
ご来場ありがとうございます。
日常…当たり前に過ぎていく日々。改めて、ありがたいな。
昨日の夜、余震があったから。日本にいる限り地震とは付き合っていかなくちゃいけない。今ある日常を大切に過ごしたいな。
今日の写真はみっちゃん。
京都では同じ楽屋のお仲間さん。
明日も2公演!! 楽しみに待ってくれている方の為に全力で頑張ります!!

25

本日2公演!! 無事に終わりましたよ。
ご来場ありがとうございました!!
明日は休演日!!
しっかり休を休めつつ、次なる闘いに備えます!!
今日は暑い一日だったようで。朝から室内にいるのであまり実感はなかったのですが…。
今日はソロショット。
今日はゆっくり寝るぞーー!!

26

今日は休演日でした。
ゆっくり寝て、お昼ご飯を拡樹と食べに行きました。
美味しい蕎麦のお店。

そして西本願寺を見に行ってきました。歴史を少し感じてきました。

そして夜には大阪へ。
雅成合流。タコタコキングで大阪の夜を満喫したよ。

とても良い休演日となりました^ ^

明日からの本番も怪我なく楽しんで演じられそうです。
また劇場でお待ちしております。

29

本日も無事に2公演終了です!!
ご来場ありがとうございました!!
ジメジメジトジト。梅雨っぽい天気ですね。
さてさて、本日の写真は…
とんちゃーん!! とんでもない才能の持ち主。
とんちゃんの歌声はとても綺麗で聞き入っちゃうんだよ。今回の『刀剣乱舞』でとんの歌声は聞けるのかな? 劇場でのお楽しみ^ ^
頭ヨシヨシしてくれた。笑 包容力!! 笑

30

本日も2公演無事に終了しました!!
ご来場いただいた皆様、ありがとうございました。
さぁ、いよいよ明日京都公演の幕が下ります。
途中、地震に見舞われて改めて舞台の生感を感じました。明日も無事に終われる事を願っています。
変わらず丁寧に。今日の写真はこのカンパニーの元気印!! 将くん!!
いつもパワフル!!
明日の為にご飯をしっかり食べて、ゆっくり寝ます!!

2018.7

1

本日、舞台『刀剣乱舞』京都公演千秋楽!!
無事に終えました!!
ご来場いただいた方、応援していただいた方ありがとうございます。
すぐに北九州の公演が始まりますが、少し体を休ませてあげようと思います。北九州で観劇予定の方はもう少々、お待ちくださいね^^
今日の写真は…父とじじいに挟まれた不動君。迷惑かけてないかな?
今日は少しだけ、仲間と飲もうかな。
京都公演中に沢山いただいたお手紙やプレゼントもありがとうございます。
とっても幸せな32歳を京都で迎えられました。 ありがとう。

2
本日は移動日でございます。
途中の広島で、がうちと拡樹、健人で途中下車。
観光してきました。
がうちが広島出身なので少し案内してもらいましたよ。

約一年ぶりに宮島に行ってきました!!
厳島神社!! 大鳥居の下で写真撮影!!
宮島にある千畳閣にも、がうちの勧めで初めて行きましたが、とても良かった。
何があるって訳じゃないんだけど、空気感が凄く良かった。是非行ってみて。
食べ歩きもして大満足な観光でした。
北九州での公演も全力で頑張ります!!

3

今朝の北九州は雨風共に強かったです。
台風の影響ですね。
雨風が強い地域の方はお気をつけください。
さて、本日は場当たり。
無事に終えてきましたよ。

明日は北九州での初日ですね。
観劇される方はお楽しみに。
今日の写真は昨日の宮島での写真。
高速船で向かう途中。
風が強くて気持ちよかった!!

4

本日、福岡公演初日!! 無事に幕が開きました!!
ご来場いただいた皆さん、ありがとうございます!!

京都から日は経っていませんが、新鮮に楽しく演じる事ができました。初めて悲伝を観劇した方も楽しんでいただけていたら幸いです。

今日の写真は長谷部と。
コンセプトは謎です。笑
織田刀頑張っています。

8
今日はだいぶ家の事が出来ました。
洗濯も出来たし、郵便物も受け取れたし!
そして髪の毛も切ってきました。
実は結構伸びてて、色は今回暗めにしたよ。すぐ重たい印象になっちゃうから真っ黒はあんまり好きじゃないんだけどね。
みんなはどんな髪型と髪色が好きなんだろう??
ジメジメと暑いですが、笑顔で過ごしましょう。

11

今日はマエタイですよー!!
ゲストは今、『刀剣乱舞』で一緒の加藤将くん。
現場に来て、前ちゃんと会話してるんだけど、なんか噛み合ってない。笑
大丈夫かな?笑
自由奔放にしゃべってもらいましょう。
今回のロケ映像もお楽しみに。 どこに行ったって?
実は…
見たら分かるって。

◆この月の舞台、お仕事>>> 舞台『刀剣乱舞 悲伝―結いの目の不如帰―』不動行光役 他

12

昨日の事なんですけどね、マエタイの放送前にAshの10周年ライブにお邪魔してきました!!マエタイの放送があったので最後まではいれなかったんだけど、ギリギリまで残っていました。最近の曲は分からないのもあったけど、大体知ってた。関係者席だったのでノリノリで聞けなかった。ファンのみんなと体揺らしたかったな。やっぱステージでのお兄ちゃん達は輝いていたし、皆を魅了していました。歌が素敵なのは当然だけど、トークも相変わらず面白いしね。10年経っても良い意味で変わらない2人でした。開演前に楽屋に長い事滞在してしまいました。お2人ともありがとうございました。

14

本日は『ADACHIHOUSE in 仙台』へゲストでお邪魔してきました。
安達くんファンの皆さん、お邪魔しました。なんとも言えない緊張感に包まれた一日でした。安達君とギターを弾いてくれたYo-Ryoさんと。終わってみればとても楽しい一日でした。仙台着いて、ずんだシェイクを飲んで、牛タン食べて、(歌って)、帰りの新幹線で牛タン弁当を食べようとしています。また明日からも頑張れる!!今日は一日ありがとうございました!!ぐっすり寝れそうです。

17

いよいよ、東京での凱旋公演が迫ってきました。
北九州から帰ってきて10日間。
不安で、たまにボソボソとセリフを独り言のように呟いたりしておりました。
今日はしっかりと台本を見て復習します。
またキャストの皆に会えるのが嬉しいな。
10日間か…もっと時間が経った気がする。
さて、復習しまーす!!

18

本日より日本青年館に小屋入りしました。
少し時間が空いたので入念に場当たりをして、いよいよ明日から日本青年館での本番が始まります。
東京、京都、福岡と今まで雅成とずっと楽屋が一緒でした。そして、青年館では…勿論一緒です。笑
嫌そうな顔してるけど、全然嫌じゃないよ。むしろ安心するよ。
雅成の表情…立ち姿…こいつもおもしれーな。
明日は少し緊張しそうだな。丁寧にお届け致します。

19

本日、日本青年館小ホール公演、無事に初日の幕が開きました!!
沢山の方のご来場ありがとうございました!!
少し久しぶりの公演となり、心地よい緊張の中とても楽しく演じる事ができました!そして、今日の公演で不動行光として100回舞台に立たせていただきました!!ありがたい事ですね。長谷部が一緒に100を作ってくれたよ。でも、なんで後ろ向きなんだよ!!恥ずかしいのかな?きっとそうなんだね。笑 明日からも変わらず大切に演じます。

21

本日も2公演!!無事に終わりました!!
明日で青年館での公演が千秋楽となります。終わりが近付いてきましたね。
とは言ってもまだ公演があるので全然しんみりムードでもないんですが。一つ一つの公演を新鮮に丁寧に演じるだけです。皆で繋いで紡いで、一つの物語を創ります。明日も変わらず演じます。今日の写真は拡樹と。楽屋が一緒にならないから最近あまり多くしゃべらないんだよね。地方公演中は毎日夜ご飯一緒に食べてたから沢山しゃべってたけど。なんか…ちょっと寂しいよね。笑 さて、今日もぐっすり寝て明日も一日頑張ります!!

2018.7

23

今日は朗読劇『命のバトン』の顔合わせに行ってきましたよ。本読みもしました。お話の題材は軽いものではありませんが、クスッとするようなシーンもあって面白くなりそうです。聞きに来てくださる方は楽しみにしていてくださいね。朗読劇って緊張するんだよね。そんな今日は、河原田のたーと写真を撮ったよ。なんかカッコつけてたから一緒に。笑
午前中に洗濯物をした。2時間外に干しておいたら乾いていた。あっちーわけだ。 明日も暑さに気をつけて頑張りましょう！

25

東京凱旋公演!!
初日が無事に終了しました!!
ご来場いただいた皆さん、ありがとうございます。
いよいよ最後の劇場。終わりが近付いてくるのは寂しいけど、一つ一つ大切に演じますね。
そして今日は楽屋のお隣さんとー。
ほらー。雅成だよー。最後まで雅成が隣にいたよー。にぎやかだよー。笑
後ろにはまっきー！
明日も一日頑張ります!!

26

今日も無事に本番が終わりました。
ご来場いただいた皆さん、ありがとうございます!!
楽しんでいただけているかな？
僕らは日々楽しんでいますよ。
楽屋も賑やかで。銀河劇場では大部屋なので刀剣男士みんな一緒!! 観察してると面白いよ。楽屋一緒になっていない人もいるからこんな感じなんだーってね。
明日からは2公演続き!!
ラストの体力勝負! 頑張ります!!

29

ついにこの日が来ました!! 大千秋楽!!
ご来場、ご視聴ありがとうございました!!

今回の悲伝では不動行光、極で帰ってきました。
やっと言えた。
色々な想いを抱きながら刀剣男士として戦いました。またこの胸の想いはブログで綴ります。

とにかく、無事に終われた事が嬉しい。
今日は仲間と共に打ち上がります。
幸せな日々でした。

30

舞台『刀剣乱舞 悲伝』が終わり一日経ちました。
朝いつも起きていた時間に目がさめる。
思ったより冷静に『昨日が千秋楽』と理解していました。きっと寂しくなるならもう少し時間が経ってから。うるさい楽屋が恋しくなる頃、ふと「楽しかったなー、皆何してるかな？」って感じるのだと思います。
さてさて、本日『家庭教師ヒットマンREBORN! the STAGE』での僕の役がビジュアル公開されました!!
城島 犬。どんな作品になるか…とても楽しみです。 原作ファンの皆さんにガッカリされないように大切に、しっかり向き合って創り上げます。楽しみにしていてください。

31

今日も暑い一日でした。移動で少し外を歩かなくちゃいけなかったけど、凄かった。汗が。 暑すぎて鞄に入れてある折り畳み傘を日傘代わりにして暑さを凌いだよ。男性でも気兼ねなく使える日傘が欲しいね。あるのかもしれないけど、なんか男で日傘って恥ずかしいからね。 でもこれは生死に関わる暑さだからそんな事言ってられない。 さてさて、今日の写真ですが、舞台『刀剣乱舞』の不動行光の極写真は千秋楽終わるまで公開出来なかったから、沢山あるんだ。 がうちと将大。 またがうちが俺の笑い方を真似しているよ。笑 ケータイの中に思い出がいっぱいだ＾＾

2018.8

2

今日は「舞台『刀剣乱舞』悲伝 結いの目の不如帰」の振り返りを。

明治座公演から木番が始まります。明治座には舞台上に『セリ』と呼ばれる昇降式の穴があるんです。僕たちはそこから登場しました。初日とても緊張しましたね。ジワジワ上がっていくんだもの。お客さんと同じ目線になる瞬間があるから目合っちゃうかと思ったよ。

明治座も無事に終わり、京都公演‼︎ 京都に3週間‼︎ 地方公演でこんなに長い期間は経験した事がない‼︎ そして、東京へは帰らずそのまま福岡入り。
日本青年館、銀河劇場…東京へ帰ってきてからは早かった。本当に…あれ? もう千秋楽?って。

そして、本編ですが『極』ですよ。
俺は坊丸とのシーンから始まります。坊丸は森蘭丸の弟です。ここからは俺の想像だけど、不動は好きな人達のいる時代で修行する事が最初楽しかったんだと思います。懐かしくて、暖かくて、とても居心地の良い場所。お酒に逃げるのもやめて日々修行に励んでいた。坊丸の言葉で本能寺の変の事を思い出すまでは…。
本能寺の変。坊丸も、蘭丸も、そして大好きな信長様も、もうすぐ死ぬ運命。受け止める事が出来ない。見届ける事が出来ない。でも、それだといつまで経っても昔のまま。悩んで苦しんで、ついに決心します。
不動は本能寺を最後、どんな表情で見てたのかな。泣いていたのかな? きっと泣いていただろうけど、とても強い目をしていたと思うんだ。
あと、不動はとても心優しいと思いました。仲間を信じたい心。仲間の痛みを感じてあげられる心。とても優しくて、柔らかい。素敵な一振りです。

また不動行光を演じられますように。

3

今日は朝から大阪へ移動して朗読劇でした。
『命のバトン』。稽古時間を長く取れた訳じゃないので、不安な初日でしたが、良い緊張感で初日を終える事ができました。
色々と考えさせられる作品。日曜日までですが、大切に朗読させていただきます。 本日ご来場いただいた皆さん、ありがとうございました。素敵なお花も沢山飾られています。 お手紙、プレゼント、お花、いつもいつもありがとう‼︎
今日はもう、瞼が重たい。ゆっくり寝ます。

7

今回の夏休みはわりと長く帰省しています。(予定)
地元でやりたい事全部出来そうな気がします。
そんな今日は甥っ子姪っ子に会いに行きました。
夏休み中の甥っ子。
一緒に遊んだり、夏休みの宿題見てあげたり。
でもね、全然集中してくれない。
自分が小学生の頃もこんなもんだったかなぁ?とか考えつつ、「集中して‼︎」って強めに言ったり。 姪っ子は何才まで手を繋いでくれるかな?

10

今日は朝から父親とお出かけです。
車を走らせて向かった場所は映画館‼︎ メチャクチャ久し振りに父親と映画を観る。小学生の低学年の時に一緒に観たけど、それ以来だね。 本日観た映画は『ミッションインポッシブル』の最新作。父親は今までのシリーズ観ていないらしいのですが、付き合ってもらいました。 期待を裏切らないド派手なアクションの連続でとても楽しみました。 映画を観た後にスガキヤのラーメンを食べて帰る。と思いきや、もう一つ目的があったのです。 それはまた明日のブログで‼︎

11

映画を観て、ご飯を食べた椎名親子は(笑)車を走らせます。岐阜県は可児市という所を目指します。目的地が近付いてきました。今日のもう一つの目的は…お墓参りでした。 そうです、ここは森蘭丸生誕の地です。 岐阜県という事は知っていたんですが、中々来る機会を作れなくて。やっとお参りする事が出来ました。蘭丸も坊丸も、そして更にその弟の力丸のお墓もありました。森蘭丸役も演じさせていただいたし、不動行光も。どんな思いで生涯を全うしたのか…わずか18年でこの世を去ってしまったんだよね。同じ岐阜県出身という事に縁を感じながら、大切に演じました。ありがとう。お参りに来れてよかった。

◆この月の舞台、お仕事＞＞＞　「朗読劇『命のバトン』」生田役　他

2018.8

14

夏休みもおしまいです。東京に出てきて、一番長いお盆休みが取れた気がします。
昨日の夜は甥っ子、姪っ子と花火もしたよ。最後に線香花火で勝負したけど、一瞬で負けちゃった。
今日のお昼はみんなで砂場遊び。
しかし、暑かったな。
てな訳で東京へ帰ってきました！ ただいま。
でれ岐阜弁が染み付いてまっとるで、早めに東京に染まろうと思います。笑

17

今日はマエタイの放送でしたよ。
京都ロケの後半。
いやー、今回も面白かったなぁ。
今回も見てくださった皆さん、ありがとうございました!!
ゲストの健人と。楽しんでくれていましたよ。
今日は涼しい一日だったなー。また来週からは少し暑くなるみたいだけど、少し秋を感じて心地よかった。

18

今日は『最遊記歌劇伝』の稽古場へ見学に行ってきました。
知らない人がいっぱいだったけど、なんとか自己紹介をして不審者ではない事だけは伝えてきました。 皆頑張って稽古に励んでおりましたよ。
本番観に行ければいいけど…なんとか時間作って観に行きたいな。
そして最遊記原画展にもお邪魔してきました。歌劇伝の衣装や写真なども展示していただいて嬉しい限りでした。 受付の方に頼んで三蔵一行とも撮ってもらいましたよ＾＾ 良い思い出です。笑 では(^^)／～～～

20

今日から『REBORN!』の稽古が始まりました。
キャストの皆でゲームをしてコミュニケーション取ったり、本読みをしたりしました。
どんな作品になっていくのか…とても楽しみですね。
じっくり時間をかけて、丁寧に創っていこうと思います。
今日の写真は、『刀剣乱舞』でも一緒だった将大。
久しぶりに身体動かしたから眠たいや。笑
明日も一日頑張ります＾＾

21

今日も稽古へ行ってきましたよー。
今日は筋トレ的な事もしたので、筋肉痛になりそうな予感…。
そして、稽古着がメチャクチャ被ってる男が。
和田雅成。嬉しい事に今年は雅成とずっと一緒。笑
ユニットでも組んどったか？ 俺ら？
稽古着が一緒になるって。仲良しさんね。

23

こちらの写真をご覧ください。
唐橋さーん!!　いや、ミシエル・カーラーさん!!
唐橋さんの絵本。
もらったんじゃないよ？
買ったんだよ。
だから唐橋さんのもとへ持って行ってサインもらってきました。笑
快くサインしてくれた。
ありがとう。おじちゃん。笑
また唐橋さんとイベントしたいなー。

24

本日も稽古へ!! じっくりお芝居を創っています。演出の丸尾さんが一人一人と丁寧に向き合って、的確にアドバイスをくれるので完成度の高いお芝居が届けられそうです。とても楽しみ。もちろん、原作を知らなくても楽しめるけど、知っている方がより楽しめると思います。まだアクションはついていないので、そこも楽しみ。どんなアクションがつくかなー。そして、今日はKIMERUさんと。何度目の共演だろ？何度かご一緒させていただいております。いつもカンパニー全体の事を見てくれているので、KIMERUさんがいると安心。そして、KIMERUさんのランボ可愛すぎる。これは劇場でのお楽しみ。

26

今日の関東はびっくりするくらい暑かったですよ。全国的に暑かったかな？まだまだ油断出来ませんね。
そう言えば先日、沖縄帰りの雅成から海ぶどうをいただいたのです。沖縄大好きだから、行った時必ず食べる。ただお土産で買う海ぶどうでしょ？やっぱ鮮度が命じゃん？ありがたいけど、正直そこまで期待してなかったのよ。ただ、食べたら美味かった!! 美味すぎて速攻雅成に「美味い」って連絡したからね。あいつ、いいやつだな。笑　さて、まだまだ夏の気候なので油断せずに日々過ごしましょう!!

27

今日は『REBORN!』の顔合わせでしたよ。何回やっても顔合わせは緊張するものです。スタッフさんや、キャストが集まるので空気が張り詰めています。
改めて大きな作品に参加できている事を嬉しく感じました。責任も感じて、大切に城島犬というキャラクターを創っていこうと思いました。
本番まで楽しみに待っていてくださいね。
顔合わせの時の写真…。あれ？この後ろ姿俺じゃねーな。誰でしょう？
ま、ヒントは…
さいきん仕事が一緒になる事が多い
りっぱな役者さん。

28

昨日の顔合わせの時に俺の席に座っていたのは雅成でした。最後縦読みで『まさなり』って書いてあったの、すぐに気付いたかな？
前回共演した『刀剣乱舞』では出番が一緒だったので常に一緒にいたけど、今回はどうなるかな？そして、今日の写真は雲雀役の勇太。薄桜鬼で共演しているので、今回で2度目!! まだ稽古場でじっくり観察出来てないので多くは語れませんが、一つ言える事は…男前!! 勇太も雲雀も男前。ここからどんどん進化していく『REBORN!』が楽しみです。

30

稽古へ!!
それぞれが役と向き合い作り上げている段階です。
今日の写真は意外にも今回初共演の桑野晃輔君。晃ちゃんとは面識もあるので、初共演感がないんですが、はじめましてです。
『忍たま』でも入れ違いだったしね。
お芝居を創っていく過程も好きなんだよなー。
見ていて勉強にもなるし。今回も稽古から楽しめそう^ ^

31

今日は稽古の後に『マリーゴールド』を観劇しに行きました。
とんでもない作品を観ました。シリーズ作品なのでもしかしたら内容分からないかも…と不安でしたが、全然そんな事なかった。むしろ、過去作品がとても気になりました。にしても、素敵な作品だったなぁ。役者も素敵でした。あー素晴らしい作品。刀剣チームで写真。
良い一日でした。

2018.9

1

今日のお昼にブログでお知らせもしましたが、オフィシャルブログ今月末で閉鎖します。
新しく何処かでブログを始めるとかは今のところ考えていませんが、沢山の方に見ていただけていたんだなー。と反応を見て感じましたし、ありがたかったです。 変わらずツイッターはあるし、皆と繋がる場所がゼロになる訳じゃないので、今後も応援していただけるとありがたいです。変な言い方だけど、悲しんでくれた人ありがとう。 その思いがとても嬉しかったよ。 残り1ヶ月ですが、最後まで楽しんでください。

3

本日も稽古へ行ってまいりました!!
確実に前進しています。
昨日『薄桜鬼』のDVD鑑賞会をしていた時に雅成が、おもむろにがうち(中河内雅貴)に連絡を取り、今日3人でご飯を食べる事になりました。笑
急遽でしたが、長い間一緒にいたので思い出話をしつつ美味しいご飯を食べました。
まだ、がうちはDVDを見ていないようなので見所を沢山伝えておきました。
3人で撮った写真^ ^ またお仕事でも一緒になれたらいいな。

5

本日も稽古へ行ってきましたよ。 9月5日は雅成の誕生日。今年は何かと一緒にいることが多いです。
俺の誕生日も当日にお祝いしてもらったし、俺も今日稽古場で盛大に皆でお祝いしてあげました。
皆が雅成と写真を撮る姿を見ながら、お祝いムードもひと段落して、そろそろ帰るかー。って思ってたら、雅成が「写真撮ってないじゃーん!!」って近寄ってきました。「雅成と沢山写真撮ってるし、もういいかな?」って…言ったら軽く怒られました。 そして撮った写真がこちら。
いやー、怒ってる怒ってる。笑 おめでとう。雅成。

7

本日は稽古へ行ってきましたよ。明日は初めての通し稽古をする予定なんです。どーなるかなー。
自分が関わらないシーン以外はあんまり見ていないので純粋に楽しみだったりします。きっと完成には程遠いとは思いますが、自分でやれる事は全力でやって、とにかく楽しみたいと思います。
今日の写真は昨日撮った大河との写真。 大河とは『ダイヤのA』で兄弟役。そんな大河が『最遊記』の世界にいるのが不思議でした。でも可愛かった。笑
よし、明日の為に台本読んで早めに寝ます!!

8

今日は初めての通し稽古をしましたよー。ここから自分含め、どのように進化していくのかとても楽しみ。まだまだやらなきゃいけない事沢山あるけどね。 今日の写真は柿本千種役の稲垣成弥さん。成弥とは初共演。同じ黒曜中の仲間。分かりやすく言うと俺らは敵側の登場人物だね。
俺は新しい現場に入ると知ってる人ばっかりとコミュニケーション取りがちなんですが、今回も雅成とばっかり一緒にいて、きっと成弥からするとしゃべりかけにくい感じだったかもしれないんだけど、積極的に話しかけてくれて今とても仲良しです。(感謝) 直さなきゃいけないんだけどね。人見知り。頑張る…笑

11

今日は涼しい一日でしたよー。一年のうちで感じることが少なくなってきた秋を感じますね。
太らない程度に秋の美味しいご飯を沢山食べようと思います。
さて、本日の写真は沢田綱吉役の竹中凌平くん。リボーンを家庭教師に持つ並盛中の生徒。作中では『ツナ』って呼ばれる事が多いかな。
彼は毎日汗かいて舞台上を走り回って稽古してます。とってもエネルギーを使う役だろうな。 頑張れ! 凌平!!

◆この月の舞台、お仕事>>> 舞台『家庭教師ヒットマンREBORN! The STAGE』城島犬役／Youtube番組「2.5学園」 他

14

今日は通し稽古!! 良き通し稽古が出来ました!!
作品自体のテンポもとても良くて色々なところで笑えると思いますよ。稽古で何度も見ているはずなのに、楽しくて笑っています。
もっともっと精度を上げなきゃいけない事があるので、残り日数で重点的に稽古して完成を目指します!! 良き通し稽古が出来たので今日は秋刀魚を食べるよ。笑 今年何匹食べたかな?
まだまだ食べたりなーい!!

16

今日の稽古は衣装を着ての通し稽古!! 衣装を着る事によって色々と問題も出てくるので、明日はそこを修正ですね。もういよいよ完成間近です。
さて、本日の写真はランチア役の川上将大。彼とは舞台『刀剣乱舞』でも共演しましたね。すぐに共演できて嬉しいぞ。真面目で礼儀正しい大きな子。笑 今回も真面目に稽古に励んでいます。 アクションの事でアドバイスを求められるんだけど、俺が感覚人間だから教えるのが下手すぎて困る。もっと言葉にして上手く教えてあげられるようにもなりたいな。自分自身、教えるほど上手くはないんだけど。求められたらね。明日からまた1週間始まりますね。頑張りましょー!!

17

『REBORN!』本日ラスト稽古!! 「最後に楽しんで通し稽古をしましょう」と演出家の丸さん。観に来てくれた方を楽しませる舞台ですからね。僕らが楽しんでやらなくちゃ。精一杯楽しんで最後の通し稽古をしてまいりました!! あとは劇場で。最後まで楽しもう。
今日の写真はフゥ太役の熊谷魁人君。フゥ太を演じるのは難しそうだなー。と稽古を見て思っていましたが、可愛らしい素敵なフゥ太を演じています。
皆がそれぞれ役と向き合った1ヶ月。舞台上で見るのが楽しみだ。

18

今日はマエタイの放送でしたよー!! 写真はゲストで来てくれた spi と!
番組の冒頭でも告知致しましたが、個人イベント開催が決定致しました!! 今年初めてですね。タイトルが少し変わりまして、『鯛造フェスティバル』です。鯛フェスです。皆さん宜しく。 調子乗って、大阪、福岡にも行きます。 全部唐橋さんをゲスト MC としてお呼びして、今までとあまり変わらないアットホームなイベントを目指します。お友達と、ご家族と。そしてお一人でも楽しめるイベントだと思っております。 皆で盛り上がろーう!!

20

本日も場当たりでしたー!!
さて、楽屋のお隣ですが…
利田雅成、また雅成。笑
嫌そうな顔すんじゃねーよ。笑
嬉しいくせに! 笑
いよいよ、明日から本番が始まります!
劇場でお待ちしておりますね。
では (^^)/~~~

21

本日『REBORN!』初日でした!! ご来場いただいた皆さん、ありがとうございました!!
のびのびと楽しく城島犬を演じさせていただきました。
これから観劇される皆様、楽しみに待っていてください。
ちょっと態度悪いかもしれないけど、感謝の気持ち全開でお待ち申し上げております。
明日は2公演!! 楽しく頑張りまーす!!

2018.9

22
本日も無事に終了しましたー!!
ご来場ありがとうございます!!
楽しんでいただいてるかな?
我々は毎日楽しくリボーンの世界を生きています。

今日は黒曜中の3人。
明日も一日、超ハッピーな日になりますよーに!!

24

本日も2公演!! 無事に終わりました。
ご来場いただきありがとうございました。
今日で7公演が終わったんですね。早い。
明日は休演日です。
体の疲れを癒して、復活してまた本番頑張ります!!
リボーーーン!!
今日の写真は笹川了平役の輝さんと。
こんな描写が舞台上であるかどうかは観劇してからのお楽しみ!!

26
今日は2公演!! 昨日の休演日で体力を回復させて全力で挑みました!!
本日もご来場ありがとうございました!!

今日の写真は黒曜メンバー。
良い写真だよね。お気に入り。
明日も頑張るぞー!!

30
本日舞台『家庭教師ヒットマンREBORN!』東京千秋楽を迎えました。
夜公演は台風が迫る中の公演でした。急遽来れなくなってしまったお客様も沢山いらしたと思います。天災には勝てませんね。
公演自体は無事に終える事が出来ました。東京公演にご来場いただいた皆さん、ありがとうございました!!
大阪も全力で頑張ります!!

そして本日で『椎名鯛造オフィシャルブログ』閉鎖でございます。
長い間読んでいただいた皆さん、本当にありがとうございます。
最初の方は不定期に更新していましたが、ひょんな事から毎日書くようになり約5年くらいが経っていました。
ファンレターなどをいただいて、沢山の方が毎日のブログを楽しみにしてくれている事を知りました。
そんなにマメじゃない性格のハズなのに継続してこられたのは皆さんのおかげ。少しでも明日への活力になれば嬉しいと思い続けました。
俺自身体調悪かったり、気分が落ちている時もあったと思うんですけどね。
きっと強がって書いた時もあったでしょう。
書くことがない一日もあったでしょう。
時間に追われて書かなきゃ!って焦った日も。
テンション高すぎて抑えて書いた日も。笑
震災があったりした時に、何でもない一日を大切に思えたのもブログをやっていて更新する時に改めて思えた事も多かったです。
あー、楽しかったなー。 あー、寂しくなるんだろうなー。
ほんと、ありがとうございましたー!!!
みんな一明日からも毎日笑顔でね^^ では(^^)/~~~

28
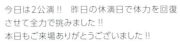

本日も2公演!! ご来場ありがとうございました!!
今日も楽しく城島犬を演じました。
今日が全体の公演数の折り返しだったみたいです。
こっから後半戦!! もっともっと高みを目指して日々精進します。
今日の写真は雲雀!! 楽屋で俺がボケたりすると勇太が顔クシャクシャにして笑ってくれるんだよ。その顔がお気に入り。
クシャクシャになった笑顔も、めっちゃくちゃイケメンなんだけどね。笑
さ!! 明日も一日頑張りまーす!!

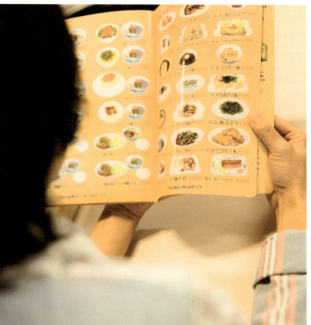

たいぞーの海釣り日記 〜沖縄篇〜

『うおい！ 天気怪しすぎるぞ!!（心の声）』この時点でのテンションは低いと言わざるを得ない。

マジ釣れた!! すげー!! でっかい!! 赤い!! この時点でのテンションは最高潮と言わざるを得ない!!!!!

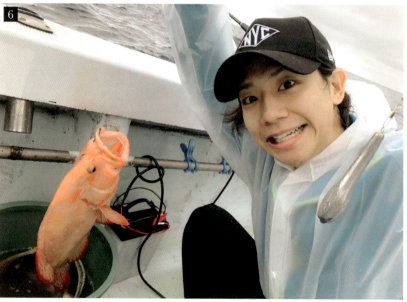

どんどん釣れるぞ!! 高級魚。高級魚！ 高級魚!! ジセイミーバイという魚らしいよ。本命の魚です!!

酔いとか大丈夫なのだろうか…そもそも素人が簡単に釣れるのだろうか…もし釣れなかったら……あぁ不安だ。

実はこの魚は餌にするのです。『もうこれでいい。(心の声)』俺はこの魚で満足ですが、もっと大きいのが釣れるのですか?

本当に釣れるの? さっきので釣りを堪能したよ。もう少し、待ってみようか…。

シロダイですって。鯛。仲間だね。食べるけどね。笑

不安や心配事ばかりでしたが、いざやってみるととても楽しかったです。テンション上がりすぎて父親に写メ送って自慢しました。帰りは油断したのか船酔いが襲いかかってきました。なんとかリバースは避けましたが、思い出すだけで気持ち悪い。海からの飴と鞭。魚はどれも美味しかった!! ご馳走様でした!!

椎名鯛造（しいな・たいぞう）

1986年6月17日生まれ。岐阜県出身。GVM所属。
2001年より役者として活動。07年に「ネオロマンス・ステージ 遥かなる時空の中で」で初舞台。以降「最遊記歌劇伝」シリーズ、「ダイヤのA THE LIVE」シリーズ、舞台「刀剣乱舞」シリーズなど2.5次元作品をはじめ、多くの舞台作品に出演。19年は映画「刀剣乱舞」が公開。映画「恋恋豆花」、「HARAJUKU ～天使がくれた七日間」など待機作多数。

Photograph	pon
Styling	松田亜侑美
Hair&Make-up	madoka〈p.8-16,26,52,78,104,130,156,182,220 のみ〉
Production	菊地法子（GVM）
Design	井上将之（miamigraphixx）
Produce	斉藤弘光（TRANSWORLD JAPAN）
Edit	宮島紘子（TRANSWORLD JAPAN）
Assistant	Raira（TRANSWORLD JAPAN）

衣装協力
原宿シカゴ 原宿店／03-6427-5505
Dr.Martens／03-5428-4981
GYFT by H>FRACTAL／03-6907-0123
MAKE SENSE LABORATORY／03-6712-7688
New Balance／0120-85-0997
Seacret Remedy, YUENN（ともに Eye's Press）／03-6884-0123

鯛造の足跡

2019年3月28日　初版第1刷発行
著　者　椎名鯛造
発行者　佐野 裕
発行所　トランスワールドジャパン株式会社
　　　　〒150-0001　東京都渋谷区神宮前6-34-15モンターナビル
　　　　Tel. 03-5778-8599／Fax. 03-5778-8743
印刷／中央精版印刷株式会社

©Taizo Shiina,Transworld Japan Inc. 2019
Printed in Japan　　ISBN 978-4-86256-258-6
◎定価はカバーに表示されています。
◎本書の全部または一部を、著作権法で認められた範囲を超えて
　無断で複写、複製、転載、あるいはデジタル化を禁じます。
◎乱丁・落丁本は小社送料負担にてお取り替え致します。